山东高速青岛胶州湾大桥建设丛书

海上独柱塔自锚式悬索桥

主　　编　邵新鹏
副主编　孟凡超　沈锐利

人民交通出版社

内 容 提 要

本书是青岛胶州湾大桥建设丛书第三册，共分为六章，系统介绍了青岛胶州湾大桥大沽河航道桥采用的自锚式悬索桥方案设计、施工及监控等相关技术内容，阐述了工程实施过程中的设计理念、设计思路及施工中所采用的关键技术和检测方法。

本书丰富了我国海上桥梁工程建设技术资料库，可供跨海工程、桥梁工程技术人员和高等院校师生参考借鉴。

图书在版编目(CIP)数据

海上独柱塔自锚式悬索桥/邵新鹏，孟凡超，沈锐利主编．—北京：人民交通出版社，2012.2

(山东高速青岛胶州湾大桥建设丛书)

ISBN 978-7-114-09628-0

Ⅰ．①海…　Ⅱ．①邵…　②孟…　③沈…　Ⅲ．①跨海峡桥：悬索桥—桥梁工程—青岛市　Ⅳ．①U448.19

中国版本图书馆 CIP 数据核字(2012)第 015584 号

山东高速青岛胶州湾大桥建设丛书

书　　名：海上独柱塔自锚式悬索桥
著 作 者：邵新鹏　孟凡超　沈锐利
责任编辑：张征宇　刘永芬
出版发行：人民交通出版社
地　　址：(100011)北京市朝阳区安定门外外馆斜街 3 号
网　　址：http://www.ccpress.com.cn
销售电话：(010)59757969 59757973
总 经 销：人民交通出版社发行部
经　　销：各地新华书店
印　　刷：北京市密东印刷有限公司
开　　本：787 × 1092　1/16
印　　张：15
字　　数：384 千
版　　次：2012 年 2 月　第 1 版
印　　次：2012 年 2 月　第 1 次印刷
书　　号：ISBN 978-7-114-09628-0
定　　价：40.00 元

《海上独柱塔自锚式悬索桥》

编 委 会

前　　言

山东高速青岛胶州湾大桥是我国在北方寒冷冰冻海域建设的首座特大型桥梁集群工程，是青岛市交通规划中东西岸跨海通道“一路、一桥、一隧”中的“一桥”，是国家高速公路网青岛至兰州高速公路的起点段。青岛胶州湾大桥工程中的大沽河航道桥是世界首座独柱塔、分体式钢箱梁、中央空间索面自锚式悬索桥。该桥是青岛胶州湾大桥的标志性工程，取得了非常好的景观效果。

大沽河航道桥在计算方法、结构体系、材料运用、施工工艺等很多技术方面均有创新和突破，为了总结设计、施工、监控和科研成果并便于推广应用，由山东高速青岛胶州湾大桥建设指挥部组织编写了《海上独柱塔自锚式悬索桥》，系统地介绍了大沽河航道桥的设计思路、设计方案、科学研究和施工技术方面的成果。

《海上独柱塔自锚式悬索桥》是山东高速青岛胶州湾大桥建设丛书的第三册，共分六章。第一章介绍了悬索桥的发展和演变过程，自锚式悬索桥的结构特点，设计和施工中的关键或尚需验证的技术问题；第二章阐述了大沽河航道桥总体设计、桥塔设计、承台设计、缆索系统设计及加劲梁系统设计等内容；第三章阐述了桥梁下部结构及索塔的施工方法和关键技术；第四章阐述了钢箱梁的制造，悬索桥缆索系统用镀锌钢丝制造，鞍座、索股、吊索的制作和索夹的制造；第五章介绍了钢箱梁支架的制作与安装、钢箱梁的运输、钢箱梁安装、缆吊系统安装及体系转换等关键工序；第六章从施工监控的目的、方法、内容和控制精度等方面进行简述，重点介绍了独柱塔、分体式钢箱梁和中央空间索面主缆自锚式悬索桥结构的施工控制方法和监控结果。

本书由山东高速青岛胶州湾大桥建设指挥部策划，建设、设计、施工、监理、监控和科研等单位参与编写。参与编写的人员还有(以拼音为序)：蔡建军、陈文明、程建新、崔学涛、杜清、贺拴海、黄新明、季 辉、荆玉才、李 鹏、栗怀广、刘刚、刘国强、罗 玮、彭霞、阮家顺、唐茂林、王 麒、王行耐、王晓乾、王兆星、魏家乐、吴 涛、霰建平、邢晓波、杨晓滨、张革军、赵 煜、赵小星。编者水平有限，本书难免存在不当之处，恳请读者指正。

邵新鹏　孟凡超　沈锐利

2012 年 5 月

目　　录

第1章

概　述

1.1　悬索桥发展概况

悬索桥，又称吊桥，指的是以通过索塔悬挂并锚固于两岸（或桥两端）的缆索（或钢链）作为上部结构主要承重构件的桥梁。

悬索桥按主缆锚固形式的不同，可分为地锚式悬索桥和自锚式悬索桥。地锚式悬索桥主缆锚固于两岸的锚碇上，由锚碇来抵抗主缆的张力。自锚式悬索桥主缆锚固于主梁的两端，由主梁自身来抵抗主缆的张力，而不需要独立的锚碇构造。

早在1000年之前，我国四川省的灌县就出现了采用竹子制造的索桥，17世纪，开始出现采用铁链作悬索的桥梁，到了19世纪，又发展为采用眼杆与销铰作悬索的桥梁，进入20世纪后，出现了采用钢缆绳、钢绞线和钢丝等现代钢材制造的现代悬索桥。

现代地锚式悬索桥是跨越能力最强的桥型。现代最大跨度的桥梁是日本明石海峡大桥，其主跨跨度为1991m，其桥型就是地锚式悬索桥。地锚式悬索桥的主要承重构件——主缆，锚固在庞大的锚碇上，锚碇造价较高，且需要很好的地形和地质条件。随着跨度的减小，锚碇占全桥总造价的比例也不断增大，在此情况下，地锚式悬索桥在造价上相对于其他桥型将会有劣势。

19世纪后半叶，奥地利工程师约瑟夫·朗金和美国工程师查理斯·本德分别独立地构思出了自锚式悬索桥构造。不同于地锚式悬索桥，自锚式悬索桥将主缆直接锚固于主梁上，取消了庞大的锚碇构造。这样，自锚式悬索桥相较于地锚式悬索桥节省了投资，也为在不便于建造锚碇的地方修建悬索桥提供了一种很好的解决方法。

自锚式悬索桥作为一种特殊的桥型，以其结构造型美观，经济性好，对地形和地质状况适应性强等优点，越来越受到青睐，成为中小跨径桥梁较有竞争力的桥型。

1915年，德国在科隆的莱茵河上建造了第一座大型的自锚式悬索桥——Deutzer Brücke，如图1.1-1所示。该桥主跨跨径为185m，已于1945年被毁。此后，德国还陆续建造了近10座自锚式悬索桥，供人行或公路交通使用。1929年，德国建成的Köln - Mülheimer Brücke，其主跨跨径为315m，它在其后很长一段时间内保持着自锚式悬索桥的跨径纪录。

1926年，美国建成其第一座自锚式悬索桥——Seventh Street Bridge，如图1.1-2所示，其主跨跨径为135m,采用眼杆作主缆。其后美国还陆续建造了好几座自锚式悬索桥,计划于2013年建成的San Francisco-Oakland Bay Bridge (East),其主跨跨径为385m,将成为跨度最大的自锚式悬索桥。

图1.1-1 Deutzer Brücke

图1.1-2 Seventh Street Bridge

1928年,日本建成其第一座自锚式悬索桥——Kiyosu Bridge,如图1.1-3所示,其主跨跨径为91.5m。1990年,日本建成Konohana Bridge,其主跨跨径为300m,是当时跨径最大的自锚式悬索桥。

图1.1-3 Kiyosu Bridge

2000年,韩国建成Yeongjong Grand Bridge,其主跨跨径为300m,与日本Konohana Bridge跨径相同,是当时跨径最大的自锚式悬索桥。

2000年之后,自锚式悬索桥在我国得到了蓬勃发展,先后建成了十几座。2006年,广东建成的佛山平胜大桥,其主跨跨径为350m,是世界上已建成的跨径最大的自锚式悬索桥。2008年,湖南建成长沙三汉矶湘江大桥,其主跨跨径为328m。

1.2 典型自锚式悬索桥

(1)美国San Francisco-Oakland Bay Bridge (East)

原来的San Francisco-Oakland Bay Bridge (East)为1936年建成的钢桁架梁桥,其在1989年的地震中损坏,在建的新桥就是为了替换损坏的旧桥。新建桥梁为独柱塔自锚式悬索桥,跨径布置为385m+180m,加劲梁采用分离式双箱构造,每幅梁均采用正交异性桥面板钢箱梁，两幅梁之间用宽 10m、高 2.5m、间距为 30m 的横梁连接。索塔高 160m，由 4 根钢箱柱组成，沿高度方向用剪力杆连接。主缆采用空间双索面形式。

图 1.2-1 所示的 San Francisco-Oakland Bay Bridge (East) 计划于 2013 年建成，将成为跨度最大的自锚式悬索桥。

(2) 日本 Konohana Bridge

日本 Konohana Bridge 建成于 1990 年，如图 1.2-2 所示，其桥跨布置为 120m + 300m + 120m。加劲梁采用钢箱梁构造，索塔为花瓶形索塔，主缆采用平面单索面形式。

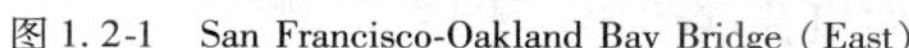

图 1.2-1 San Francisco-Oakland Bay Bridge (East)

图 1.2-2 Konohana Bridge

(3) 韩国 Yeongjong Grand Bridge

韩国 Yeongjong Grand Bridge 建成于 2000 年，如图 1.2-3 所示，是世界上第一座双层通行的公铁两用自锚式悬索桥。加劲梁采用桁架构造，索塔为花瓶形索塔，主缆采用空间双索面形式。

(4) 佛山平胜大桥

佛山平胜大桥建成于 2006 年，如图 1.2-4 所示，其主跨跨度为 350m，是世界上已建成的跨径最大的自锚式悬索桥。加劲梁采用混合梁构造，主跨采用钢箱梁，边跨采用混凝土箱梁。索塔为 M 形三柱式混凝土索塔。主缆采用平面四索面形式。

图 1.2-3 Yeongjong Grand Bridge

图 1.2-4 佛山平胜大桥

1.3 自锚式悬索桥基本组成

自锚式悬索桥是由加劲梁、索塔、主缆、吊索、索鞍、索夹和锚固构造等构件组成。

1.3.1 加劲梁

自锚式悬索桥的加劲梁的主要功能是提供桥面支承以及承受主缆轴向力，同时，加劲梁也是承受风荷载和其他横向水平力的主要构件。

由于自重的限制，通常加劲梁为钢结构，一般采用钢桁架和钢箱梁两种形式。

1.3.2 索塔

索塔是支承主缆的重要构件，主缆上传递而来的悬索桥的活载和恒载（包括桥面、加劲梁、吊索、索鞍、索夹等的重力）通过鞍座传递给索塔，加劲梁也支承在塔身上，索塔继而将这些荷载传递给下部的塔墩和基础。

索塔主要考虑塔顶上的鞍座布置以及加劲梁支承布置，索塔形式有独柱式、门架式、A形、倒V形以及倒Y形等。索塔可采用钢结构，也可采用混凝土结构。

1.3.3 主缆

主缆是悬索桥的主要承重构件，除承受自身恒载外，缆索本身通过索夹和吊索承受活载和加劲梁及桥面的恒载。此外，主缆还将一部分横向风荷载传递给索塔。

主缆在恒载作用下具有很大的初始张拉力，对运营阶段受力提供强大的重力刚度。

现代悬索桥通常采用高强度平行钢丝作为主缆。主缆架设主要有空中纺丝法（AS法）和预制平行索股法（PPWS法）两种。

1.3.4 吊索

吊索是联系加劲梁和主缆的纽带，其上端通过索夹和主缆相连，下端锚固于加劲梁上。吊索将活载和加劲梁及桥面的恒载传递给主缆，承受轴向拉力。

现代悬索桥通常采用柔性的钢丝绳或平行钢丝索作为吊索。钢丝绳吊索与索夹的连接形式为骑跨式，平行钢丝索与索夹的连接形式为销接式。

1.3.5 索鞍

自锚式悬索桥索鞍主要有主索鞍和散索鞍等形式。

主索鞍在索塔顶上，用来支承和固定主缆，以使主缆的拉力以竖直力和不平衡水平力形式均匀地传递到塔顶。

散索鞍位于主缆锚固处，其作用是将主缆索股散开，分别锚固在锚固区的锚块上。

1.3.6 索夹

索夹位于每根吊索和主缆的连接节点上，是主缆和吊索的连接构件。索夹以套箍的形式紧固在主缆上，通过夹紧后产生的摩阻力来抵抗滑移，从而固定吊索和主缆的节点位置。同时，索夹也是固定主缆外形的主要措施。

1.3.7 锚固构造

自锚式悬索桥的主缆锚固于加劲梁上，锚固构造用来锚固主缆索股，并使主缆的拉力匀顺的传递到加劲梁构造上。

锚固构造可采用钢结构、混凝土结构及钢混组合结构。

1.3.8 设计理论和尚需解决的问题

自锚式悬索桥与地锚式悬索桥虽均为柔性悬吊组合体系,但结构受力和施工方法截然不同。自锚式悬索桥结构受力复杂,塔、梁、索受力高度耦合,且非线性效应显著。自锚式悬索桥与地锚式悬索桥的加劲梁和主缆施工顺序完全相反,自锚式悬索桥需要先安装主梁后架设主缆且吊索需要张拉。因此,设计中,首先需要确定合理成桥状态,其次需要确定加劲梁体系转换方案。

人们对地锚式悬索桥的理论研究和建造经验已经非常成熟和完善,但对自锚式悬索桥的理论和实践的认识还不够全面,需要进行认真的研究和探讨。

第2章 结构设计

2.1 总体设计

针对大沽河航道桥的建设条件，通过多方案的比较，大沽河航道桥的桥型选用了独柱塔自锚式悬索桥。该桥型不仅很好地适应了桥位处的建设条件的要求，而且具有很好的景观效果，其航道桥模型如图 2. 1-1 所示。

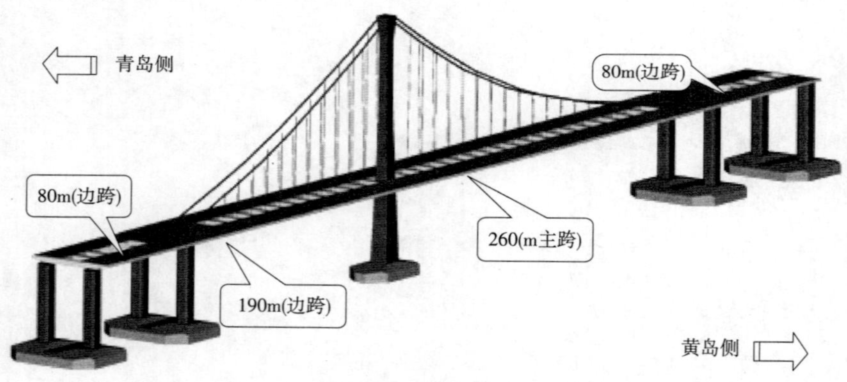

图 2. 1-1　海湾大桥大沽河航道桥模型

大沽河航道桥的桥跨布置为 80m + 190m + 260m + 80m = 610m，采用四跨连续半漂浮结构体系。索塔采用独柱式混凝土索塔，主梁采用分离式钢箱梁，主缆采用空间双索面形式，主跨和边跨为悬吊体系，主跨矢跨比为 1/12. 53，边跨矢跨比为 1/18. 04。大沽河航道桥的主缆直接锚固在加劲梁的两端，主缆的水平拉力由加劲梁来承受。

为改善结构的抗风和抗震性能，对结构的约束系统进行了优化设计。在索塔两侧三角撑上和辅助墩、过渡墩顶设置竖向支座，以增加全桥的抗扭刚度；在索塔横桥向塔身两侧和主跨侧辅助墩顶设置水平横向抗风支座，以共同承受横桥向风力作用；在顺桥向索塔塔身两侧的加劲梁横向连接箱和塔身间设置纵桥向非线性限位阻尼装置，在温度、平均风载和活载作用下加劲梁可在阻尼装置的自由行程内伸缩，而在车辆制动、阵风和地震等快速荷载作用下，阻尼装置发生作用，可限制加劲梁的纵向位移并改善桥梁两端伸缩装置的受力状态；另外，为保护梁端的伸缩装置，在边跨侧（青岛侧）过渡墩顶设置了横向限位挡块，以限制梁端在横风和侧向温差作用下的横向位移，保证伸缩装置不因受较大的横向剪切而破坏。大沽河航道桥桥型布置如图 2. 1-2 所示。

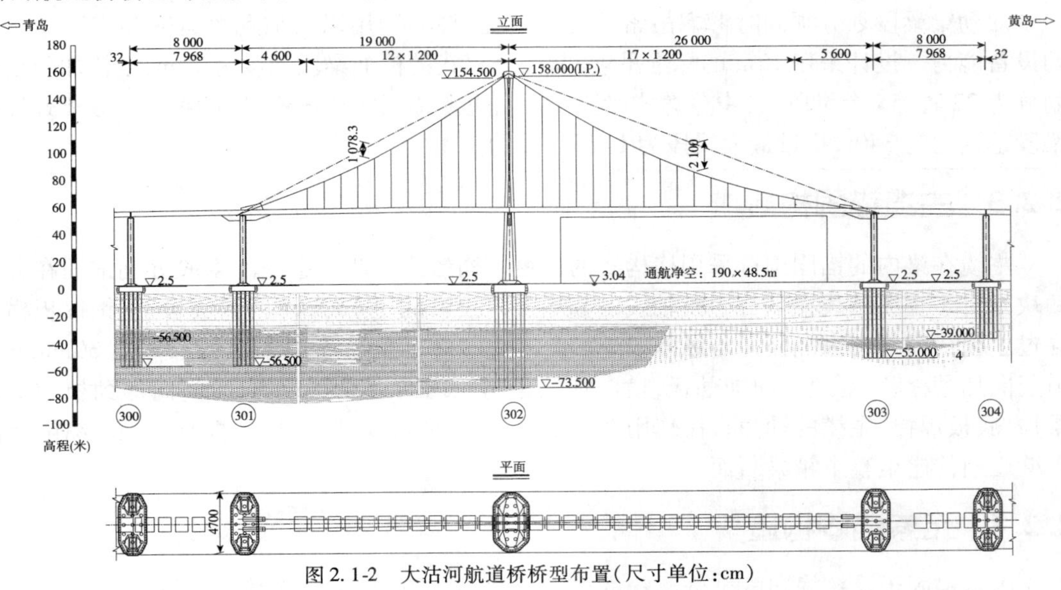

图 2. 1-2　大沽河航道桥桥型布置(尺寸单位:cm)

2. 2　加劲梁设计

2. 2. 1　断面

加劲梁采用分离式双箱断面，横向两个分离钢箱梁之间用横向连接箱加以连接，横向连接箱顺桥向标准间距为 12m，宽度为 3m。大沽河航道桥加劲梁标准横断面如图 2. 2-1 所示。

加劲梁全宽 47. 412m(外到外，含中央横向连接箱)，标准梁高 3. 6m；加劲梁在主缆锚固区域采用整体式箱梁，因索股锚固面的构造要求，梁高在整箱的横向中间位置增加到 7. 995m，分为上、下两层，上层梁高(内缘)3. 7054m，下层梁高(内缘)4. 2596m。

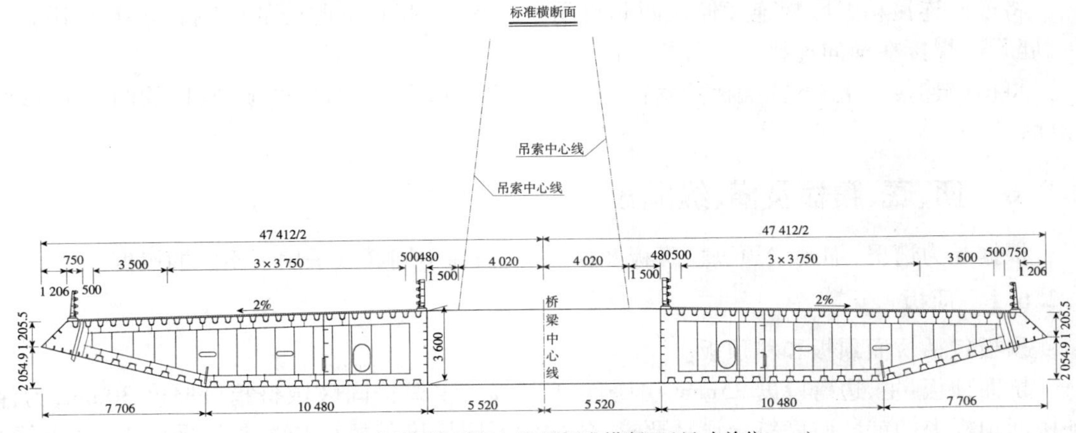

图 2. 2-1　大沽河航道桥加劲梁标准横断面(尺寸单位:mm)

2.2.2 梁段划分

加劲梁梁段划分须同时考虑吊索的受力情况、规格选用以及加劲梁运输和安装架设时的设备能力。设计采用12m的标准吊索间距,分离式的标准梁段长度为12m,全桥加劲梁共划分为22种、55个梁段,其中分离式梁段41个,主缆锚固区整体式梁段14个。分离式标准梁段重量约为340t,重量最大梁段为I梁段,重约824t。

2.2.3 主缆锚固构造

主缆在梁内的锚固构造采用格构式的全钢结构形式。两根主缆的索股分别锚固在梁内两块垂直于主缆轴线在平行于桥轴线的竖平面内投影的厚100mm的钢锚板上,钢锚板横向穿过主缆锚固传力纵隔板并与纵隔板焊接。对应于每根主缆,钢锚板上设置厚度30mm的2道竖向加劲板和10道横向加劲板,横向加劲板与梁内两道纵隔板焊接,竖向加劲板与加劲梁顶、底板焊接,主缆的轴力直接作用在钢锚板上,并通过横、竖向加劲板与顶、底、纵隔板的焊缝逐渐传递至整个箱梁断面。

2.2.4 吊索锚固构造

吊索锚固于连接横向两个分离箱的横向连接箱内,同侧的单个索夹下两根吊索的锚头锚固在一块厚80mm的承压板上,承压板上纵向设置了3块、横向设置了2块支撑加劲板,厚度均为30mm,支撑加劲板与横向连接箱上翼缘焊接。穿过横向连接箱上翼缘板的导向圆钢管不与承压板连接,以使其与上翼缘板的焊缝处于低应力状态,从而保证不开裂。

2.2.5 横向连接箱

横向连接箱采用矩形箱形式,由于分离箱顶板厚度不同,主、边跨的连接箱内缘高度为3660.4mm,引跨的连接箱内缘高度为3665.4mm;主、边跨的带吊索的连接箱和引跨的两个梁端连接箱上下翼缘和腹板的厚度采用20mm;主跨不带吊索的E梁段以及引跨的连接箱上下翼缘和腹板的厚度采用16mm。

为保证传力的顺畅和结构的安全性,针对横向连接箱采取了如下设计措施:

将横向连接箱的腹板连续伸入两侧封闭单箱内3.68m,将此处的内侧直腹板及其上的加劲断开,焊接在横向连接箱的腹板两侧;

将横向连接箱上、下翼缘板的扁钢加劲伸入两侧箱内,分别跨过顶、底板的两个U形加劲肋;

2.2.6 顶、底、腹板及横、纵隔板

根据受力情况,加劲梁顶、底、腹板及横、纵隔板在不同区域采用了不同的厚度。

2.2.6.1 顶板

顶板包括桥面顶板和斜顶板。

桥面顶板:主、边跨厚度25mm,引跨厚度20mm,主缆锚固区域整箱段厚度30mm,为保证桥面顶板上的铺装厚度符合设计要求,各梁段不同厚度的桥面顶板对接采取上缘(外缘)

对齐的形式,桥面顶板加劲肋采用刚度较大的 U 形肋形式,U 肋厚度 10mm,开口间距 300mm,高 280mm,标准横向间距为 600mm;

斜顶板:主、边跨和主缆锚固区域整箱段厚度 18mm,引跨厚度 14mm,各梁段不同厚度的斜顶板对接采取下缘(内缘)对齐的形式,斜顶板加劲肋采用扁钢形式,扁钢厚度 16mm,高 160mm。

2.2.6.2 底板

底板包括水平底板和斜底板。

水平底板:主、边跨厚度 18mm,引跨厚度 14mm,主缆锚固区域整箱段厚度 30mm;主、边跨和引跨加劲肋采用刚度较大的 U 形肋形式,U 肋厚度 10mm,开口间距 400mm,高 260mm,标准横向间距为 800mm;主缆锚固区域整箱段上层底板加劲肋采用 U 形肋和扁钢的组合形式,下层底板加劲肋采用扁钢形式,U 肋厚度 10mm,开口间距 400mm,高 260mm,标准横向间距为 800mm,扁钢厚度 25mm,高 250mm,标准横向间距为 400mm。

斜底板:主、边跨和主缆锚固区域整箱段上层厚度 18mm,引跨厚度 14mm,主缆锚固区域整箱段下层厚度 30mm;主、边、引跨和主缆锚固区域整箱段上层斜底板加劲肋采用 U 形肋和扁钢的组合形式,U 肋厚度 10mm,开口间距 400mm,高 260mm,标准横向间距为 800mm,扁钢厚度 16mm,高 160mm;主缆锚固区域整箱段下层斜底板加劲肋采用扁钢形式,扁钢厚度 25mm,高 250mm,标准横向间距为 400mm。

各梁段不同厚度的底板和斜底板对接均采取上缘(内缘)对齐的形式。

2.2.6.3 内侧直腹板

内侧直腹板只存在于主、边跨和引跨的分离箱段。

主、边跨厚度 18mm,引跨厚度 14mm,腹板加劲肋采用扁钢形式,扁钢厚度 16mm,高 160mm,标准竖向间距为 400mm。

各梁段不同厚度的直腹板对接采取内缘对齐的形式。

2.2.6.4 横隔板

综合考虑到加工工艺的精度要求和受力要求,横隔板基本采取沿高度方向的“三块板”形式,上连接板、下连接板分别和中间的大板采用 T 型接头角焊缝的连接形式,但对应于横向连接箱腹板构造的横隔板的中央 3.68m 宽度范围内的隔板则采用整板式,为避免仰焊,确保焊接质量,此梁段的相应单元块应采取“翻身”作业。

根据横隔板形状、高度、厚度以及位置的不同,全桥共命名了 47 类横隔板,分离箱段按 HGB1 ~ 8 命名,整箱段按梁段类型 HGB - G ~ M(G′ ~ M′)命名(对其中的双层箱梁,上层和下层横隔板合在一起为一类横隔板),其中整箱段中横隔板 HGB - G1 和 HGB - M2 构造相同,HGB - G1 和 HGB - M2 构造相同,故全桥不同种类的横隔板数量为 45 种,厚度从 10 ~ 30mm 不等。横隔板上设置了两道水平加劲肋(对于“三块板”式的横隔板,T 形构造的翼缘即为水平加劲肋)和若干道竖向加劲肋,对厚度为 10 ~ 16mm 的横隔板,水平加劲肋的厚度取 10mm,对厚度为 20 ~ 30mm 的横隔板,水平加劲肋的厚度取 14mm,竖向加劲肋的厚度均为 10mm,横向基本间距为 900mm。

2.2.6.5 纵隔板

根据纵隔板的位置和作用,可分为三大类:全桥通长设置的外侧纵隔板、整箱范围内箱梁中间位置设置的主缆锚固传力纵隔板和主边跨辅助墩顶附近设置的传递支反力的纵隔板。

全桥通长设置的外侧纵隔板采取沿高度方向的“两块板”形式,上连接板和下边大板采用T型接头角焊缝的连接形式。对于主、边跨,厚度为20mm,对于引跨厚度为16mm,对于整箱段,厚度为16mm和20mm。纵隔板上设置了四道扁钢形式的纵向加劲肋(T型构造的翼缘即为其中一道纵加劲肋),对应于不同的纵隔板厚度,采用了不同的扁钢规格:厚度20mm的纵隔板,其扁钢加劲厚度为18mm,高度为200mm;厚度16mm的纵隔板,其扁钢加劲厚度为14mm,高度为180mm。

整箱范围内箱梁中间位置设置的主缆锚固传力纵隔板采用整板式,为避免仰焊,确保焊接质量,相应的加劲梁单元块应采取“翻身”作业。根据距离主缆锚固处的远近,分别采用了50~20mm的纵隔板厚度,此类纵隔板采用了扁钢形式的纵向加劲肋,基本竖向间距为720mm和730mm。对应于不同的纵隔板厚度,采用了不同的扁钢规格:厚度50mm和36mm的纵隔板,其扁钢加劲厚度为32mm,高度为320mm;厚度25mm和20mm的纵隔板,其扁钢加劲厚度为25mm,高度为250mm。

主边跨辅助墩顶附近设置的传递支反力的纵隔板亦采取沿高度方向的“两块板”形式,上连接板和下边大板采用T型接头角焊缝的连接形式。此类纵隔板共联系六道横隔板,中间三跨厚度为30mm,边上两跨厚度为25mm。纵隔板上设置了两道水平加劲肋(T型构造的翼缘即为其中一道水平加劲肋)和若干道竖向加劲肋,对厚度为30mm的纵隔板,水平加劲肋的厚度取20mm,对厚度为25mm的纵隔板,水平加劲肋的厚度取16mm,竖向加劲肋的厚度均为10mm。

各梁段间和梁段内不同厚度的纵隔板对接均采取中心对齐的方式。

纵隔板和横隔板相交时:对于全桥通长设置的外侧纵隔板和主边跨辅助墩顶附近设置的传递支反力的纵隔板,保持横隔板连续,此两类纵隔板断开并与相交横隔板焊接;对于整箱范围内箱梁中间位置设置的主缆锚固传力纵隔板,保持此类纵隔板连续,相交横隔板断开并与此类纵隔板焊接。

2.2.7 散索套底座

为减轻运营期间主缆索股锚头处钢丝的弯折疲劳效应,设计了散索套底座,将散索套和加劲梁加以连接,以使得散索套在轴线方向可滑动,但在横桥向和垂直主缆轴线方向受到约束。

散索套底座仅考虑承受运营期间的荷载,故应在全桥体系形成且桥面铺装等二期恒载都已施加完成后再进行安装。安装前,应准确测量实际的散索套位置,并据此对散索套底座各相关板件进行尺寸修正,然后再将底座各板件进行组拼,最后进行与散索套底座的螺栓连接。

2.2.8 工地嵌补段

本桥工地嵌补段全部采用焊接连接。

对于不同顶板厚度的顶板 U 肋对接，嵌补 U 肋设计成异形。

2.2.9 散索罩

因主缆须进入加劲梁内锚固，故加劲梁顶板须开孔以让主缆通过，为此，在加劲梁顶板上设置了散索罩，以对顶板开孔进行遮盖并保护散开的主缆索股，同时也为主缆检修道的钢丝绳提供了锚固位置。

散索套由一块顶板、一块前板、一块后板和两块侧板组成。每块板上设置了纵、横两方向的 T 型加劲板。除前板因主缆检修道锚固而加厚到 25mm，加劲也加厚到 12mm，其余的顶板、后板和侧板厚度均为 10mm，加劲厚度均为 6mm。相邻两块大板的 T 型加劲应在位置上保证对齐，以便焊接。

2.2.10 工地临时连接匹配件

临时连接采用拉杆构造和销钉构造相结合的形式。

2.2.11 压重布置

为确保各墩顶支座在正常使用情况下始终处于受压状态，对索塔处和边跨侧（青岛侧）辅助墩顶的加劲梁内实施了压重措施，压重采用预制铸钢件，铸钢件的断面在图中给出，厚度可由施工单位根据设备和工人的搬运能力自行确定。

索塔处加劲梁内的压重为 544t，均匀布置在分离箱内底板上，铸钢件高度为 0.35m，纵桥向布置长度为 15m。

青岛侧辅助墩处加劲梁内的压重为 1541t，均匀布置在通长设置的纵隔板间的上、下层水平底板上，铸钢件高度为 0.53m，纵桥向布置长度为 16m。

2.2.12 加劲梁主要材料

加劲梁梁体各构件除厚 100mm 的锚板采用低合金高强度结构钢 Q390D 外，其余均采用 Q345D（GB/T 1591—1994）。另外，主缆锚固构造中厚 50mm 的传力纵隔板受面外力作用，要求采用 Z 向钢，等级为 Z25。

2.3 索塔及其基础设计

2.3.1 塔身及其基础

塔身为独柱型塔，截面采用哑铃形，根部尺寸为 10m × 10m，从下向上截面尺寸逐渐缩小，至 93m 高度处截面尺寸缩减为 5m × 5m，等截面向上至离塔顶 15m 处逐渐打开，至塔顶截面尺寸为 7m × 7m，以满足塔顶主索鞍构造尺寸的要求。塔身总高 148.7m。索塔在高度 5 ~ 35m范围内采用空心截面，壁厚 2.0m，其余各段塔身均为实心截面。塔身采用 C50 混凝土。大沽河航道桥索塔一般构造如图 2.3-1 所示。

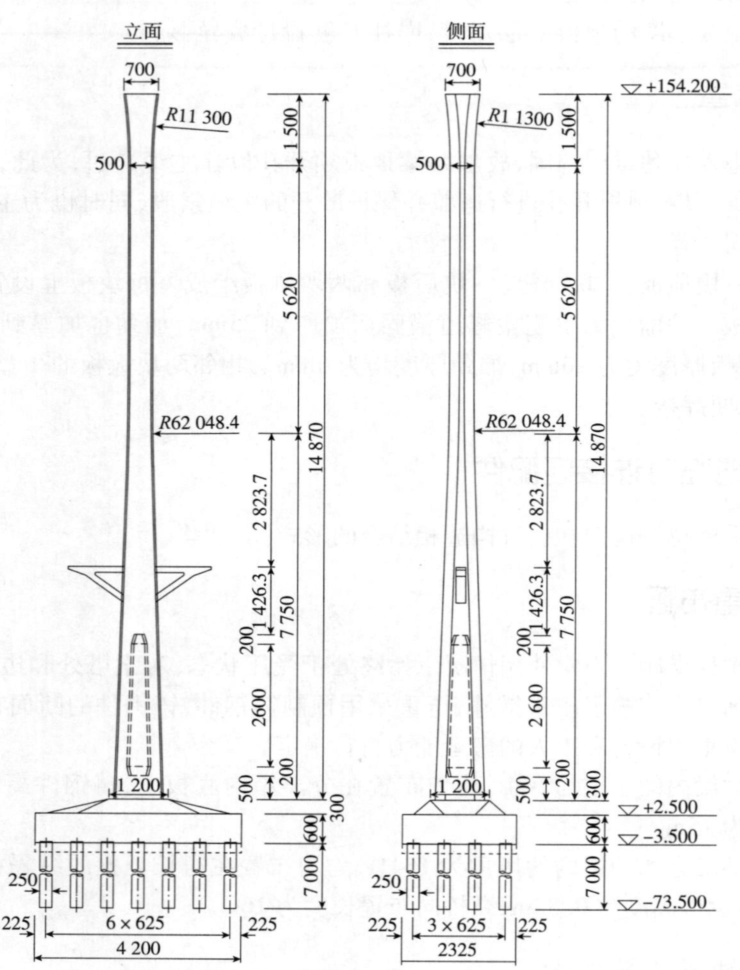

图 2.3-1 大沽河航道桥索塔一般构造(尺寸单位:cm)

索塔塔座为多面体结构,高 3m,长 37.5m,宽 18.75m。索塔塔座采用 C40 混凝土。

索塔承台为八边形,顺桥向宽 23.25m,横桥向长 42m,厚 6m。索塔承台采用 C35 混凝土。

索塔基础为群桩基础,采用 24 根钻孔灌注桩,行列式布置,按摩擦桩设计。桩径 2.5m,桩中心间距 6.25m。索塔桩基采用 C35 水下混凝土。

2.3.2 三角撑

在索塔两侧设置三角撑以对加劲梁提供竖向约束,并可以提高全桥的抗扭刚度,改善结构的动力特性。考虑到与索塔及加劲梁协调统一的景观效果,三角撑采用轻型的钢结构桁架。桁架的直杆及斜杆都采用焊接箱形结构,箱形结构高 1.2m,宽 2m,板厚采用 40mm。

整个塔身可由塔侧三角撑分为上、下两部分,三角撑底面以下为下塔身,以上为上塔身。在浇筑下塔身最高一个节段前应精确定位好三角撑塔内部分预埋定位钢板,之后浇筑塔身混凝土,待混凝土强度达到设计强度的 70%,安装三角撑塔内部分,用高强螺栓将其固定在预埋钢板上，检测控制点高程，确保准确后，将下塔身混凝土顶面凿毛，布设塔身钢筋，架立模板，浇筑塔身三角撑段混凝土。待混凝土强度达到设计强度的90%以上，安装三角撑塔外部分构造。三角撑塔内、外部分连接构造内设置了剪力钉构造，采用圆柱头焊钉的形式，其应符合 GB/T 10433—2002。

塔侧三角撑与预埋在塔身内的由钢板和型钢组成的桁架结构在塔身外侧通过高强螺栓加以连接。

索塔三角撑塔外部分构造和塔内部分钢板均采用低合金高强度结构钢 Q345D（GB/T 1591—1994）。另外，索塔内外部分连接构造中上肢的上下翼缘的外侧缀板和三角撑加劲构造中的塔内预埋钢板采用 Z 向钢，等级为 Z35。索塔三角撑塔内部分各型钢（角钢和槽钢）均采用碳素结构钢 Q235B（GB/T 700—1988）。

2.4 墩身及其基础设计

辅助墩和过渡墩均采用分离式哑铃形空心墩，平面尺寸为墩底 7.8m（横桥向）×4.5m（顺桥向），向上距墩顶 7m 处开始横桥向逐渐打开，过渡墩顶平面尺寸为 10m（横桥向）×4.5m（顺桥向），辅助墩顶由于受到上部加劲梁加高段的构造限制，内侧墩身横桥向不展开，墩顶平面尺寸为 8.9m（横桥向）×4.5m（顺桥向），墩柱四周采用 0.5m×0.5m 的倒角，墩柱壁厚 0.8m，墩柱内空心断面设 0.5m×0.5m 的倒角。辅助墩墩顶 4m、过渡墩墩顶 3m 及墩底 5m 高度范围为实心段。横桥向墩中心距桥梁中心线 13.975m。墩身采用 C40 混凝土。辅助墩和过渡墩的一般构造如图 2.4-1 和图 2.4-2 所示。

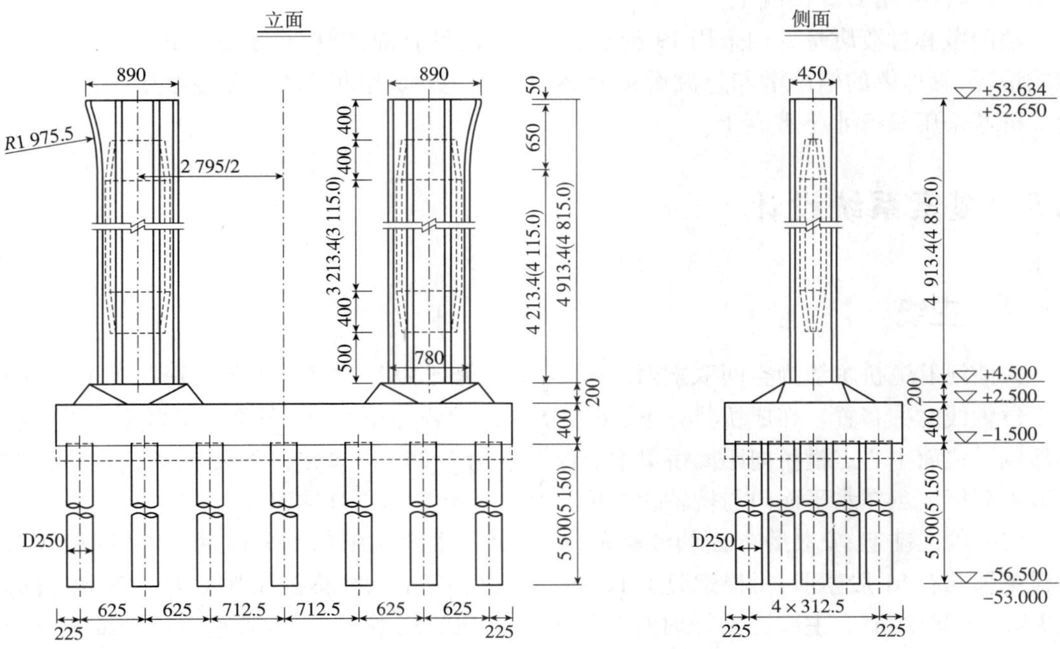

图 2.4-1　辅助墩一般构造（尺寸单位：cm）

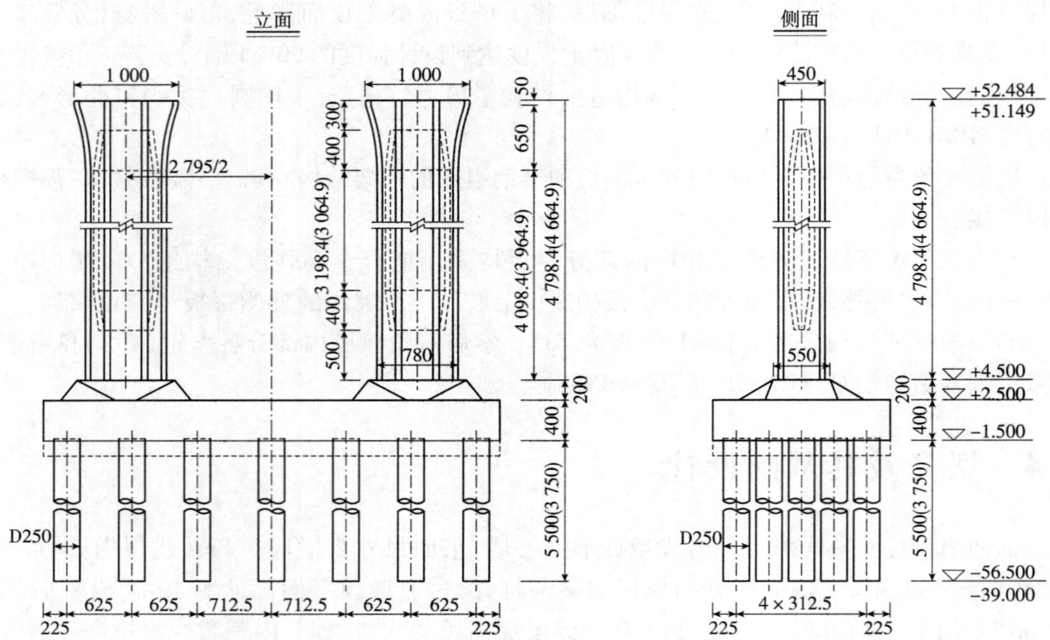

图 2.4-2　过渡墩一般构造(尺寸单位:cm)

辅助墩和过渡墩墩座的构造相同,均为多面体结构,高 2m,长 12.5m,宽 12m。墩座采用 C40 混凝土。

辅助墩和过渡墩承台的构造相同,均为八边形,横桥向长 43.75m,顺桥向宽 17m,厚度为 4m。承台采用 C35 混凝土。

辅助墩和过渡墩基础均采用 19 根直径 2.5m 的钻孔灌注桩,最小桩间距 6.25m。根据地质情况,青岛侧的辅助墩和过渡墩按摩擦桩设计,黄岛侧的辅助墩和过渡墩按嵌岩桩设计。桩基采用 C35 水下混凝土。

2.5　缆索系统设计

2.5.1　主缆

大沽河航道桥主缆为空间双索面形式,主跨矢跨比为 1/12.53,边跨矢跨比为 1/18.04,关于桥轴线对称布置。在成桥状态下,主缆青岛侧后锚面中心点、塔顶主索鞍理论 IP 点和黄岛侧后锚面中心点横桥向距离桥梁中心线分别为 1.25m、3.9m 和 3.45m;青岛侧、黄岛侧的散索套标记点在水平面内与桥轴线夹角分别为 0.467°、0.281°。

根据国内制造、安装等方面的经验和设备条件,主缆采用预制平行钢丝索股(PPWS)。每根主缆共有 61 股索股,每根索股由 127 根直径为 5.1mm、公称抗拉强度为 1670MPa 的高强度镀锌钢丝组成。主缆在架设时竖向排列成尖顶的近似正六边形,紧缆后主缆为圆形。其索夹内直径为 496mm,索夹外直径为 502mm。

索股两端设索股锚头,索股锚头采用热铸锚,在锚杯内浇注锌铜合金,使主缆钢丝与锚杯相连。锚杯内锚固锥体的锥角及锚固长度采用经验公式计算确定,锚固力及可靠性还应通过试验验证。锚具经过楔形叉形垫板支撑于加劲梁锚板上,并与锚头端面垂直。

主缆紧缆完成后,先进行捆扎并安装索夹,待桥面系施工完成后,进行缠丝等防护工作。主缆在主索鞍鞍罩及锚室入口等处采用喇叭形缆套密封防护,主缆上方设置主缆检修道。缆索系统立面布置如图 2.5-1 所示。

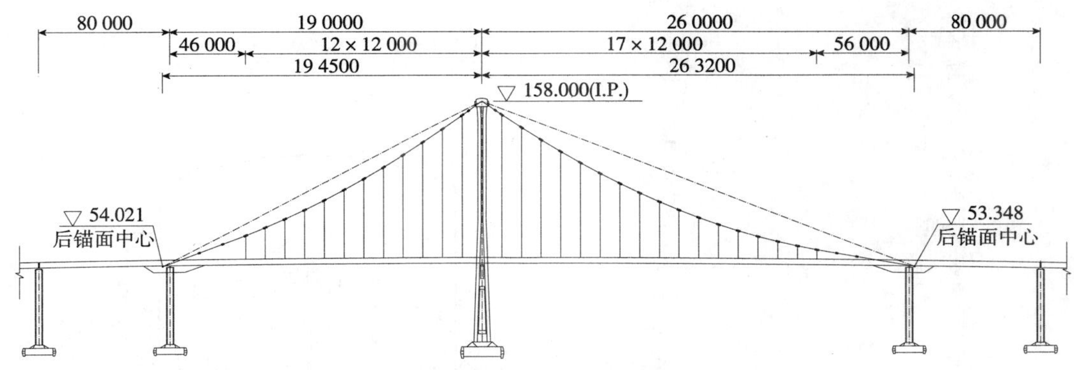

图 2.5-1 缆索系统立面布置(尺寸单位:mm)

2.5.2 吊索

根据吊索受力特点,并综合考虑材料性能、制造加工、安装维护、后期更换等因素,本桥采用平行钢丝吊索,每侧吊点设 2 根吊索。吊索上端为销接式连接,下端为承压式连接。上、下端锚头带有关节轴承,以减小吊索的弯折。

吊索采用预制平行钢丝索股(PWS),外包 7.0mm 厚双层 PE(黑色内层彩色外层)进行防护,钢丝采用直径为 5.0mm、公称抗拉强度为 1670MPa 的镀锌高强钢丝,每根吊索含 121 根钢丝。外层 PE 上设置突起的双螺旋线,以减少吊索的风雨振。

吊索上端锚头采用叉形热铸锚,锚头由锚杯与叉形耳板构成,锚杯内浇铸锌铜合金,叉形耳板与锚杯通过螺纹连接。叉形耳板与锚杯之间的螺纹设有 ±10mm 的调节量,用以消除制造、架设引起的吊索长度误差。

吊索下端锚头采用承压式热铸锚,锚头由锚杯与螺母构成,锚杯内浇铸锌铜合金,使平行钢丝与锚杯相连。通过调节螺母在锚杯上的位置,可以消除制造、架设引起的吊索长度误差。

在吊索锚杯口处设置套筒,与锚头相连,钢管与吊索之间填充密封材料,以改善吊索的弯折疲劳影响。平行钢丝吊索的构造如图 2.5-2 所示。

2.5.3 主索鞍

主索鞍鞍体采用全铸结构,材料牌号为 ZG270－500。鞍体下设不锈钢板—聚四氟乙烯板滑动副，以适应施工中的相对移动。两个主索鞍相对倾斜地安装在塔顶隔栅上，倾斜角度为1.241°，横桥向两个索鞍上IP点间的距离为2.5m。主索鞍鞍体通过内侧横肋上的连接板连接为一个整体，并通过定位销与格栅连接，如图2.5-3所示。

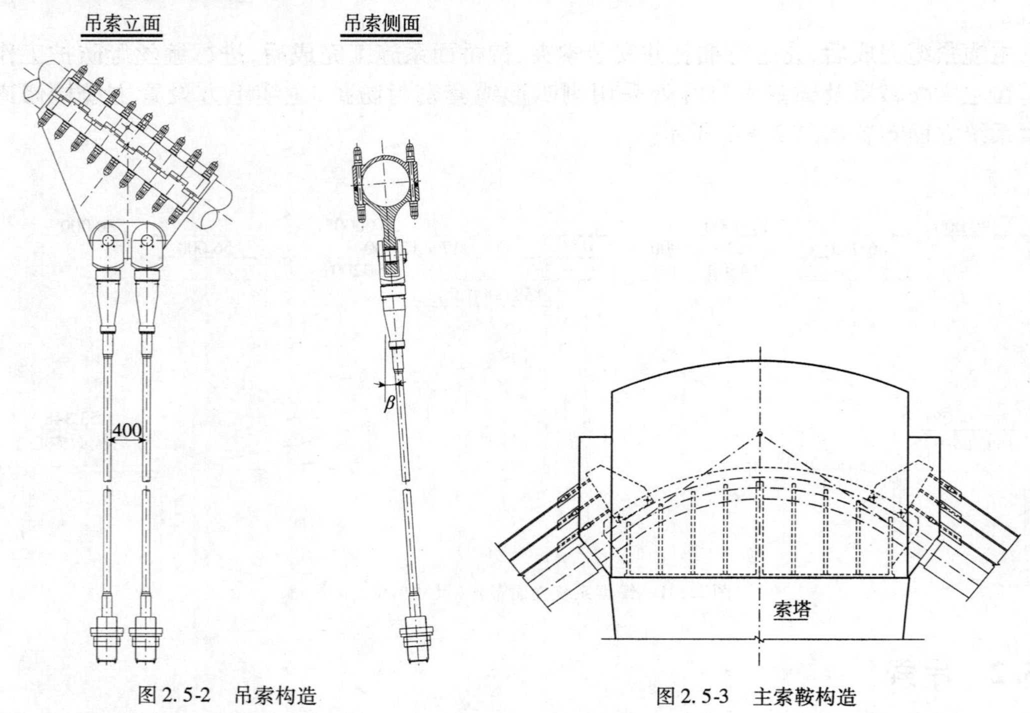

图2.5-2　吊索构造

图2.5-3　主索鞍构造

为减轻吊装运输重量，将每个鞍体沿顺桥向分成两半，吊至塔顶后用高强度螺栓拼接。半鞍体吊装重量不超过35t。

为增加主缆与鞍槽间的摩阻力，并方便索股定位，鞍槽内设竖向隔板，在索股全部就位并调股后，在顶部用锌块填平，再将鞍槽侧壁用螺栓夹紧。主索鞍鞍槽的锌填块采用牌号为ZZnAl14Y的锌合金。

塔顶设有格栅底座，以安装主索鞍，格栅采用Q235B钢。格栅悬出塔顶以外，以便安置控制鞍体移动的千斤顶，鞍体就位后将格栅的悬出部分割除。

格栅主要作用：保证主索鞍按照设计横桥向偏角准确安装，与主鞍鞍体的底板接触良好；使主鞍的反力均匀分布于塔顶平面。

格栅的构造型式：格栅要求表面平整，与塔顶构成一体并具有足够的竖向弯曲刚度，故采用纵横向以竖直钢板焊成的格构，上、下设格状顶、底板，形成纵横两向均为工字形断面的网格，网格内设锚固钢筋并填浇混凝土。

2.5.4　散索套

散索套由散索套体、底座、长短压板构成。为适应主缆轴向位移，散索套体与长短压板、底座之间设不锈钢板—聚四氟乙烯板滑动副。底座、长短压板和加劲梁支撑构造之间通过M30高强螺栓连接紧固。

散索套采用牌号为 ZG35SiMnMo 的低合金铸钢，构造如图 2.5-4 所示。

散索套体为全铸钢件，采用上下对合结构，由等直径的摩阻段和变直径的散索段组成，上下两半散索套体用高强螺杆连接紧固。接缝处嵌填橡胶防水条防水。

2.5.5 索夹

大桥为自锚式的钢箱梁悬索桥，边跨和主跨设置吊索，索夹采用牌号为 ZG20SiMn 的低合金铸钢，如图 2.5-5 所示。根据吊索的受力特点，并综合考虑材料性能、制造加工、安装维护、后期更换等因素，本桥采用平行钢丝吊索。吊索与索夹为销接式连接，每侧吊点设 2 根吊索。由于主缆倾角不同，所需夹紧力、索夹长度及螺杆数量均不相同，为了制造方便，将有吊索索夹按长度、角度分为 5 种（SJ1 ~ SJ5）。同一种索夹耳板销孔位置略有变化，以适应索夹倾角的变化。为使两个销孔保持水平并尽量避免吊索偏心受力，销孔对称于通过索夹中心的垂直线布置。为适应运营阶段吊索的横向摆动，有吊索索夹销孔内设置关节轴承。

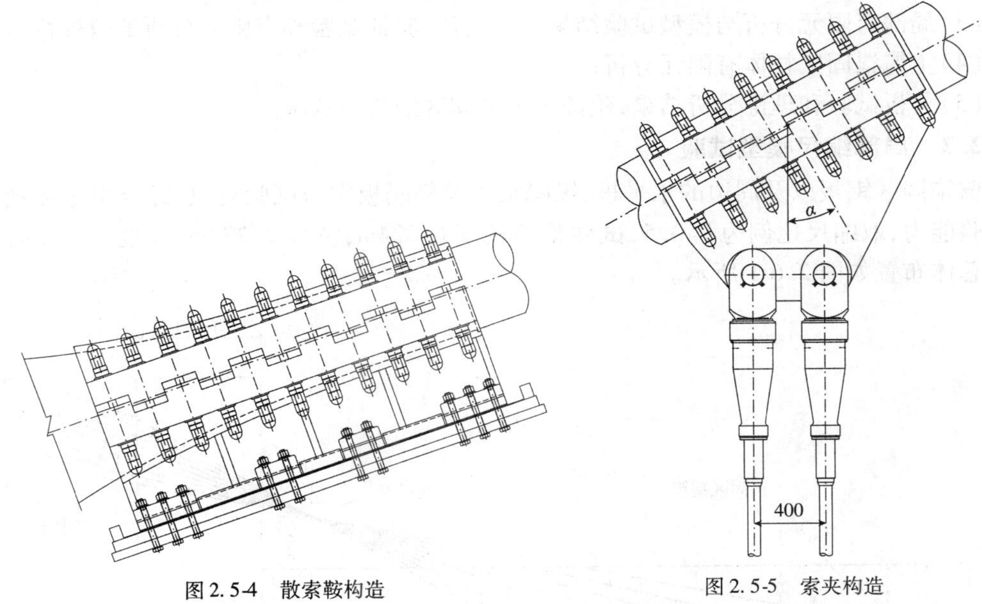

图 2.5-4　散索鞍构造　　　　图 2.5-5　索夹构造

除安装吊索的索夹外，还有夹紧主缆的紧索夹（SJ6）和安装缆套的锥形索夹（SJ7）。全部索夹（SJ1 ~ SJ7）均采用上下对合的结构形式，上、下两半索夹用螺杆相连并夹紧于主缆上，接缝处嵌填橡胶防水条防水。

2.6 主缆锚固区模型试验研究

2.6.1 研究目的

加劲梁主缆锚固区是自锚式悬索桥中的关键部位，主缆的集中力将通过这一构件安全、均匀地传递到加劲梁上。主缆的局部强大集中力使该区域受力状态十分复杂，因此，自锚式悬索桥主缆梁上锚固区受力性能分析的探讨一直以来受到桥梁界的瞩目，这也是自锚式悬索桥设计和施工的难点和关键。

鉴于锚固区受力状态的复杂性，单纯的理论分析很难全面反映区域的实际工作状态和应力分布，应对锚固区进行缩尺模型试验，与计算机分析结果之间进行比较，明确锚固区的实际受力和变形情况，验证结构分析的准确性，检验设计的安全度，在此基础上，为锚固区结构的优化设计提出合理化建议，为检验和改进施工工艺提供参考。

2.6.2 研究方法

2.6.2.1 研究流程

为了有效而经济地研究主缆锚固区受力状况，研究采用有限元分析和局部模型试验相结合的方法。具体流程为：

(1)主缆锚固区局部缩尺模型静力加载试验；

(2)主缆锚固区局部有限元分析；

(3)局部有限元分析与模型试验结果进行对比，验证试验和有限元分析的有效性；

(4)主缆锚固区整体有限元分析；

(5)分析试验和理论分析结果，验证主缆锚固区的受力状况。

2.6.2.2 局部缩尺模型试验

取锚固区钢板以及周边的水平板、纵隔板以及横隔板作为试验对象，综合考虑场地条件和试验能力，取缩尺比例为1:3.5，试件整体长度6.024m，宽度2.277m，高度2.302m，模型试件总体布置如图2.6-1所示。

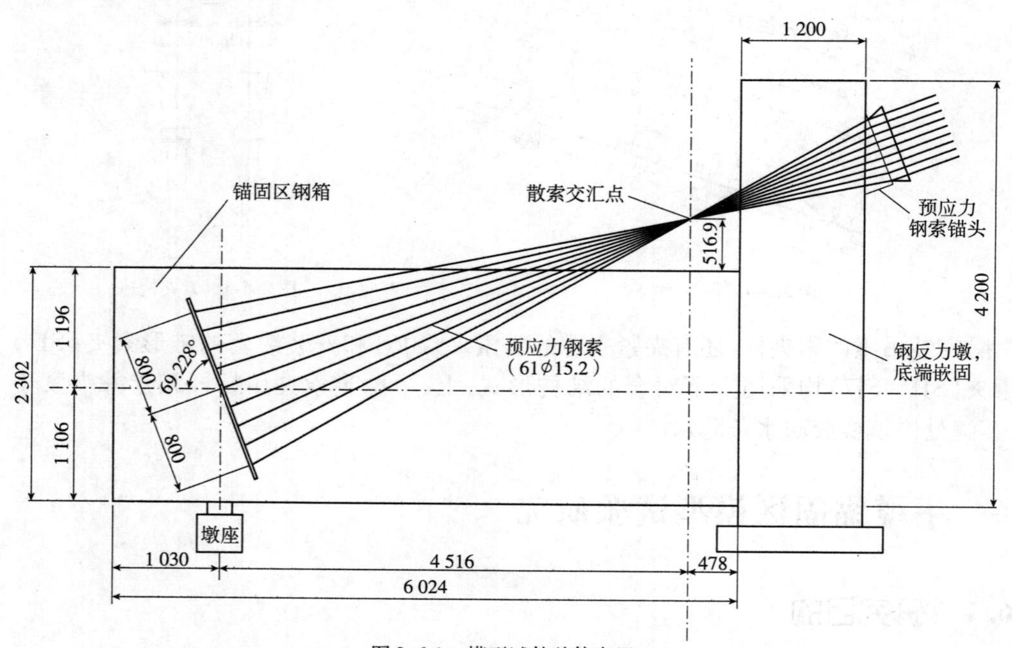

图2.6-1 模型试件总体布置

缩尺模型锚固区后锚板中心线底部通过锚梁锚于试验室台座上，以模拟桥墩对上部结构的影响，试件另一端焊于钢反力墩处，预应力钢索一端锚固于锚固区后锚板上，另一端锚固与反力墩上，试验时通过张拉预应力来实现对锚固区钢板的加载，试验用钢材等级为 Q345D。

2.6.2.3 局部有限元分析

局部有限元分析采用大型通用有限元软件 ANSYS 为平台，对锚固段局部缩尺模型建立精细三维有限元模型(图 2.6-2)，按照缩尺模型试验的边界条件对其进行弹性分析，与缩尺模型试验结果进行对比，验证理论分析的可靠性和准确性，并结合试验结果，综合评价大沽河航道桥主缆锚固区的安全储备以及设计的合理性。

2.6.2.4 整体有限元分析

为更准确的研究锚固区的受力，以及主缆索力在加劲梁内的传力路径和传力机理，利用 ANSYS 为平台，对锚固段整体建立精细的三维有限元模型(图 2.6-3)，按照实际的边界条件对其进行弹性分析。

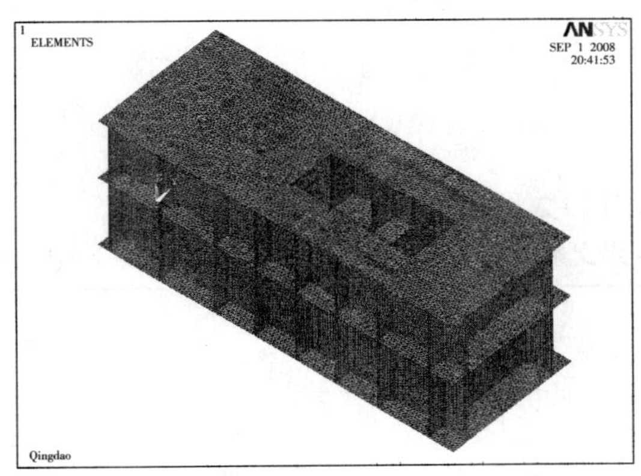

图 2.6-2 局部有限元分析模型

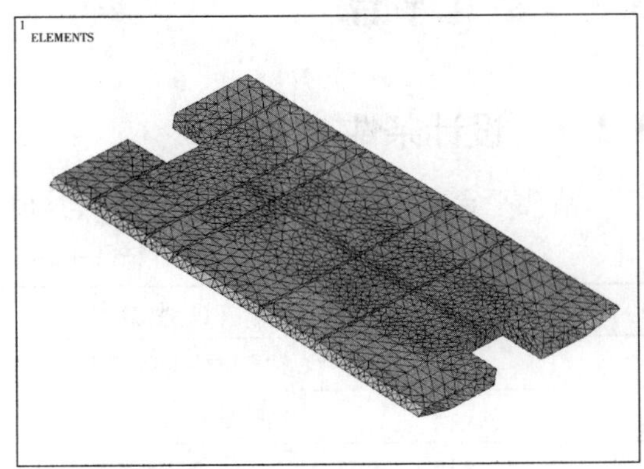

图 2.6-3 整体有限元分析模型

2.6.3 研究结论

通过对青岛胶州湾大桥主缆锚固区进行局部缩尺模型试验、局部有限元分析以及整体有限元分析，深入地研究了主缆锚固区的受力性能，验证了设计的合理性与可靠性。

第3章

下部结构及索塔施工

3.1 钻孔平台

3.1.1 设计条件

钻孔平台水文设计条件见表3.1-1,其他设计参数见表3.1-2。

钻孔平台设计水文条件表　　表3.1-1

序　号	设 计 参 数	取　值
1	钻孔桩施工期设计高水位	+3.0m
2	钻孔桩施工期设计低水位	-1.40m
3	设计水流速	1.38m/s
4	原泥面高程	+5.0m
5	允许冲刷深度	5.0m
6	设计风速	31.6/s

其他设计参数表　　表3.1-2

序　号	分 项 参 数	取　　值
1	护筒顶高程	+6.0m
2	钢护筒	护筒总长约24m,直径2.1m,重量约15t;首节14m整根施沉,用一台DZJ180振动锤施沉,筒支式导向架定位导向
3	起重设备	80t浮吊,50t履带吊
4	钻机荷载	1台钻机作业,主机重量450kN,工作总重量1000kN
5	平台均载	按$20kN/m^2$考虑
6	船舶荷载	平台钻孔侧系泊2艘500吨级驳船,靠船力取200kN

3.1.2 平台结构型式

钻孔桩的平台结构,是采用钢管桩作为支架结构,上部采用钢桁架结构形成平台,如图

3.1-1 和图 3.1-2 所示。

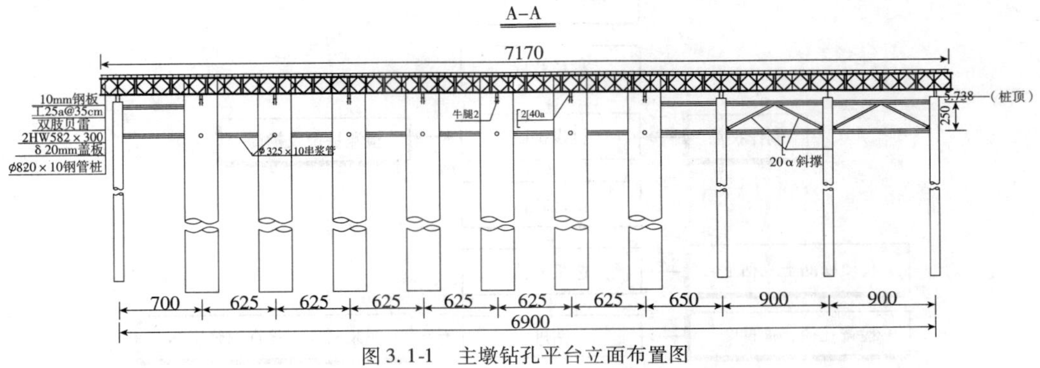

图 3.1-1　主墩钻孔平台立面布置图

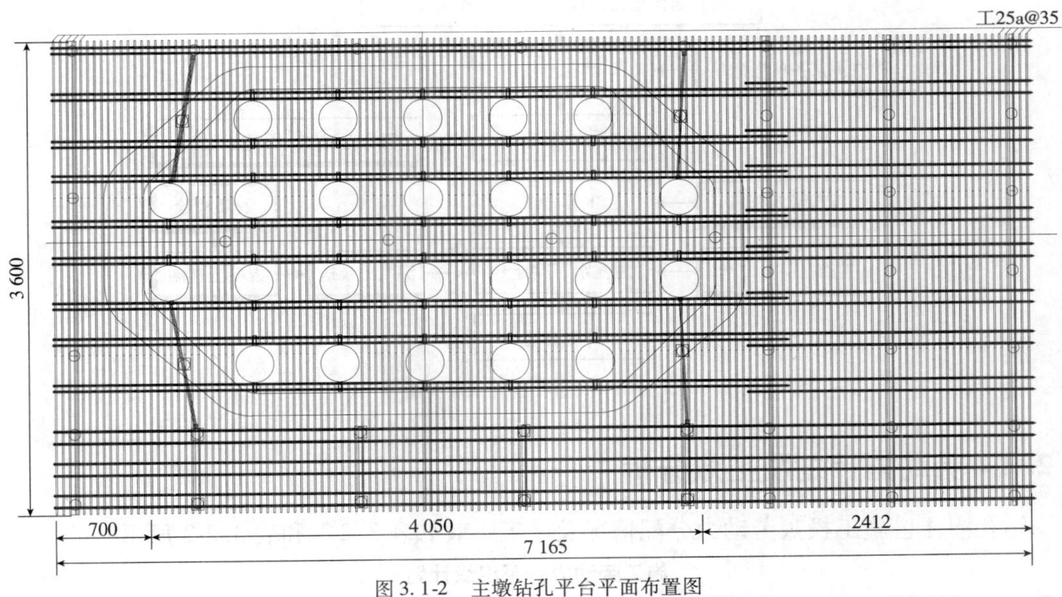

图 3.1-2　主墩钻孔平台平面布置图

3.1.3　钻孔平台结构安全性

根据前述设计参数，非通航孔桥钻孔平台是按照配备 3 台 KP3500 型回转钻机设计的，该平台方案经过第三方审核，并通过了评审论证，在生产实践中也经受了验证。

3.2　钻孔灌注桩施工

3.2.1　施工工艺流程

钻孔灌注桩的工艺流程如图 3.2-1 所示。

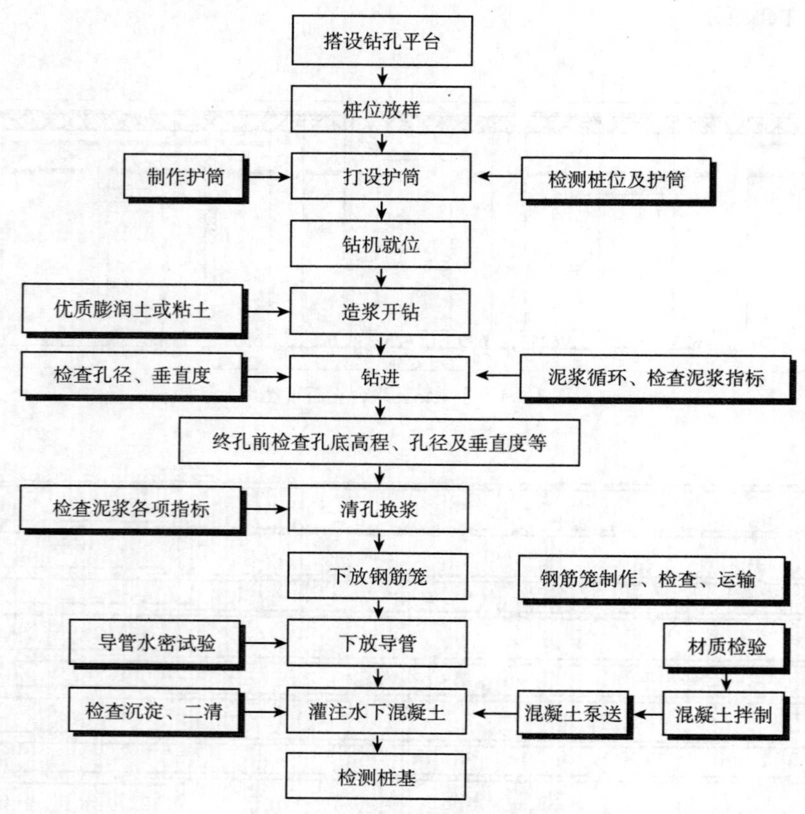

图 3. 2-1 钻孔桩施工流程图

3. 2. 2 劳动力计划及工效分析

钻孔灌注桩施工投入劳动力分配情况及施工工效如表 3. 2-1 和表 3. 2-2 所示。

施工劳动力资源组织计划

表 3. 2-1

序 号	劳动力分组	主要作业任务	人员配置	人员组成
1	技术组	桩基施工技术设计、操作指导	8	设计工程师 1 人,设计助理 2 人,现场工程师 5 人
2	试验组	选定混凝土配合比、原材料试验	6	试验工程师 2 人,试验员 4 人
3	测量监控组	负责桩基施工测量定位、质量监控	4	测量工程师 1 人,测量员 3 人
4	设备管理组	负责起吊设备、电焊机等设备的维修养护	10	机械工程师 2 人,普通工人 8 人
5	混凝土组	混凝土拌制、运输	32	拌和船操作人员 10 人、技工 6 人,驾驶员 6 人、普工 10 人
6	现场作业组	钢筋笼下放,水下混凝土灌注	18	技术工人 8 人,普通工人 10 人
7	钢筋组	钢筋的加工、运输	32	技术工人 12 人,普通工人 20 人

续上表

序　号	劳动力分组	主要作业任务	人员配置	人 员 组 成
8	安全管理组	负责施工全过程安全管理	3	安全工程师1人,专职安全员2人
9	后勤保障组	负责日常生活事务	12	技术工人4人,普通工人8人
10	合计		125人	

钻孔灌注桩施工工效分析　　表3.2-2

一根钻孔灌注桩施工功效分析				
序　号	施 工 项 目	作业时间（小时）	控制工期时间(天)	备　　注
1	准备工作(平台、钻机移位)	24	1	24小时连续作业
2	钻孔	144	6	
3	清孔、提钻	24	1	
4	孔径、垂直度等的检测	6	0.25	
5	下钢筋笼	18	0.75	
6	下混凝土导管	6	0.25	
7	二次清孔	6	0.25	
8	混凝土灌注	12	0.5	
9	不可预见因素	48	2	
	合计	288	12	
说明:完成施工时间按12天控制。				

3.2.3　成孔施工

3.2.3.1　泥浆制备及泥浆循环

(1)泥浆制备

泥浆是大直径钻孔施工的“血液”,钻进阶段采用试验结果合格,并经监理工程师批准的优质海水泥浆。

钻孔施工时结合试桩所在地的地质水文条件,以满足最容易坍塌的土层孔壁稳定为主要条件调整泥浆的基本配合比。根据钻进速度和地质情况不同,不定时地检查泥浆性能,并根据实际情况随时调整泥浆指标。海水泥浆配比由试验确定。

加入纯碱能对膨润土进行钠化改良。纯碱具有充分分解膨润土,增加pH值,提供成孔所需的碱性环境,有效减少沉淀速度和沉渣厚度的作用。根据试验结果,在工程中添加优质纯碱量为膨润土量的4%左右较为合适,掺量较常规泥浆高。钻进过程中,泥浆相对密度控制在1.06~1.10,使泥浆具有一定的液柱压力,以达到平衡孔壁外围地层压力、稳定孔壁,满足反循环施工工艺的要求;粘度控制在18~28Pa·s,以满足钻进护壁和二次清孔的要求;pH值维持在9~11左右,使泥浆处于碱性状态,提高黏土的分散度。

(2)泥浆循环与净化

泥浆从钻杆中吸出后,需经过泥浆净化器净化才能循环使用。平台护筒间用钢管串连,形成泥浆循环池,钻机排出携带钻渣的泥浆首先经过泥浆净化装置顶面的筛选机进行预筛,将比较大的颗粒或泥块等排除,然后经过泥浆净化器将0.074mm以上的颗粒排除,经净化处理后的泥浆排到临近护筒内,经过再一次沉淀,然后补回孔内。排出的钻渣排到运渣船内或沉淀筒内,统一运到指定地点废弃。

整个泥浆循环系统由制浆池、净化器、回浆槽及泥浆泵、沉淀池等设备组成。主墩泥浆循环系统具体见图3.2-2。

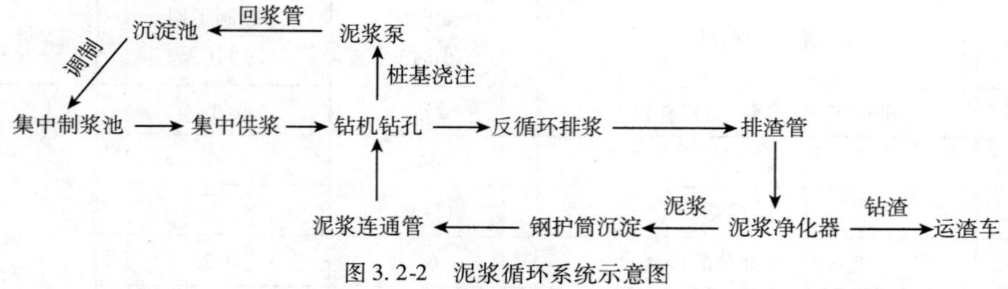

图3.2-2 泥浆循环系统示意图

为了保证施工中泥浆性能指标,在钻孔施工过程中对泥浆性能指标定期进行检测。开钻施工期间每1小时检测一次,等泥浆性能稳定后每4小时检测一次,并根据钻进过程中地层变化情况增加检测频率。钻孔过程中的钻渣应装入专用吊渣筒内,通过运渣船转运到指定地点进行处理;浇注混凝土过程中溢出的可回收使用的泥浆,用引流槽引流至未开钻的护筒内储备。溢出的质量较差的不能回收利用的泥浆引流至泥浆储备箱内,然后运输到指定地点。

3.2.3.2 钻机安装及校核

根据平台上的桩位,钻机通过浮吊吊装就位。钻机就位时,测量检查,底盘须水平,钻塔与底盘保持垂直状态,并将钻机与平台进行限位,保证钻机在钻进过程中不产生位移。同时在钻进的过程中及结束时对底盘四角点不间断进行校核,如发现钻机有倾斜迹象或怀疑钻机有歪斜时均要进行基座检测并及时调平,且钻机顶部的中心、转盘中心、桩孔中心基本在同一铅垂线上。

利用履带吊将钻头、风包钻杆及配重拼装在一起,在钻机就位后使钻塔倾斜或移动上层底盘,将本组件吊入孔内固定。检查钻杆,清洗密封圈,并接长钻杆,将钻头下到离孔底泥面约30cm处,接通供风及泥浆循环管路,开动空压机,开启供风阀供风,在护筒内用气举法使泥浆开始循环,观察钻杆、供风管路、循环管路、水龙头等有无漏气、漏水现象,并开动钻机空转,如持续5min无故障时,即可开始钻进。对于下入孔内的钻具,须记录钻头、配重、风包钻杆及钻杆的编号和实际长度。

3.2.3.3 钻进成孔

主墩桩基地质情况复杂,水上钻孔较深,适合气举反循环回转施工工艺。对于这部分钻孔选用回转钻机气举反循环钻进成孔时,根据钻孔所揭露地层不同,需选用的钻进参数如表3.2-3所示。

不同地层钻进参数表 表 3.2-3

地　　层	钻压 (kN)	转数 (r/min)	进尺速度(m/h)	采用的钻头
护筒底口地层	<100	6~8	0.5~1.0	刮刀钻头
粉(细、中、砾)砂层	100~200	6~8	0.5~1.5	刮刀钻头
圆砾土、砂砾胶结层	100~200	4~6	0.3~1.0	刮刀钻头或滚刀钻头
软岩	100~300	6~16	0.1~0.5	刮刀钻头或滚刀钻头
破碎基岩层	100~300	4~6	0.1~0.5	滚刀钻头
稳定完整基岩层	≥200	4~6	0.1~0.3	滚刀钻头

根据地质情况采用与钻孔直径相匹配的刮刀钻头,钻进成孔。

(1)护筒内地层钻进

护筒内地层开钻时钻头反循环空转,启动泥浆循环系统,调整孔内泥浆,当孔内泥浆指标符合要求后,采用反循环减压钻进,在钻孔过程中及时调整护壁泥浆指标和钻进速度,每小时进尺控制在5m左右,孔内及时补充优质泥浆,混合泥浆经泥浆净化器处理后泥浆回流入护筒,钻渣转运至处理堆场处理。对于流塑、软塑状亚粘土,粘性大,不易破碎排除,容易造成糊钻。可采取减小泥浆密度(1.06~1.10g/cm^3);减小钻齿密度;加快泥浆循环速度和经常上下拉动钻头等方法穿过该层。钻进过程中要根据钻具运转的平稳情况判断钻头是否摩擦护筒及孔内是否有异物,发现问题应采取有效措施进行处理。

(2)护筒底口部位钻进

待护筒内泥浆指标满足要求后可向下钻进成孔,钻进护筒底口部位时,提钻更换下一级梳齿钻头后继续钻进,在钻进中宜使用气举反循环,小气量、轻压、慢转钻进成孔,需特别注意钻头碰挂护筒底口。如钻进过程中发现钻头摩擦护筒或钻机闭车时,不得强行钻进,可根据护筒倾斜情况适当调整钻机位置。待钻头整体钻出护筒2m左右后,才允许正常钻进成孔。

(3)第四系覆盖层钻进

钻头钻出护筒后,小气量、轻压、慢转钻进成孔,钻进过程中对变层部位要注意控制进尺,并且每钻进一根钻杆要注意扫孔,以保证钻孔直径和垂直度满足要求;要随时检测和控制泥浆性能指标,以确保孔壁的安全。在砂层钻进时,要控制泥浆性能满足护壁要求,以保证孔壁的安全。

(4)基岩层钻进

利用滚刀钻头大气量、低压慢转钻进,适当控制钻压及钻具转速,控制进尺速度,确保成孔钻进安全。由于孔深较深,桩端嵌入的泥岩厚度较大,其岩质较软,在刀具破岩过程中基岩主要呈塑性破坏,在其下部微风化基岩层,其地层强度差别变化较大,宜采用滚刀钻头钻进,在钻进中适当加大钻具转速,以提高钻进速率,减小钻头磨损。钻进至软硬不均地层部位时,要加大扫孔频度,重点防止斜孔、台阶孔,同时当要特别注意防止掉钻等孔内事故的发生。

(5)在正常施工过程中,为保证钻孔的垂直度,必须采用减压钻进,使加在孔底的钻压小于粗径钻具总重(扣除泥浆浮力)的80%。

(6)钻进中注意往孔内及时补充泥浆,维持护筒内的水头高度,保证孔壁稳定。

(7)升降钻具应平稳,尤其当钻头处于护筒底口位置时,必须防止钻头钩挂护筒。

(8)加接钻杆时,应先停止钻进,将钻具提离孔底8~10cm,维持泥浆循环5分钟以上,以清除孔底沉渣并将管道内的钻渣携出排净,然后加接钻杆。

(9)钻杆连接螺栓应拧紧上牢,认真检查密封圈,以防钻杆接头漏水漏气,使反循环无法正常工作。

(10)钻孔过程应分班连续进行,不得中途长时间停止。

(11)详细、真实、准确地填写钻孔原始记录,精确测量钻具长度,应注意地层的变化,在地层变化与地质报告提供资料不相一致时,应及时通知技术人员。

(12)钻进过程中应保证孔口安全,孔内严禁掉入铁件(如扳手、螺栓等)物品,以保证钻孔施工正常顺利进行。

(13)认真、仔细检查下入孔内的钻具,保证其可靠性,避免掉钻事故的发生。

(14)定时检测钻机底座的水平度(底座四角高差不得大于3mm)及钻塔的垂直度,发现问题及时调整,以保证钻孔的垂直度。

钻进过程中应认真填写施工记录,详细记录地层变化、钻进过程中出现的有关问题、处理措施及效果等,钻机操作手或班长必须在钻孔记录上签字。

3.2.3.4 多种钻孔工艺结合成孔

根据施工区地层钻进性能的分析结合类似工程施工经验,本工程钻孔施工时冲击反循环成孔工艺同回旋钻机气举反循环施工工艺各有优缺点,主要表现在:由于施工区下伏基岩较破碎、强度起伏较大。

根据类似地层、类似工程的钻进效率资料统计:在孔深50m以内,冲击反循环施工效率是回转钻机的1~3倍,是单绳冲击的3~6倍;当孔深超过60m以后,冲击反循环施工效率明显降低。

因此,冲击反循环钻孔施工最佳施工深度不宜超过60m。而施工区部分墩位的钻孔设计深度起伏较大,考虑到两种施工工艺的各自适用性及利弊,采用"冲钻结合"钻孔施工工艺具有一定的优势,且效果较为明显。具体为:先采用冲击钻钻进,发挥冲击钻的优势,当孔深超过60m时,换成回转钻进的方式,发挥回转钻进方法的长处,提高钻孔的整体效率。

3.2.4 质量控制标准及意外预防措施

3.2.4.1 钻孔施工质量控制

灌注桩成孔后应逐孔进行检测,检测内容包括孔位偏差、孔深、孔径、孔的垂直度、孔底沉渣厚和浇混凝土前孔内泥浆的主要指标等,其质量控制应符合下列规定:

(1)灌注桩成孔的孔位偏差可通过检测成孔后的护筒位置偏差确定。孔位允许偏差不得大于5cm。

(2)成孔后的孔深,应达到设计高程。

(3)灌注桩成孔后的孔径不得小于设计桩径,直桩成孔垂直度偏差不得大于1/200。成孔孔壁稳定,无坍孔现象。

(4)混凝土浇筑前清孔后孔底沉渣厚度,不得大于10cm,成孔后的孔深应不包括钻头超钻部分。

(5)浇筑混凝土前,孔内泥浆的相对密度宜为1.03~1.10,含砂率宜小于2%,黏度宜为17~20Pa·s,胶体率>98%。

3.2.4.2 钻孔施工意外的预防措施

钻孔施工过程中,易出现钢护筒变形、坍孔、偏孔、卡钻、埋钻等现象。采取的预防及补救措施如下:

1)钢护筒变形

增加钢护筒的刚度;在钢护筒底口设置加强钢板,并将其加工成刃角,减少与土体的接触面积。

2)坍孔

(1)选用优质护壁泥浆,选择合理的钻进参数如泥浆性能指标、钻压、钻速等,增强泥浆护壁功能。

(2)由具备丰富施工经验的技术工人参与施工,强调以预防为主的指导思想,避免塌孔事故的发生。

(3)根据地层状况不同选择相应的钻进方法,当钻至护筒下口附近1m时,提钻抛填粘土反复作正循环旋转护壁2~3次。

3)掉钻、偏斜孔

(1)加强现场质量管理工作;对于特殊地质,由技术人员对工班长进行详细的施工技术交底,并传达至每一位操作人员,做到心中有数。

(2)加强机械设备的检查,尤其是钢丝绳的检查。

(3)严格按照要求施加配重;采用减压钻进,即钻机的主吊钩始终要承受部分钻具的重力,而孔底承受的钻压不超过钻具重力之和(扣除浮力)的80%。

3.2.5 清孔

终孔后,应立即进行清孔。清孔方法根据土质情况、孔底沉淀厚度要求和施工机具条件可选用换浆清孔、抽浆清孔或喷射清孔等方法进行施工。

清孔时将钻头提离孔底20cm左右,钻机慢速空转,保持泥浆正常循环,同时置换泥浆。当泥浆指标达到相对密度1.03~1.10,粘度17~20Pa·s时,含砂率<2%后,测得孔底沉渣厚度若小于10cm,可停止清孔,拆除钻具,移走钻机,进行下道工序的施工。清孔过程中须保持孔内水头,防止坍孔,并不得采用加深钻孔深度的方法来代替清孔。

钢筋笼安装完成后,进行二次清孔,二次清孔时要求泥浆指标达到下述指标要求:相对密度1.03~1.10,粘度17~20s时,含砂率<2%,胶体率≥98%,孔底沉渣厚度<10cm。

3.2.6 钻孔施工意外故障应急措施

3.2.6.1 钢护筒变形

应根据变形程度采取回填块石至变形部位，再改用冲击锤冲击成孔；或采取水下切割等办法校正；严重变形的钢护筒应拔出重打。

3.2.6.2 坍孔

坍孔不严重时，回填至坍孔位置以上，采取改善泥浆性能、加高水头后重新钻孔；当护筒底口发生坍孔时应采取护筒跟进、下内护筒等办法进行施工；当坍孔严重时，应尽快回填，采用粘土并加入适量的碱和水泥，回填高度应高于坍孔处2~4m，待其固化后，提高泥浆密度快速穿过该地层。

3.2.6.3 钻孔漏浆

跟进护筒或减小孔内外水头差、增加泥浆密度、改善泥浆性能。

3.2.6.4 偏孔

当偏孔不严重时采用提钻至偏孔处，反复扫孔，使孔壁垂直。当孔壁偏孔严重时，回填至偏孔处重新钻孔。

3.2.6.5 卡钻、埋钻

发生卡钻和埋钻时，宜采用冲、吸等方法，将钻头周围土层松动后提钻，并采取措施保持孔壁稳定。

3.2.7 钻孔灌注桩钢筋笼制造安装

3.2.7.1 钢筋笼制作场地的准备

钢筋笼制作场地选定后，应根据地基情况对基础进行处理，在处理好的场地上建造钢筋笼台座，各台座间距不宜大于2m，台座上横梁采用合格枕木或钢结构，台位顶面平整度应用水准仪检测，相邻横梁的高差应控制在1cm以内。在钢筋笼制造过程中应经常检测台位下沉、变形和位移等情况，如发现超出允许值的应及时调整。在钻孔平台或大型驳船上加工钢筋笼时将可直接布置钢筋笼台座。

3.2.7.2 钢筋笼加工

(1)钢筋笼的分节及下料

根据施工现场的实际确定钢筋笼的分节长度，水中大直径桩钢筋笼的分节长度数量不应超过4节，岸上施工时也应尽量减少钢筋笼的分节数量，加快施工进度。

钢筋笼的下料应根据钢筋笼的分节长度确定，下料前应将钢筋调直并清理污锈，钢筋表面应平直，无局部弯折。钢筋笼下料后采用切割机将钢筋的两头切平，以保证钢筋的墩头或连接的顺利进行。

(2)钢筋的连接

钢筋的连接采用直螺纹套筒连接。直螺纹套筒连接接头的加工包括钢筋的墩头和套丝,墩头和套丝均采用直螺纹墩头机和套丝机进行加工。直螺纹钢筋接头的加工和连接工艺流程如图 3.2-3 所示,施工现场照片如图 3.2-4 所示。

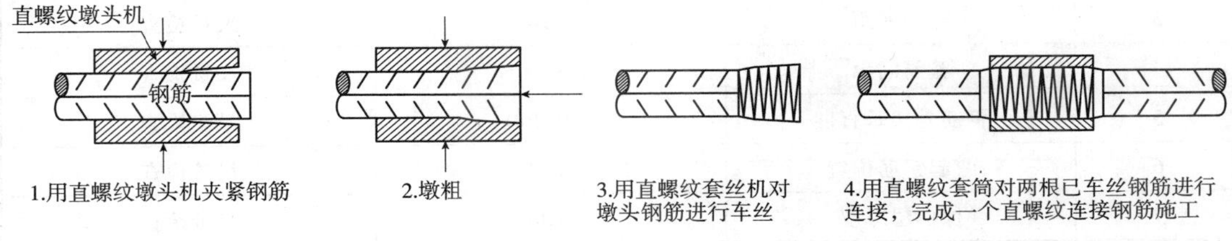

图 3.2-3　直螺纹钢筋加工工艺流程图

图 3.2-4　钢筋连接现场施工照片
a)直螺纹套筒和已车丝钢筋组合;b)钢筋笼中钢筋的连接

(3)钢筋笼的制作

钢筋笼制作采用分节段加强筋成型法制作。制作时,按照设计尺寸采用做好定位圈钢筋,标出主筋位置,然后将主筋依次点焊在加强筋上,要确保主筋与加强筋相互垂直不变形并在定位圈钢筋上焊接十字钢筋支撑。同时安装吊装衬套、吊具。钢筋笼制作过程中须严格控制钢筋笼接头安装质量,且钢筋接头必须错开布置,接头数不超过该断面钢筋总根数的 50%。

当采用直螺纹套筒连接时,钢筋笼加工应将两节钢筋笼节段在一起加工,当两节段钢筋笼加工完毕,将两节钢筋笼连接的直螺纹套筒用扳手拧开,将第一节钢筋笼吊至钢筋笼存放区存放;第三节钢筋笼的制作以第二节钢筋笼为基础进行制作,当第三节钢筋笼加工完毕,将第二、三节钢筋笼间的连接套筒拆开,吊装第二节钢筋笼至钢筋笼存放区存放;按照相同原理进行后序钢筋笼节段的加工。

钢筋笼分段加工制作完成后,存放在平整、干燥的场地上。存放时,按分节情况进行分类编号,并将钢筋笼垫高以免粘上泥土。

钢筋笼制作时的验收标准及允许偏差表 3.2-4 所示。

钢筋笼制作时的验收标准及允许偏差 表 3.2-4

序号	项目	允许偏差(mm)	检查方法
1	钢筋骨架长度	±50	尺量检查
2	钢筋骨架直径	±10	尺量检查
3	主筋间距	±10	尺量检查
4	箍筋间距	±20	尺量检查
5	钢筋骨架垂直度	$<D/200$	吊线检查
6	弯起钢筋位置	±20	尺量检查
7	保护层厚度	±20	尺量检查

3.2.7.3 钢筋笼骨架的存放及安装

1)钢筋笼骨架存放

(1)钢筋骨架在存放运输过程中，支撑箍处应设置等高垫木，防止钢筋骨架油污及水锈污染。

(2)钢筋骨架起吊时，吊机操作应平稳、缓慢，避免落钩时速度过快，导致钢筋笼冲击变形。并对吊点处支撑环增十字或三角形支撑，防止吊点处骨架变形。

(3)起吊过程中不得造成钢筋笼产生残余变形。

2)钢筋笼的安装

钢筋笼加工完毕，成孔检验合格后，即可开始钢筋笼的吊装施工。为保证钢筋笼起吊时不变形，每节钢筋笼采用多点起吊。采用长吊绳小夹角的方法减小水平分力，起吊时顶端吊点采用钢筋笼专用吊具进行吊装，根部吊点采用二根吊绳进行吊装，吊点处设置弦形木吊垫与钢筋捆连。先起吊顶部吊点，后起吊根部吊点，使平卧变为斜吊，根部离开地面时，顶端吊点迅速起吊到90°后，拆除根部吊点及木垫垂直吊起入孔安装。钢筋笼下放时需严格检查钢筋笼保护层，确保其满足设计要求。在钢筋笼的接长、安放过程中，始终保持骨架垂直；钢筋笼接长时每节接长应保证垂直度满足要求（骨架倾斜度±0.5%），接头牢固可靠。

钢筋笼起吊后，按照长线法拼接的标记对位，使各钢筋的对准率达到95%以上，对于少数由于起吊钢筋笼变形引起的错位，可以用小型(1～3t)手动葫芦牵引就位。对于极少数错位严重的，无法进行丝扣对接，则可采用双面邦条焊的焊接方法解决，双面邦条焊要求焊缝平整密实，焊缝长度符合规范规定，确保焊接强度质量与主筋等强度。

钢筋笼安装过程中应防止碰撞孔壁，当下放困难时，应查明原因，不得强行下放。钢筋笼安装到位后，将顶端用于起吊的四根吊杆与钢护筒焊接，固定钢筋笼，防止混凝土浇注过程中钢筋笼上浮。

3.2.7.4 声测管及垫块安装

钢筋笼按设计图纸绑扎成型后，在钢筋笼内侧圆周布置声测管，各管路用管箍连接并加固焊牢（连接大样见图 3.2-5）。声测管安装垂直度容许偏差不大于50‰，且接头处孔壁过渡圆顺光滑。声测管安装到位后，端口焊接 2mm 厚铁皮封堵，以防施工中泥浆及水泥浆等杂物进入声测管，堵塞管路。

为控制钢筋笼骨架在安放过程中与孔壁间的静距，保证钢筋骨架的保护层厚度满足设计要求，我们按照规范要求采用C40预制混凝土垫块，垫块尺寸为直径为15cm、厚度为5cm圆形混凝土结构，现场施工情况见图3.2-6。垫块沿桩身横向圆周布置4个(275-R4桩径为180cm，垫块布置间距约为125.4cm)，沿桩长方向间距为2m进行布置。

图3.2-5　声测管连接图片

图3.2-6　垫块施工图片

3.2.7.5　钢筋笼安装注意事项

(1)因钢筋笼起吊单元较长，起重量较大，钢筋笼制造前需做如下工作：

①钢筋笼成型胎模设计制造；

②钢筋笼骨架节段长度划分，内容包括：根据存放、起吊的需要确定支撑环的结构和具体位置；确定临时支撑的设计和连接方法。

③钢筋笼起吊吊具设计。

④钢筋笼埋入承台段，应采取适当防腐措施，首件工程在钢筋笼加工结束后，在埋入承台段(约1.5m)采用涂环氧富锌漆的措施预防钢筋被海水腐蚀，施工承台的时候使用钢丝刷去除防腐漆，再行施工承台。

(2)钢筋骨架宜采用两台吊机起吊，慢速将钢筋笼竖直，拆除上吊点以外各个支撑环和临时支撑，在工作人员的扶持下缓慢插入孔内待对位后与前一节钢筋笼对接。

(3)钢筋笼入孔前，应认真检查钢筋笼临时加劲角钢和十字撑是否拆除完毕，并注意不得将任何诸如角钢、短钢筋等铁件掉入孔内，以免钢筋笼受阻无法安放至设计高程。一旦不慎掉入，应打捞出后再下钢筋笼。

当钢筋笼下端接近护筒底口时，应放慢速度，并在操作人员的扶持下，对准孔中心缓慢下放，防止钢筋笼碰撞孔壁，造成塌孔而给二次清孔增加难度。一旦发生钢筋笼骨架被卡，入孔困难时，应稍稍提起并转动骨架缓慢试探入孔，直到骨架下至设计高程。

(4)吊装时钢筋笼变形可能较大，使个别主筋脱落、错位，故钢筋笼下放时必须进行多次检查补焊，尽量减少在钢筋笼对接时发生主筋位置错位。

(5)钢筋笼对接、绑焊工作量大,除了主筋对接外,各种测试管件需同时进行围焊对接,要确保所有管件焊接时的质量。

(6)为了克服钢筋笼起吊的变形,宜采用多吊点起吊完成钢筋笼的吊装任务。

3.2.8 水下混凝土浇注

3.2.8.1 施工准备

钢筋笼安装完毕,应及时检查孔底沉淀厚度,沉淀厚度满足要求后即可进行混凝土的浇注施工。

水下混凝土一般采用刚性导管法进行浇注,首件工程采用的导管为 ϕ299mm,壁厚为8mm。导管使用须进行水密承压和长度测量标码等工作,并经监理工程师检查合格后下放导管。导管安装时其底口至桩孔底端的间距控制在0.4m左右,首盘混凝土储料斗设计容积应满足导管初次埋置深度大于1.5m。

导管水密试验水压计算:

(1)首件工程275-R4孔底高程-73m,桩顶高程-2.7m,河床面高程-5.0m,钢护筒+5.8m最高潮位+3.04m,考虑2m的水头差,计算中孔内水深按78.04m计,则水密试验的水压为1.3×10.0×78.04=1014.5kPa(约1.01MPa);

(2)导管壁和焊缝可能承受灌注混凝土时最大内压力 p 计算公式:

$$p = \gamma_c h_c - \gamma_w H_w \tag{3.2-1}$$

式中:p——导管可能受到的最大内压力(kPa);

γ_c——混凝土拌和物的重度(取24kN/m^3);

h_c——导管内混凝土柱最大高度(m),经计算得:h_c=33.4+39.65=73.05m。

γ_w——井孔内水或泥浆的重度(10.6kN/m^3);

H_w——井孔内水或泥浆的深度(m),按75.64m计。

$$p = \gamma_c h_c - \gamma_w H_w = 24 \times 73.05 - 10.6 \times 75.64 = 951.42\text{kPa}$$

导管水密性试验水压以1.3p 计,即首件工程275-R4导管水密试验的水压为1236.8kPa。

根据上述计算,施工中选择1.2MPa作为水密试验的控制压力。

混凝土浇注前应将施工区域进行明确规划,明确混凝土泵送设备和混凝土运输、浇注设备的停靠和摆放区域,并对混凝土拌和设备进行全面检修,混凝土浇注过程中其生产、运输、拌和设备均要有可靠备用设备,防止施工中发生意外。

3.2.8.2 混凝土配比及其集料要求

混凝土采用的粗、细集料应采用级配良好的碎石、中粗砂。混凝土拌制后要保证良好的流动性,混凝土出仓时的坍落度要达到16~20cm。混凝土配合比的含砂率宜采用36%~44%,海工耐久混凝土水胶比不大于0.4。粗细集料中的含泥量应分别低于0.5%和2.0%,泥块含量应分别低于0.25%和0.5%,砂中氯离子的含量不大于0.02%,含泥量不大于2.0%,泥块含量不大于0.5%。

集料最大粒径不应大于结构物最小尺寸的1/4、钢筋最小静距的3/4和保护层厚度的

2/3，同时，碎石不应超过输送管内径的1/3，卵石不应超过输送管内径的1/2.5，水下混凝土的最大粒径不得大于导管内径的1/6和钢筋最小静距的1/4，同时本工程混凝土的粗集料最大粒径不应超过25mm。为提高混凝土和易性，混凝土中掺用外加剂、粉煤灰等材料，其技术条件及掺用量通过试验确定。

3.2.8.3 混凝土浇注

基桩混凝土的浇注应采用浇注设备连续一次性浇注完成，混凝土的浇注设备宜采用混凝土泵，混凝土运输较远时宜采用混凝土搅拌车运输。混凝土运输过程中应防止其发生漏浆、泌水、离析。混凝土运输至灌注地点时，应检查其均匀性和坍落度，如不符合要求，应进行第二次拌和，二次拌和后仍不符合要求的，不得使用。混凝土灌注过程中要保持孔内的水头。并经常使用重量不小于4kg测量锤测量孔内混凝土面的位置，及时调整导管埋深，导管埋深宜控制在2～6m。

灌注的桩顶高程应视浇注情况比设计高度高出0.5～1.0m，以保证混凝土强度，多于部分在桩基检测前凿除，残余桩头应无松散层。混凝土灌注将近结束时，应核对混凝土的灌注数量，以确定混凝土的灌注高度是否正确。

3.2.8.4 混凝土浇注过程中意外事故的预防

混凝土灌注过程中混凝土易发生离析，如因导管埋深过大，易发生混凝土堵管现象、甚至导致断桩。

1）混凝土堵管

（1）严格控制混凝土流量和下放速度，保持均匀的流量和流速。

（2）保证灌注的连续性，尽量缩短混凝土泵送的间歇时间，如出现突发事件混凝土在短时间内（0.5～1h）不能搅拌到位时混凝土泵储料斗内应储备满斗混凝土，间隔10分钟泵送两个行程。

（3）导管不宜埋置过深，拆除导管应迅速及时，拆除后导管要检查密封圈好坏，及时更换密封圈，并保证导管有足够的安全埋管深度。

（4）测算混凝土上升高度和导管埋深要勤、要准。

2）断桩

（1）选择和易性好的配合比，加缓凝剂，严格控制坍落度，并加强施工过程中混凝土的和易性控制。

（2）混凝土方量比较大，备用拌和站作好准备，以便在需要时能及时提供混凝土。

（3）加强领导现场值班和人员的管理工作，做到职责明确，确保每个参与工人的工作质量从而保证基桩混凝土的施工质量。

（4）加强对通信设备的检查，确保施工过程中信息畅通，指挥到位。

（5）严格按照招标文件的技术规范要求，进行导管埋深控制，现场技术人员勤测孔深，保证实测数据和计算数据准确无误。

3.2.8.5 灌注桩成桩质量检测

当基桩混凝土浇注完成达到适当强度后，采用超声波或其他检测方法进行桩身检测，判断桩身混凝土质量，判断是否存在缺陷，确定桩身缺陷的深度与厚度，如桩身混凝土存在缺陷时应采取相应的补救措施或处理方法及时进行处理。

3.2.8.6 灌注桩安全保障措施

各施工项目必须配置专职安全员，建立安全检查制度，定期进行安全大检查，施工班组每周或每旬要开展一次安全活动例会，组织班组人员学习安全生产知识，观看安全生产录像，进行事故安全分析会等，特别要做好本班组新上岗人员的安全教育，人人做到“三不违”（不违章指挥，不违章作业，不违反劳动纪律）。现场作业人员需遵守以下安全规则：

(1)没有安全技术措施，不经安全交底不准作业；

(2)没有有效的安全措施不准作业；

(3)发现事故隐患未及时排除不准作业；

(4)不按规定使用安全劳动保护用品不准作业；

(5)非特种作业人员不准从事特种作业；

(6)机械、电器设备安全防护装置不齐全不准作业；

(7)对机械、设备、工具的性能不熟悉不准使用；

(8)新工人不经培训，或培训考试不合格不准上岗作业；

(9)下列情况职工有拒绝权：即安排施工生产任务时，如不安排安全生产措施；现场条件发生变化，安全措施跟不上；设备安全保护装置不安全；技术员违章指挥等情况下，作业人员有权拒绝上岗操作。

3.2.8.7 钻孔灌注桩环境保护措施

需严格遵守《中华人民共和国环境保护法》以及地方法规和行业企业要求，采取措施控制施工现场的各种粉尘、废水、废气、废泥浆、废渣等对环境的污染和危害。环境保护坚持“预防为主、防治结合”的方针，努力实现可持续发展战略，最大限度地减少施工对周围环境的影响。

3.2.9 桩基质量检测

为检测钻孔桩质量，每根桩均埋设 4 根超声波检测管。桩基质量检测应按设计和规范要求进行。每根桩均按设计要求检测前，先用塑料水管进行冲水检查，若有淤塞，进行不断冲洗，直至孔底。检测结束后声测管须压浆封实。

3.3 承台与防撞钢套箱

大沽河航道桥主塔承台施工采用无底钢套箱临时围水结构，套箱结构采用单双壁结合的形式，上部为双壁防撞套箱，下部为封底施工单壁围堰结构。

3.3.1 总体施工流程

主墩承台围堰施工的总体流程图如图 3.3-1 所示。

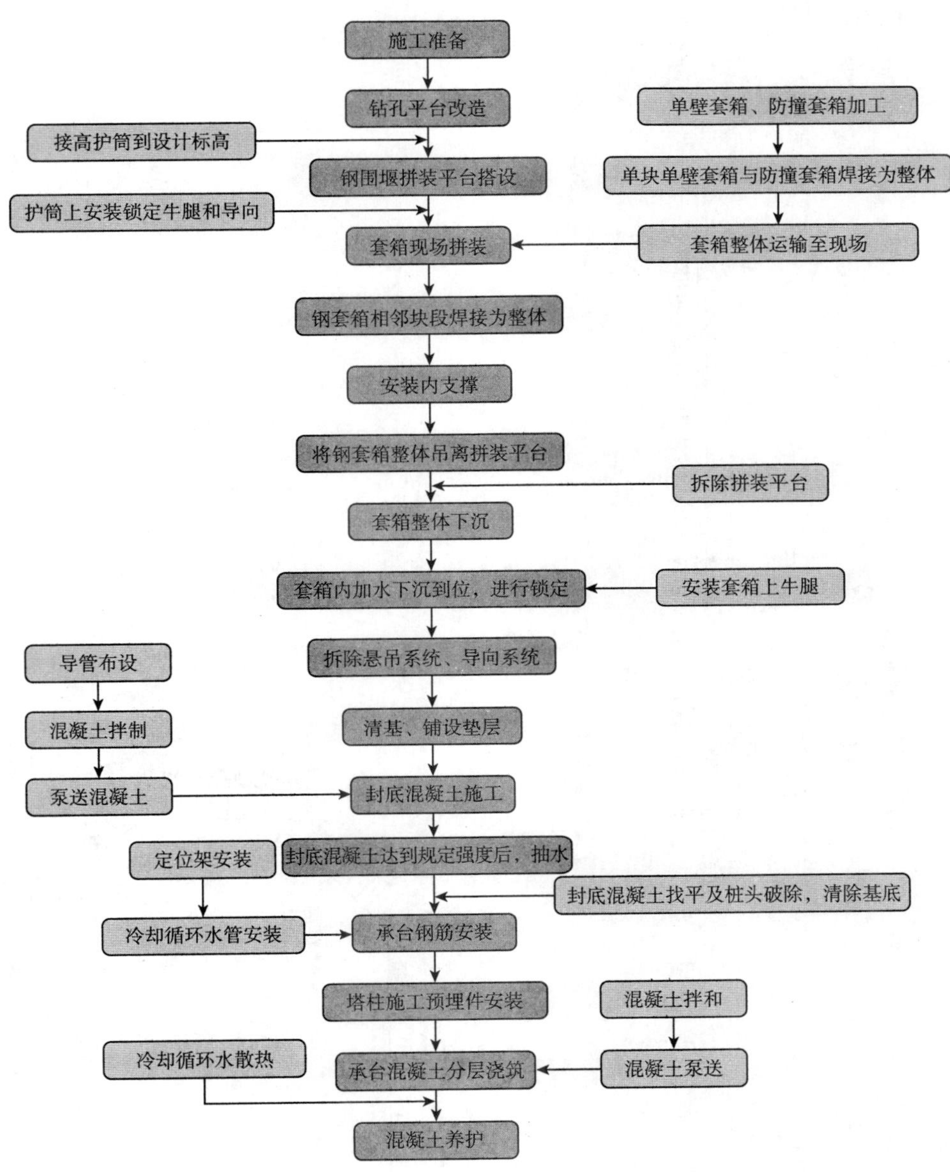

图 3.3-1　通航孔桥承台施工总体流程图

3.3.2　钢套箱结构设计

主墩防撞套箱高 7.1m，封底单壁钢套箱高 4.4m，一次加工成型。围堰在平面分为 22 个块体（与防撞套箱相同），围堰封底混凝土厚 2.0m，采用 C25 水下混凝土。围堰总体布置见图 3.3-2。

主墩承台施工从功能上分为：防撞套箱、封底施工单壁套箱、单壁防浪板、内支撑系统、悬吊系统、导向系统、锁定系统等组成。

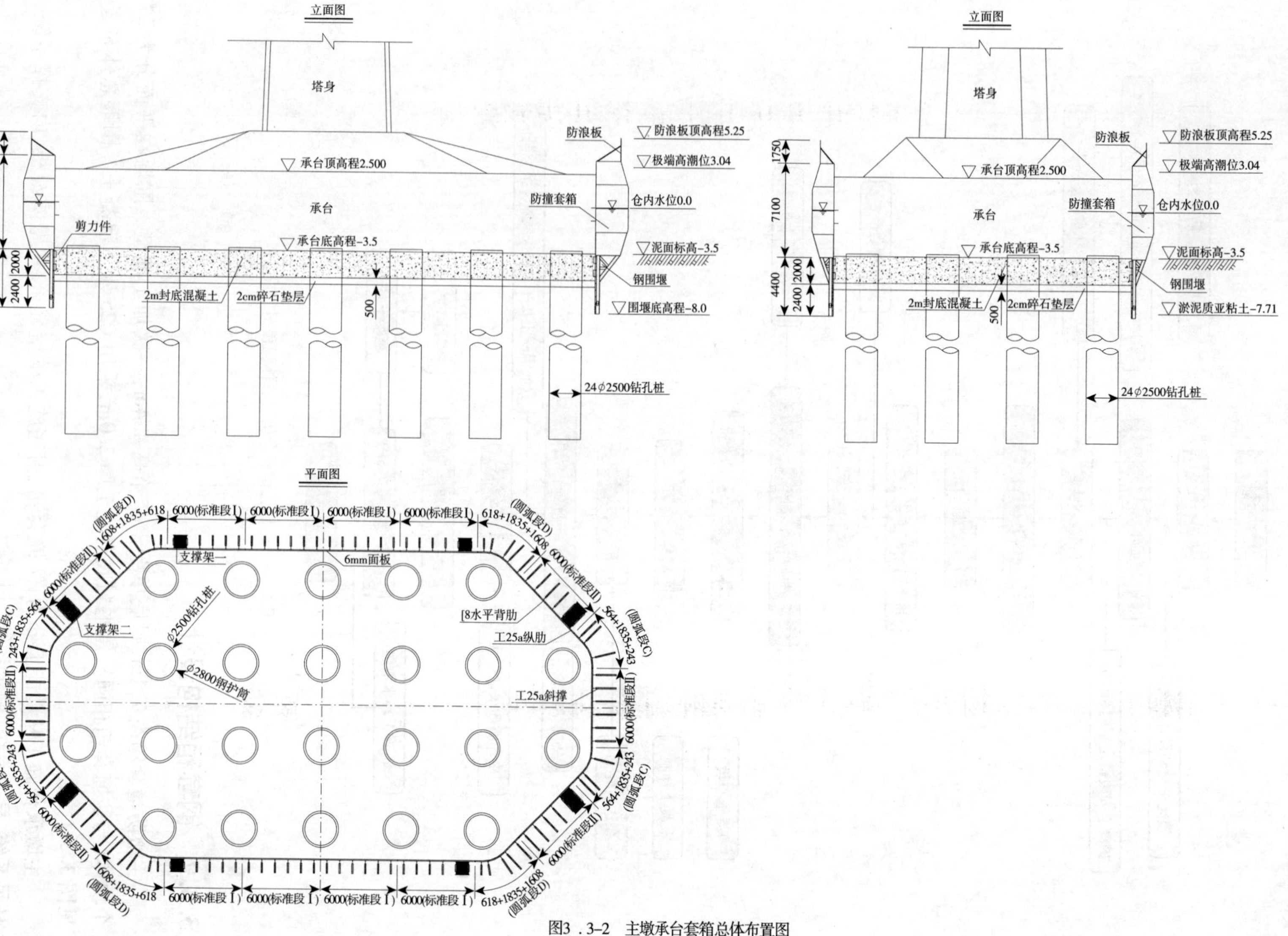

图3.3-2　主墩承台套箱总体布置图

(1)防撞套箱

壁板系统主要由板、外板、水平桁、中隔板等共同组成空间结构,双壁部分厚1.1m至2.5m。主塔区防撞套箱平面尺寸为47m(长)×26.65m(宽)×7.1m(高),防撞套箱比承台顶高出1m。结构形式如图3.3-3所示。

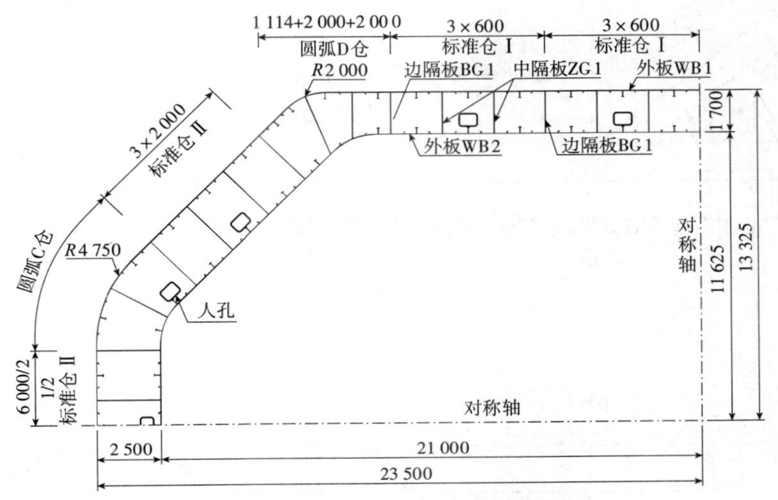

图3.3-3　防撞套箱壁最厚平面结构图

(2)单壁钢围堰

单壁围堰共分为22块,8块标准段I,6块标准段II,4块圆弧段C和圆弧段D。高度为4.4m,面板采用6mm钢板,水平肋骨采用[8槽钢,间距50cm;竖向主肋为I25a型钢,间距为1.0m;三向斜撑分别采用[18、[18、I25a型钢。标准段II和圆弧段D的结构布置形式如图3.3-4和图3.3-5所示。

(3)单壁防浪板

单壁防浪板高1.75m,顶高程为+5.25m。由6mm面板、8mm钢板小肋、∠75×50×6大肋和[12.6的围檩组成。分为A、B、C、D、E五个块段,现以防浪板A块段进行说明,结构形式见图3.3-6。

(4)内支撑系统

钢围堰下放时设置一层内支撑(图3.3-7),内支撑采用ϕ820×10的钢管,纵桥向布置两道,横桥向布置一道,内支撑中心高程为+1.4m。待浇筑第二层承台混凝土时,拆除内支撑。

(5)悬吊系统

围堰共设置12个吊点(图3.3-8),套箱的悬吊系统采用ϕ32精扎螺纹钢进行同步下放。下放系统分为A、B、C三类。现以A类下放系统进行说明,见图3.3-9和图3.3-10。

(6)导向系统

钢套箱下放时,在护筒上安装16个定位件进行导向定位,分上、下两层布置,定位件与钢套箱之间留有50mm空隙,如图3.3-11所示。

(7)锁定系统

待套箱下放到位后,钢套箱通过正反牛腿进行锁定,牛腿结构图如图3.3-12所示。

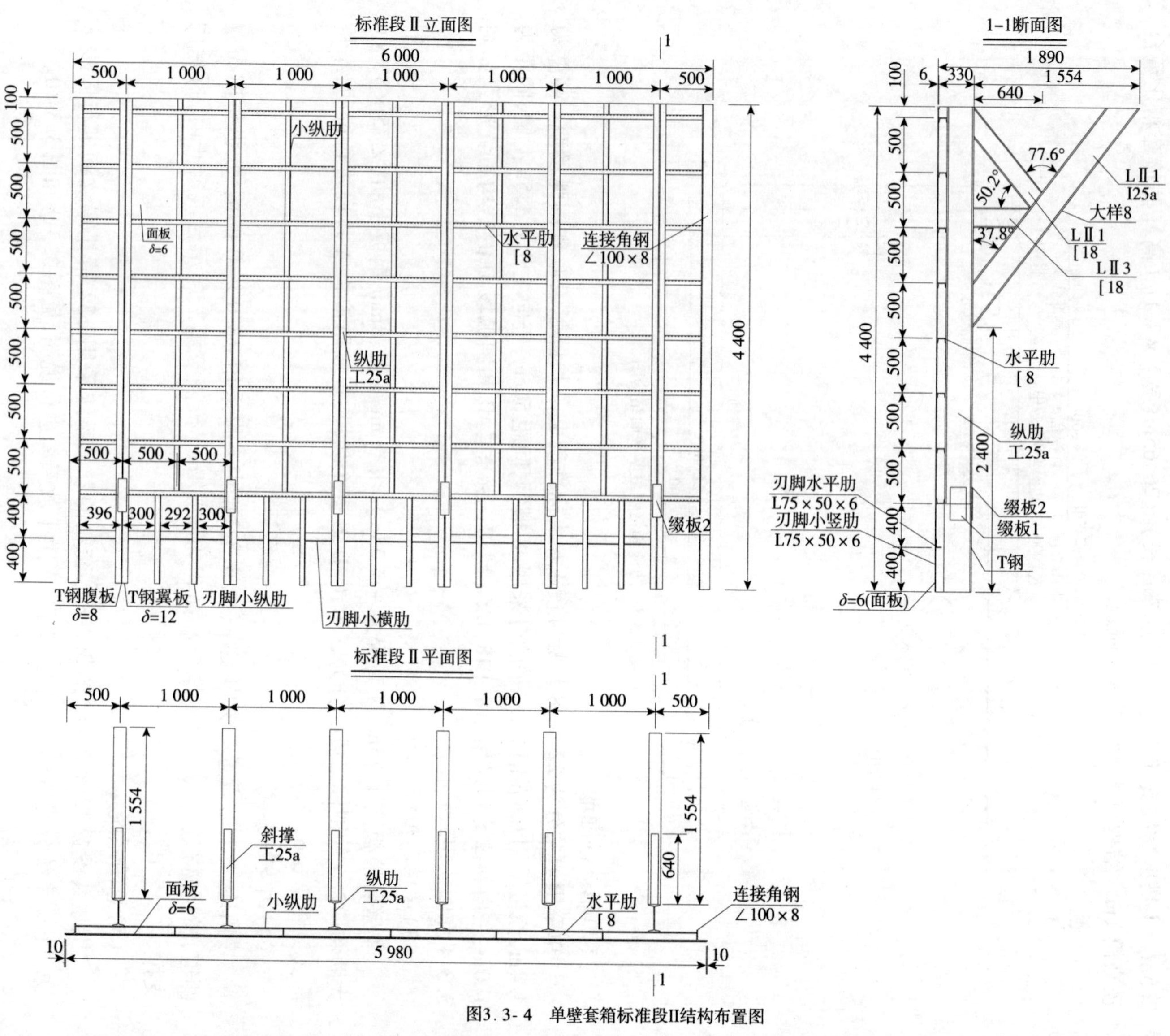

图3.3-4 单壁套箱标准段Ⅱ结构布置图

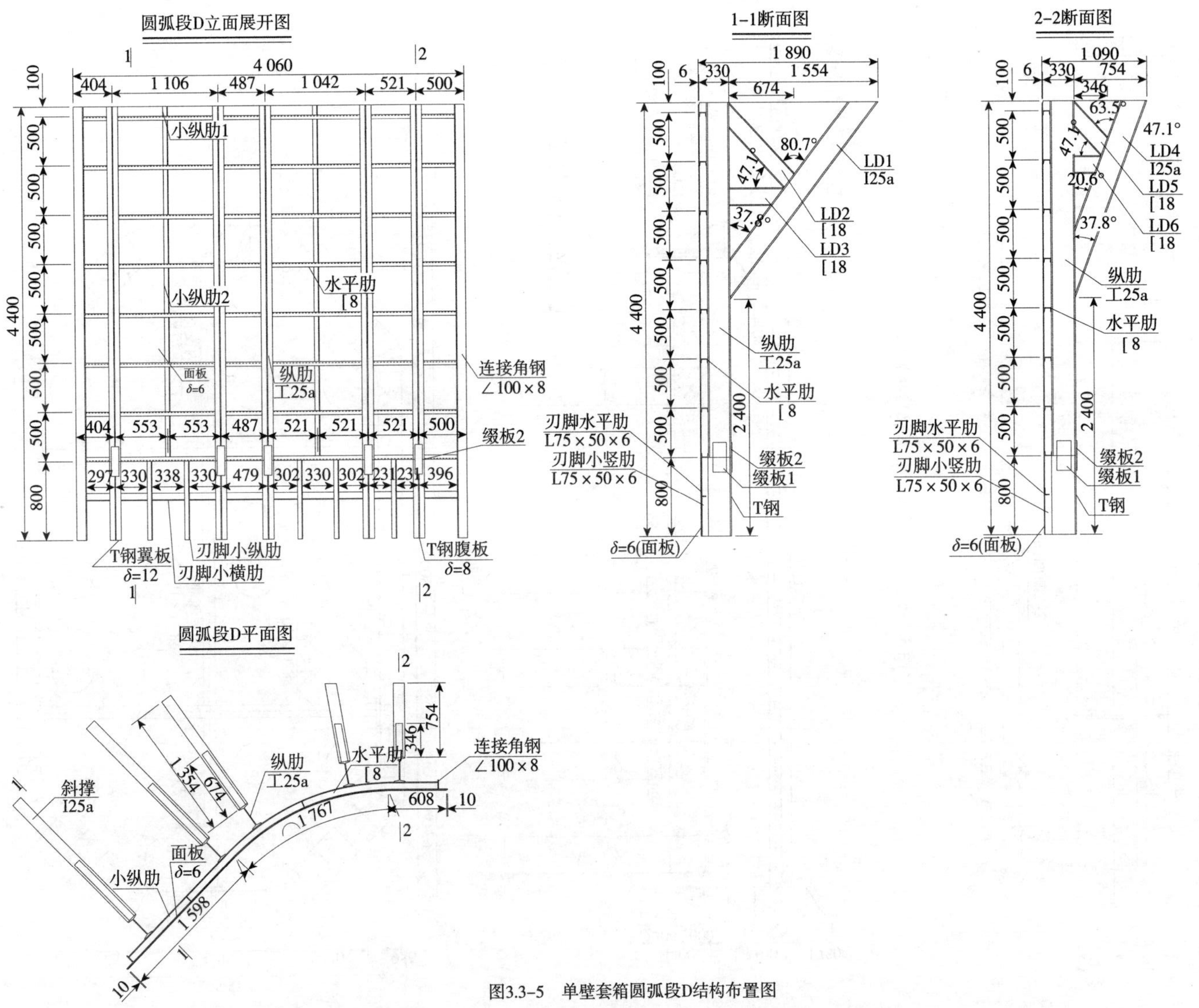

图3.3-5 单壁套箱圆弧段D结构布置图

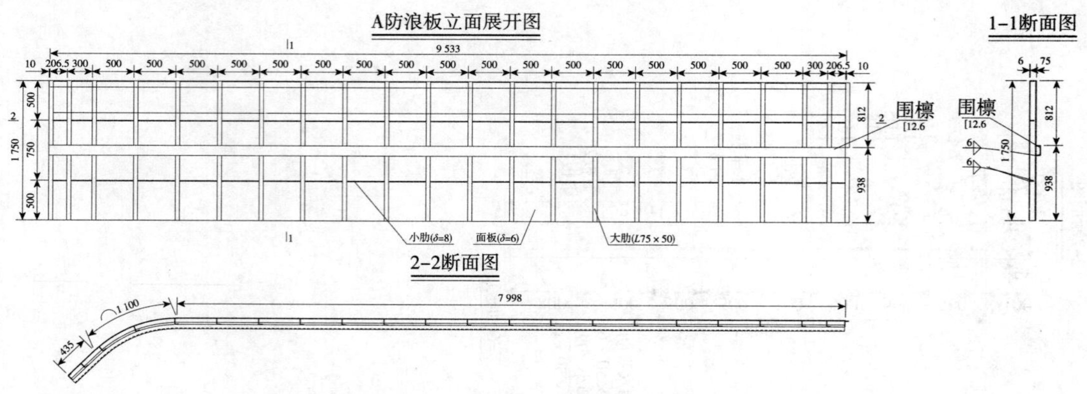

图 3.3-6 A 块段单壁防浪板结构布置图

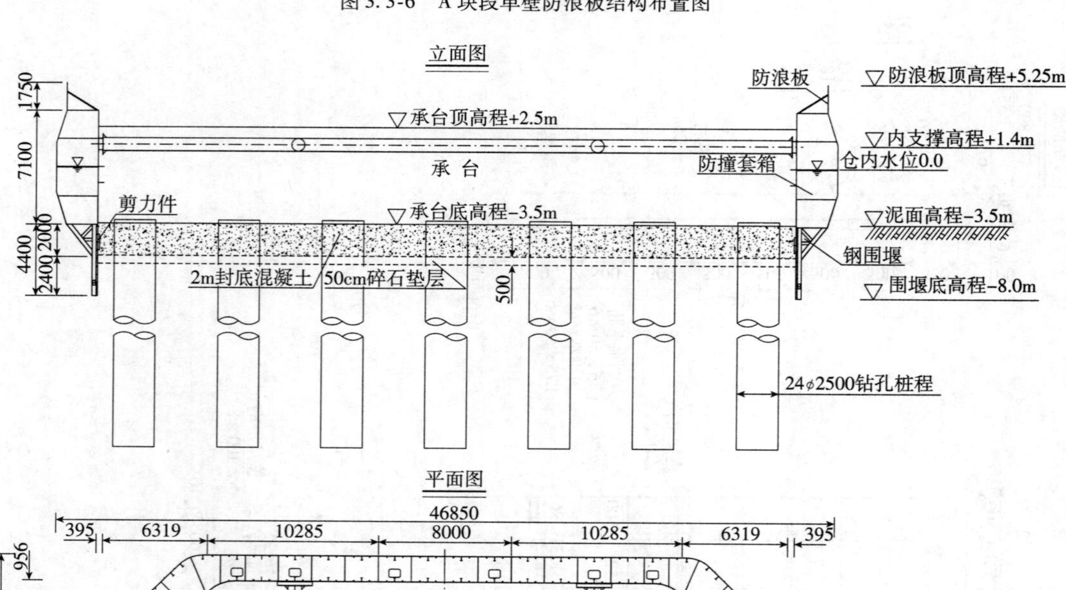

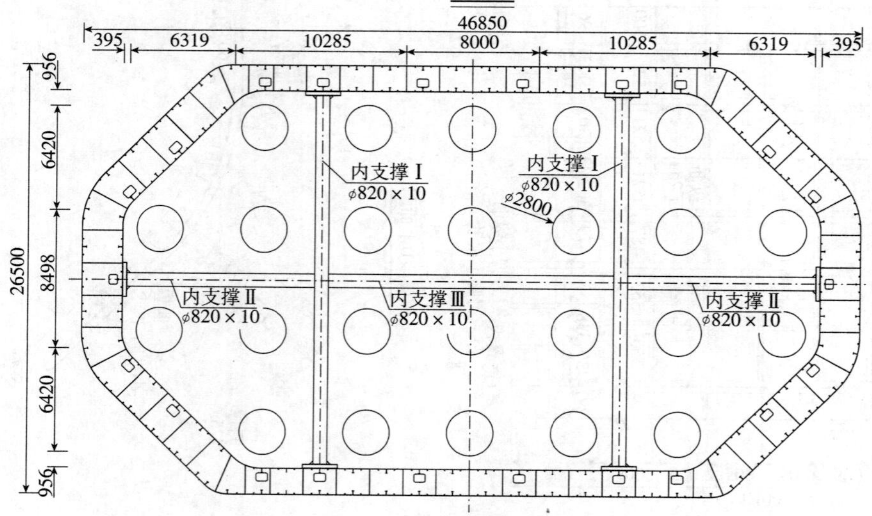

图 3.3-7 内支撑布置图

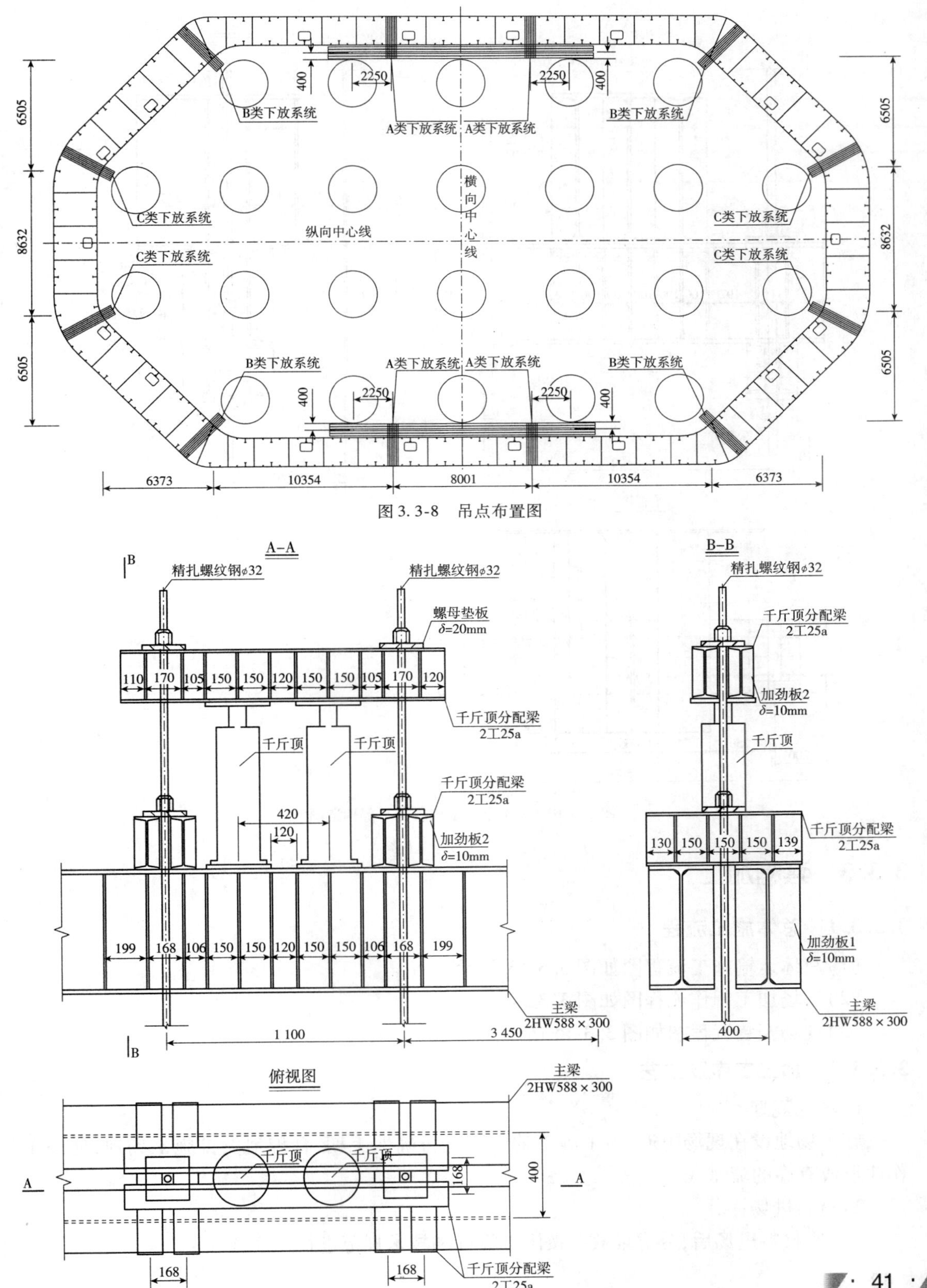

图3.3-8 吊点布置图

图3.3-9 A类下放系统吊点上部构造图

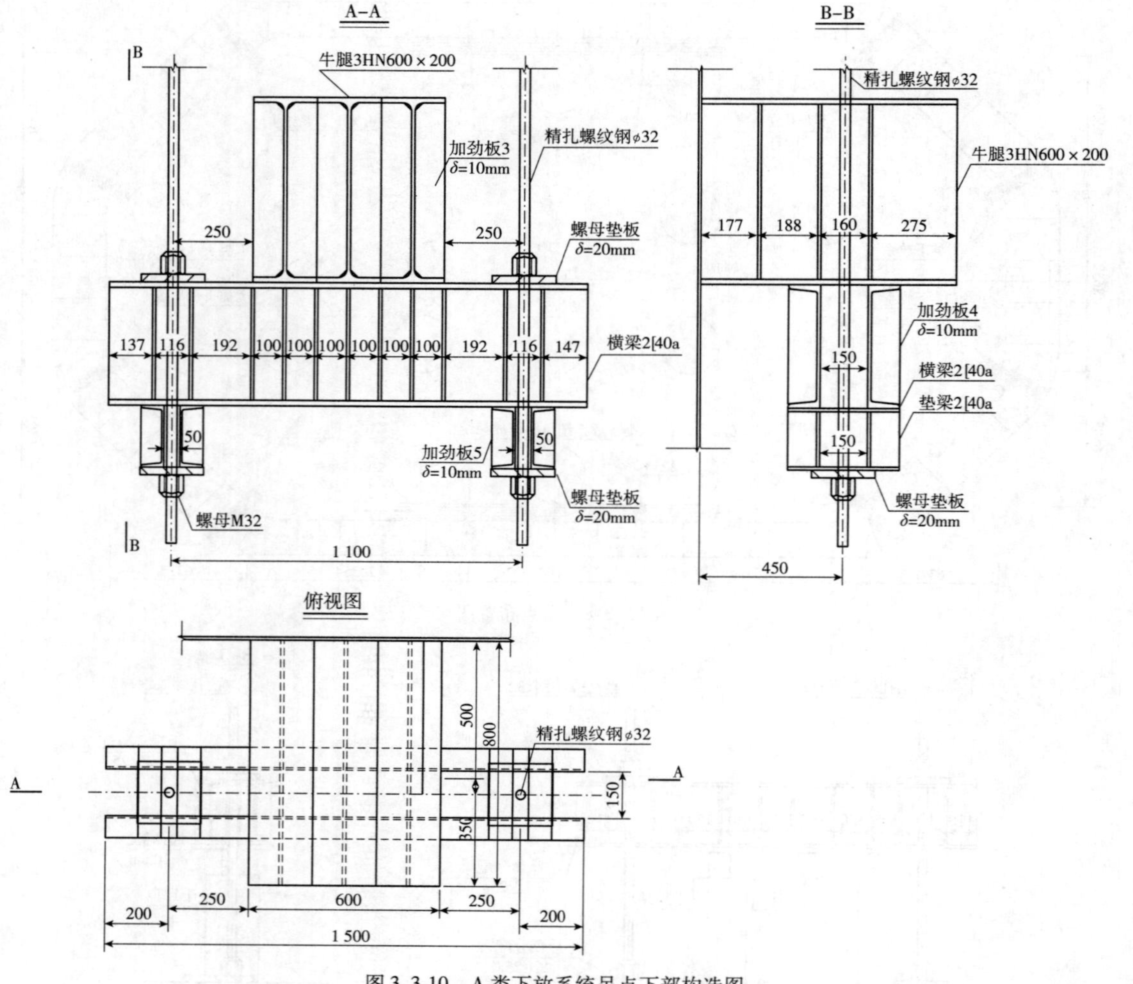

图 3.3-10　A 类下放系统吊点下部构造图

3.3.3　套箱加工

3.3.3.1　总体施工流程

(1)总体运输施工流程图如图 3.3-13 所示。

(2)后场加工制作流程图如图 3.3-14 所示。

(3)现场安装流程图如图 3.3-15 所示。

3.3.3.2　加工工序及工艺

1)场地规划

施工场地设在现场附近,为了施工的顺利进行确保工期,合理地安排施工场地,使施工作业形成有序的流水线。

2)材料进场

(1)原材料进场后,分类堆放并按图纸设计和技术规范进行尺度验收。

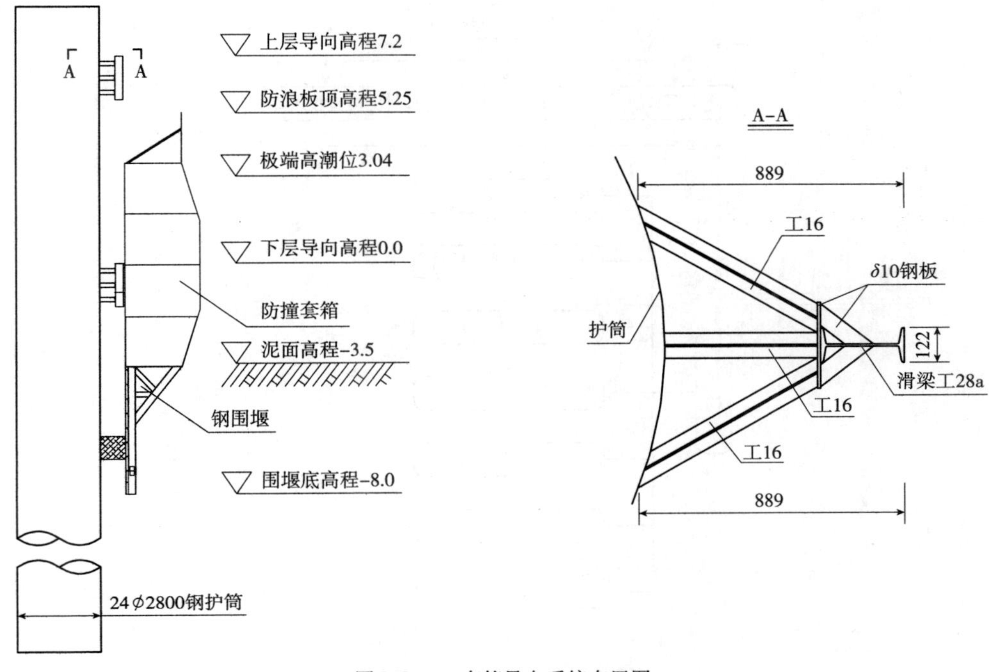

图 3.3-11 套箱导向系统布置图

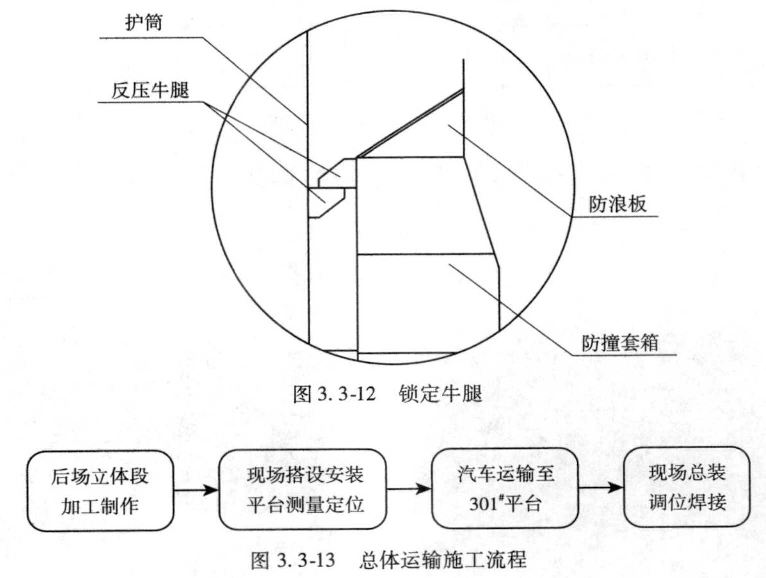

图 3.3-12 锁定牛腿

图 3.3-13 总体运输施工流程

(2)本工程所用钢板均进行赶平预处理，能消除钢板的残余变形(尤其是局部硬弯)和轧制内应力，从而减少了制造过程中的变形。

3)胎架搭设

(1)胎架的支撑点必须有足够的承载力，确保在使用过程中不发生沉降(图 3.3-16a)。

(2)胎架必须有足够的刚度，避免在使用过程中变形。

(3)胎架必须用水平仪测平确保胎架的整度。

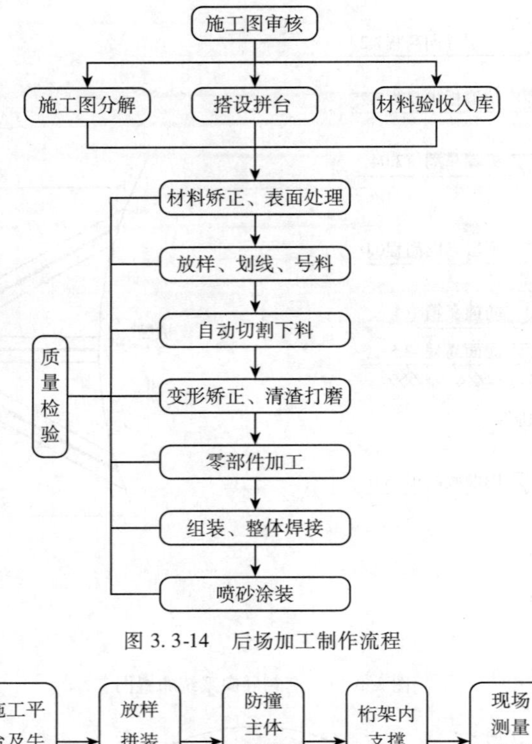

图 3. 3-14　后场加工制作流程

施工平台及牛腿搭设 → 放样拼装底板 → 防撞主体拼装焊接 → 桁架内支撑安装 → 现场测量定位下沉

图 3. 3-15　现场安装流程

(4)每批立体段下胎后应重新对胎架进行复测,确认合格后方可进行下一批组装(图3. 3-16b)。

a)

b)

图 3. 3-16　胎架

a) 胎架; b) 胎架复测

4)作样与号料

采用普通切割机下料的零件,先放样。制作样板,按工艺文件规定留出加工余量和焊接收缩量。号料时使轧制方向与主要受力方向一致,根据施工图和工艺文件的要求标明零件的名称、规格尺寸,对于需要火焰切坡口的零件精确划出坡口的尺寸并标明方向。

5）放样下料

放样后，必须经严格检验确认合格后，方可下料。本工程采用半自动切割机对称下料，减少钢板热变性，同时将坡口一并切出，如图3.3-17所示。

a)

b)

图3.3-17　加工厂放样下料

a）现场放样；b）现场下料

6）零件加工

在制造中，顶板、底板（含斜底板）、隔板等均采用对称切割工艺，并直接切出焊接坡口。精切割的零件主要有壁板、顶、底板零件、防撞钢套箱吊点、强加劲肋、中隔板、水平桁等如图3.3-18所示。

图3.3-18　零件加工

7）零件组装

板单元的制造质量直接影响防撞钢套箱的几何形状和尺寸精度，在制造中要进行重点控制。由于顶板、底板厚度不大，采用火焰修整焊接变形较为困难。因此，如何控制焊接变形和准确预留焊接收缩量是至关重要的。

（1）内外壁板、顶板、底板精切（含坡口），中隔板、水平隔、加劲肋、强加劲肋精切下料。

（2）内外壁板、顶板、底板、中隔板精切下料后调平，严格控制平面度。

（3）内外壁板、水平隔、加劲肋、强加劲肋按图纸尺寸精确定位，并保证其几何尺寸，如图

3.3-19a)所示。

(4)用 CO_2 气体保护焊,从中间向两边实行对称焊接,如图 3.3-19b)所示。

a)

b)

图 3.3-19 零件组装

a)零件组装施工现场;b)采用 CO_2 气体保护焊的焊接现场

8)立体拼装

(1)为保证钢套箱的制造精度,胎架基础要求牢靠,支墩不得产生沉降。

(2)胎架基础必须有足够的承载力,确保在使用过程中不发生沉降。胎架要有足够的刚度,避免在使用过程中变形。

(3)在胎架上设置基线和基准点,以控制立体段的位置及高度,确保各部尺寸和立面线形。胎架外设置独立的基线、基点,以便随时对胎架进行检测。

(4)每批立体段下胎后,应重新对胎架进行检测,做好检测记录,确认合格后方可进行下一批的组拼。

9)立体段制造

立体段组焊和预拼装在胎架上一次完成。组装采用"正装法",以内壁板为外胎,各板单元按纵、横基线就位,辅以加固设施以确保精度和安全。为使立体段对接时易于调整各板的相互位置,将壁板、中隔板等端部焊缝留 200mm 长暂不焊接,待安装架设时再施焊。立体段组装按照防撞钢套箱内壁板→中隔板→水平板→T 形加劲肋→循环安装→加强角钢(内外)→外壁板→吊耳的顺序(板单元对线安装),实现立体阶梯形推进方式逐段组装与焊接,如图 3.3-20 所示。

10)整体焊接

整体防撞钢套箱的自身约束条件,并采取合理的焊接顺序施焊,控制焊接变形。优先采用 CO_2 保护焊,以减小焊接变形。采取对称施焊,防止立体段变形。壁板是主要传力构件,壁板与底板、顶板、中隔板间的转角处焊缝,都是重要焊缝,设计要求熔透,在焊接时应予以特别重视。

(1)操作要求

焊工必须熟悉焊接工艺规程和施工图的各项规定,在焊接作业时严格执行。焊接前焊工应检查并确认所用焊接设备工作正常、仪表工具齐全且状态良好方可作业。焊接时不得随意在母材的非焊接部位引弧。多层焊的每一道焊完后必须将药皮、熔渣和飞溅打磨干净,

图 3.3-20 立体段制造

焊接下一道前必须将前一道的焊接缺陷清除后再补焊，并修磨匀顺。焊缝完成后，除应将药皮、熔渣和飞溅打磨干净外，还应将切除马板部位板面磨平。

(2)焊接方法及材料

①焊接方法

根据立体段焊接工艺规程，按各种焊缝规定的焊接方法施焊，见表 3.3-1。

各种焊缝的焊接方法 表 3.3-1

序 号	焊缝名称	焊接方法
1	定位焊	手工电弧焊或 CO_2 气体保护焊
2	顶板、底板板单元对接焊缝顶板与腹板间熔透角焊缝	手工电弧焊或 CO_2 气体保护焊
3	中隔板对接焊缝、中隔板与底板间熔透角焊缝、立体段间角焊缝	CO_2 气体保护焊
4	其余焊缝	CO_2 气体保护焊或手工电弧焊其中平、立位焊缝优先采用 CO_2 气体保护焊，仰位焊缝优先采用手工电弧焊
5	内、外壁板拼接焊缝(熔透焊)	埋弧自动焊

②焊接材料

立体段焊接必须按焊接工艺规程的相关规定选用焊接材料，所用焊条、焊丝、焊剂必须按规定烘干与保存。焊接材料烘干后，按规定的温度保存，随用随取。当环境湿度较大时，防止受潮。CO_2气瓶使用前必须经2小时以上倒置放水，正置排杂气处理，以保证其纯度不低于99.5%。

(3)定位焊

定位焊缝应距设计焊缝端部30mm以上，其长度为80~100mm，间距一般为400~600mm。定位焊缝的焊脚尺寸不大于设计焊脚尺寸的一半，但应不小于4mm。定位焊缝应确保焊缝根部熔合良好，不得有裂纹、夹渣、焊瘤等缺陷。当出现定位焊缝开裂时，先在其附近补充定位焊，以保证定位尺寸正确，然后再清除开裂焊缝。

11)防撞部分与刃角部分对接焊

防撞套箱与刃角部分加工完成后分别对平整度及焊接质量进行检查，如无质量问题则进行整体对接，对接方案如图3.3-21所示。

图3.3-21　整体对接

12)矫正打磨

焊缝咬边超过1mm或焊脚尺寸不足时，可采用手工焊补焊，补焊后修磨匀顺。并按原焊缝质量要求检查。

13)除锈防腐

严格按照施工图纸要求进行喷砂除锈，清除全部残渣，并按要求进行涂装，如图3.3-22所示。

a)

b)

图3.3-22　涂　装

a)涂装现场；b)涂装后

14)运输

用25t的运输汽车拖运，用吊车将立体段抬吊到汽车上(图3.3-23)。立体段用手拉葫芦和钢丝绳将其封在汽车上,在防撞套箱底设限位卡,在刃角处设托架,保证套箱的运输安全。

图3.3-23 套箱出运

3.3.3.3 焊接工艺

(1)焊缝坡口精度符合技术要求。

(2)施焊人员应有焊接操作证,并依据工艺技术要求进行规范操作施工。

(3)焊工焊接前应检查并确认所用焊接设备工作正常,仪表工具良好齐全方可作业。

(4)焊工作业时,应严格执行本岗位作业标准,对焊缝外观质量不符合标准要求的,必须及时进行修磨处理。

(5)焊工必须熟悉本规程和施工图的各项规定,在焊接作业时严格执行,未经焊接主管技术员同意,不得更改本规程及施工图对焊接的有关规定。

(6)焊接环境温度不宜低于5℃,否则必须进行预热处理,环境湿度不宜高于80%。雨天禁止露天施焊,必须采取遮挡措施后焊接,风力四级以上应采取防风措施。

(7)组装前必须彻底清除待焊区域内的铁锈、氧化皮、油污、水分等有害物,清除范围为焊缝两侧20~50mm范围内,确保施焊区域干净。

(8)采用火焰切割的坡口,焊前必须将坡口表面的氧化皮和飞溅物等打磨干净显露出金属光泽,并将崩坑等切割缺陷进行补焊、修磨平整(切割面应无裂纹、夹渣、分层和大于±1mm的缺棱,局部切口深度±1mm)。

(9)焊接时不得随意在母材的非焊接部位引弧。焊后应及时清理焊缝表面的熔渣及两侧的飞溅。

(10)埋弧自动焊起弧、熄弧的地方必须加引弧板(材质与母材相一致100mm×150mm),当不能接引弧板时,必须将引、熄弧处进行打磨,然后采用手工焊焊接。

(11)采用埋弧自动焊时,焊前应认真检查轨道及焊丝对准位置,施焊时应及时调整。

(12)埋弧自动焊焊接过程中不应断弧,如有断弧则必须将停弧处用碳弧气刨刨成1:6的斜坡并搭接50mm施焊,焊后将搭接处修磨匀顺。

(13)钢套箱设组焊时允许采用马板定位,施焊完毕去除马板后将板面磨平。

(14)腹板立位对接焊缝背面焊前必须将坡口根部清理打磨干净。

(15)腹板立位对接焊缝,应为多道施焊,尽量减少每一道的熔敷金属填充量。

(16)焊缝焊后严禁涂油除渣。

(17)多层焊的每一道焊完后必须将药皮、熔渣和飞溅打磨干净,焊接下一道前必须将前一道的焊接缺陷清除后再补焊,并修磨匀顺。

(18)产品检验试板的材质、板厚、坡口尺寸和轧制方向应与所代表的焊缝相同,并采用与所代表的焊缝相同的条件施焊。

(19)焊接前,根据焊接工艺确认采用的焊接材料使用正确,不得混用、乱用。

(20)焊条、焊剂使用前必须按规定烘干后使用,焊条放入烘箱中烘烤随用随取。

(21)埋弧自动焊焊剂内不得混入熔渣、氧化皮等杂质,重复使用的焊剂应筛除杂质。

(22)焊丝上的油、锈必须清除干净。

(23)焊缝的修磨和返修:

①焊缝咬边超过1mm或焊脚尺寸不足时,可采用手工焊补焊,补焊后修磨匀顺。

②补焊焊接材料为E4303焊条,按规定需要焊前预热的焊缝,补焊前必须预热,预热温度和预热范围按规定的上限执行。

③应采用碳弧气刨或其他机械方法清除焊接缺陷,在清除缺陷时应刨出利于返修焊的坡口,并用砂轮磨掉坡口表面的氧化皮,露出金属光泽,焊接裂纹的清除长度应由裂纹端各外延50mm。

④用埋弧焊返修焊缝时,必须将返修部位两端刨成1:6的斜坡,焊后将接头处修磨匀顺。

⑤返修焊缝修磨匀顺,并按原焊缝质量要求检查,同一部位的焊缝返修不宜超过两次。

⑥焊缝无损检验(超声波探伤)应在焊缝焊完24小时后进行。

⑦超声波检测的主要部位:拼板对接缝、T型接缝(腹、翼板、脚焊缝要求焊透。

(24)焊缝检测:焊缝达到《钢结构施工与验收规范》(GB 50205—2001)中的一级要求超声波探伤抽查焊缝长度的100%,检测等级Ⅱ级合格。二级要求超声波探伤抽查焊缝长度的20%,检测等级Ⅲ级合格。具体操作按《钢焊缝手工超声波检测标准》(GB 11345—89)执行。

3.3.3.4 焊接工艺评定

焊接工艺评定是通过对焊接接头的力学性能或其他试验证实焊接工艺规程的正确性和合理性的一种程序。焊接工艺规程是否能提供合乎技术要求的焊接接头,需要通过焊接工艺评定或焊接试验来确定。

1)焊接工艺评定的程序

(1)根据设计施工图纸及结构特点和有关数据,如材质、板厚、焊接位置、坡口形式及尺寸,以及规定的焊接方法,确定出应进行焊接工艺评定的若干典型接头,避免重复评定或漏评。

(2)在工艺分析的基础上,由焊接工程师拟订焊接工艺,编制接工艺指导书,其内容有母材的钢号、分类号和规格;接头形式、坡口及尺寸;焊接方法、焊接参数及热参数(预热、后热及焊后热处理参数);焊接材料(包括焊条、焊丝、焊剂、气体等);焊接位置(立焊还包括焊接方向);以及包括焊前准备、焊接要求、清根、锤击等在内的其他技术要求等。

(3)焊接试件应按标准规定的图样,选用材料并加工成待焊试件。

(4)焊接工艺评定所用的设备、装备、仪表应处于正常工作状态。

(5)试件焊接是焊接工艺评定的关键环节之一,除要求焊工按焊接工艺评定指导书的规定认真操作外,还应有专人做好实焊记录。

(6)由焊好的试件加工试样,并进行试样的性能试验。

(7)在各项检测试验结束、试验报告汇集之后进行总结,编制"焊接工艺评定报告"。

2)焊接工艺评定试验

焊接工艺评定试验项目和方法原则上应完全按照焊接工艺评定标准,不得任意增加或缩减试验项目,也不得任意改变实验方法。

钢结构焊接工艺评定试验项目包括:目视检查;无损检验(图3.3-24);弯曲试验;拉伸试验(含全焊缝金属拉伸试验);冲击试验(对接头提出冲击韧度要求时)。

焊接工艺评定试件,可分为全焊透开坡口对接焊试件、局部焊开坡口对接焊试件以及角接焊缝试件,在以上三种试件中还可分成板材试件,对于槽焊和塞焊缝的工艺评定实验则采用模拟试件。

a)

b)

图3.3-24 无损探伤

3)焊接工艺评定报告

我方已委托有资质的检测单位对焊接工艺进行评定,试验完成后,检测单位将试验结果填入焊接工艺评定报告,根据检测参数指导现场加工及质量控制。

3.3.4 钢套箱施工

3.3.4.1 搭设拼装平台

根据现有钻孔平台进行改造,先拆除钻孔平台中间部分(图3.3-25a),将套箱中间护筒周转至周边需接高的护筒上,搭设钢套箱施工拼装平台(图3.3-25b)。吊装平台的顶高程为+6.1m,拼装平台顶高程为+1.466m。拼装平台由平联HN600×200、主梁HN400×200、次梁工12.6和面板组成。平台改造时区域一内平台保持原状,区域二套箱内平台全部拆除,拼装平台搭设完成后,在操作平台四周设置护栏,进行导向架和锁定牛腿的安装,利用履带吊配合浮吊在拼装平台上拼装套箱。

在拼装平台上放出防撞钢套箱的十字基准线和各阶段的位置线,以两侧长度放线方向的基准线为起点,依次对称安装各节段,在C节段合拢。安装各节断时每节段偏差必须控制在±5㎜内,每安装三节段必须保证节段位置在±2㎜上,以免节段累计偏差过大,影响后面截断安装，导致影响合拢安装。在节段安装过程中必须控制水平度。因施焊量过大，安装、施焊宜同步进行，施焊中须采取措施防止变形，并应检查施焊收缩量。

a)

b)

图 3.3-25 现场拼装

a）钢套箱底座临时支撑；b）钢套箱拼装

3.3.4.2 钢套箱拼装及下沉

1）拼装顺序的确定

钢套箱拼装平台搭设完成后，现场利用浮吊进行分块拼装。钢套箱拼装顺序按先短边后长边拼装原则进行，留有一个合拢段。吊装顺序见图 3.3-26，拼装施工过程中，应采用全站仪进行实时监测。

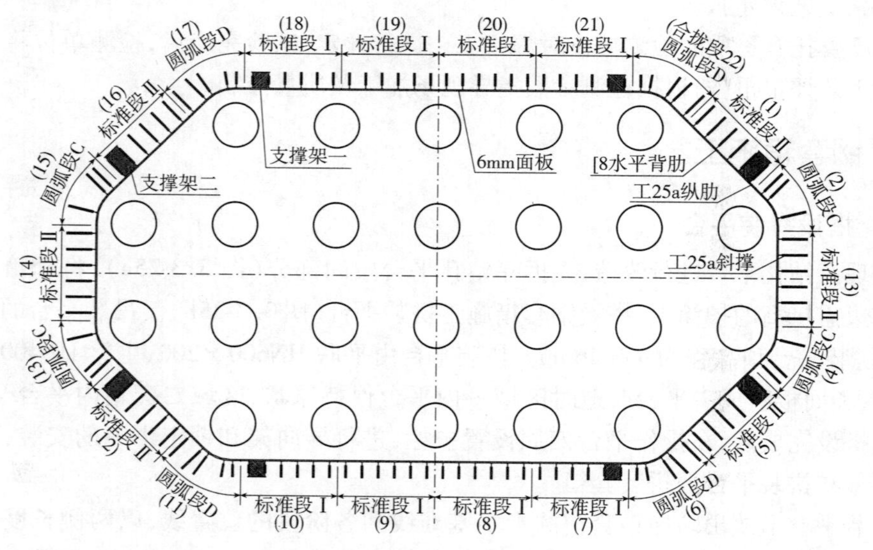

图 3.3-26 套箱拼装顺序图

2）套箱分块拼装

单壁围堰按设计进行分块拼装，在分块单壁围堰上设置4个支撑架一和4个支撑架二，对钢套箱拼装成整体时起支撑作用。在分块拼装过程中，现场搭设临时支撑，对钢套箱采取临时固定措施。套箱拼装过程中相邻块段先进行点焊固定，各块段都拼装、调位完成后，进行整体焊接。利用链条葫芦进行纠偏调整。套箱拼装示意图如图3.3-27所示。

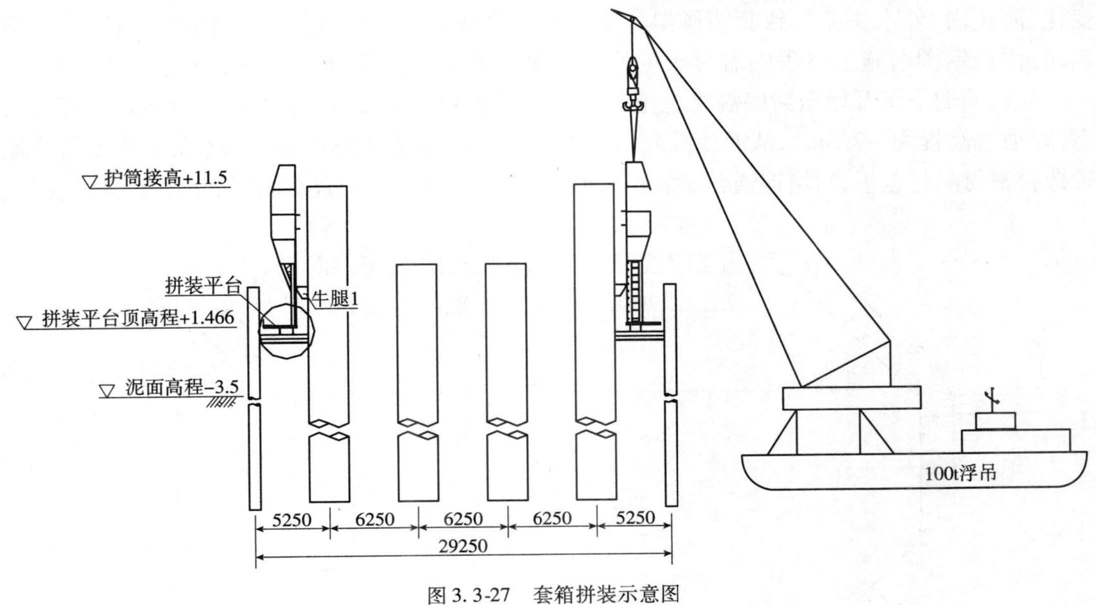

图3.3-27　套箱拼装示意图

3）安装钢套箱内支撑及下放系统

在套箱下放前，按照设计图纸位置利用浮吊吊装套箱内支撑进行焊接安装。安装悬吊系统的吊点上部结构和下部结构。

4）钢套箱整体下放

吊耳沿钢套箱壁板周围共设12个吊点，每个吊点均位于隔舱板与水平隔板相交的位置。每个吊点最大承受65t的力，利用24台50t千斤顶进行钢套箱整体提升和下沉。

钢套箱整体下放前对吊点进行试吊，检查吊点、钢套箱壁板、精轧螺纹钢、千斤顶均无故障后方可正式下放。

钢套箱在下放过程中，应统一部署、统一指挥，保持各吊点下放同步性。下放过程应缓慢进行，各吊点处均应设专人进行监控，以便及时发现问题及时解决。

钢围堰下放时在壁板内侧与护筒之间通过定位件进行导向定位，定位件与钢围堰之间预留50mm间隙，防止围堰在下放过程和入水自浮后产生过大摆动。

悬吊系统均匀上提钢套箱10cm，拆除底部拼装平台，利用落潮时间将套箱下放至海床面-3.5m，调整钢套箱的垂直度，复测其平面位置。将钢套箱与钢护筒进行临时固结，保证钢套箱与导向架之间留有间隙，进行着床。

钢围堰着床前，在施工平台上应设置链条葫芦进行纠偏。

5）钢套箱整体下沉

钢套箱整体下放至海床面后，向隔仓内加水2.1m，并在套箱内进行吸泥辅助下沉。向钢围堰壁板内加水，均应按照各隔仓均匀对称的原则进行，避免围堰各方向受力不均。此过程随着潮水位的上升，钢套箱可能会上浮，经设计计算，钢套箱不会脱离海床面。钢套箱着床偏差过大时，应在隔仓内抽水使围堰上浮，调整位置后继续加水下沉。

在加水过程中应有专人监控，随时观测加水对套箱的影响，保持套箱的平衡性，防止套箱发生倾斜。应随时注意河床高程变化情况并做好记录。安排专人观察钢套箱内、外水头变化，防止内、外水头差导致套箱倾斜。钢围堰在吸泥下沉阶段应按照从中间向两边取土的顺序进行，钢围堰施工过程中需对墩位处河床面高程实时监测，确保河床高程在 -3.5m。

从钢围堰下沉开始至封底混凝土施工完成并达到设计强度前，连通管应始终处于打开状态（联通管高程为 -2.5m），从而使围堰内外水头一致。围堰内部抽水前，潜水员下水安装连通管橡胶密封圈与盖板，封堵连通管，然后开始抽水施工。连通管设置平面图如图3.3-28所示。

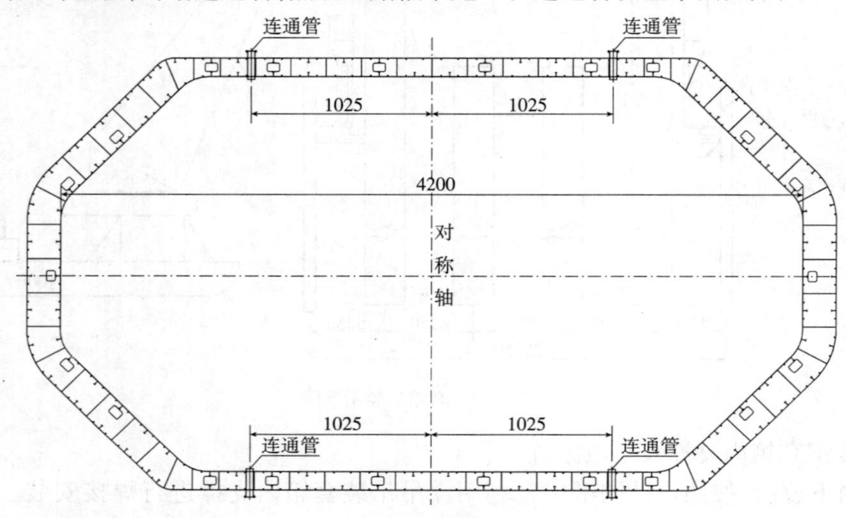

图 3.3-28　连通管设置平面图

6）钢套箱锁定

利用落潮时间将钢套箱下沉到设计位置，安装套箱上牛腿，并与护筒上的牛腿进行焊接，将套箱进行锁定。

7）拆除悬吊系统及导向系统

将套箱与护筒锁定后，拆除悬吊系统和导向系统。开始封底混凝土施工的准备。

8）套箱拼装及下沉过程注意事项

（1）为保证钢围堰能顺利下沉就位，在钢围堰下放前对钢围堰及钢围堰外围周边情况进行探测，进一步确认是否存在妨碍钢围堰下放就位的障碍物及河床平整度。主要由潜水员进行探摸。

（2）在钢围堰下沉过程中注意钢围堰位置平稳，加水助沉时应对称进行加水。

（3）钢围堰下沉过程中偏位或倾斜度超出规定范围时，采取在隔仓内灌水的方法进行纠偏。

（4）钢围堰的下放应选择在无大风天气进行。风力超过 6 级时应停止施工，并在已拼装套箱壁板上安装临时抗风缆固定。

（5）钢围堰焊接施工时应搭设稳固的施工平台，并设置安全网，防止焊接人员在操作过程中发生坠落事故。

3.3.5 封底混凝土施工

3.3.5.1 基底处理

钢围堰下沉到位后，为防止套箱下部冲刷，在钢围堰外侧抛掷沙袋，并实时监测河床高程，围堰内部利用吸泥机进行水下清基，使河床高程控制在 -3.5m 左右，潜水员应清除封底厚度范围（-5.50 ~ -3.50m）的钢护筒壁、钢围堰壁板的泥污。在基底清理后，抛填 50cm 的碎石，使基底承载力满足设计要求。

3.3.5.2 浇筑封底混凝土

清基经检验合格后才能进行封底混凝土施工，封底混凝土采用 C25 水下混凝土，封底厚度为 2.0m。封底混凝土底高程为 -5.50m，顶高程为 -3.50m。封底混凝土采用集料斗、多导管、从一边向另一边逐步推进的封底工艺。

封底混凝土一次性浇筑完成，方量为 1098.3m^3，所有封底混凝土必须在混凝土初凝前浇筑完成。采用海上拌和站集中拌制，拌和站为 1 台 120m^3/h、1 台 60m^3/h 拌和设备，混凝土罐车通过施工栈桥运至施工墩位处，并通过汽车泵或混凝土输送泵泵送。

1）钢护筒外壁及钢围堰内清理

由于钢护筒外壁及围堰内壁上会存有海蛎子等杂物，为了保证混凝土质量以及混凝土与钢护筒之间的握裹力，在围堰封底之前需要潜水员水下用钢丝刷和高压水枪进行清理。

2）封底混凝土导管选择及布置

导管直径为 ϕ300mm，标准节 3.0m，采用法兰连接，导管上口接 15m^3 料斗。导管使用前应进行水密试验，导管安装中，每个接头需预紧检查，固定完成后导管底口距浇筑面高 20 ~ 30cm。

根据导管压力值及钢护筒的分布情况，参照在其他桥梁中封底混凝土的浇筑经验，浇筑导管按混凝土流动半径 4m 进行布置，封底施工需布置 5 套导管，除首批集料斗外，其余控制点可根据现有料斗合理安排使用，具体布置见图 3.3-29。

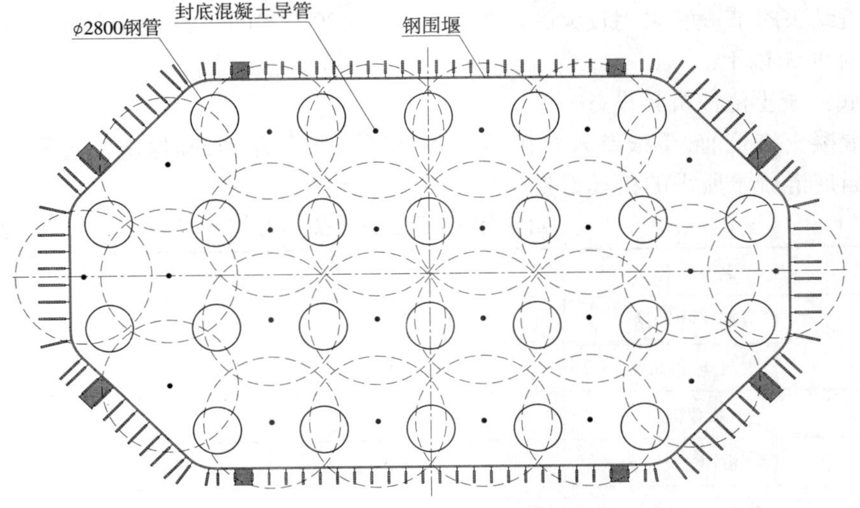

图 3.3-29　封底施工导管布置图

3)首批混凝土方量

首批混凝土方量按以下公式计算:

$$V = \frac{\pi d^2}{4} \cdot h_1 + \frac{\pi R^2}{3} \cdot H_c \tag{3.3-1}$$

式中:R——导管作用半径,取4.0m;

d——导管直径,取300mm;

H_c——首批混凝土灌注高度,按0.8m考虑(导管埋深0.6m);

h_1——钢围堰内混凝土高度达到H_c时导管内混凝土柱与管外水压平衡的高度(m);

$$h_1 = \frac{H_w \cdot \gamma_w}{\gamma_c} = \frac{6.9 \times 10}{24} = 2.875\text{m} \tag{3.3-2}$$

式中:γ_w——钢围堰内水的容重,为10kN/m^3;

γ_c——混凝土拌和物容重,按24kN/m^{3}取值;

H_w——钢围堰内水面至封底混凝土底高度,H_w=6.9m。

计算得:V=13.6m^3,故选用15m^{3}容积的首批集料斗。

4)测点的布置

混凝土面高程测量点按10~15m^{2}左右布置一个,并兼顾每根导管附近、围堰边角及相邻导管流动半径的交汇处。测量后对部分边角处用小料斗补浇,使封底混凝土顶面平齐。

5)封底混凝土质量要求

混凝土配合比的合理设计,是封底成功的重要因素之一,除采用双掺技术提高混凝土的和易性、流动性及稳定性外,还对封底混凝土其他性能指标进行了规定。在封底混凝土浇注过程中,根据具体情况,对混凝土配合比进行必要的调整,使得混凝土的各项指标均满足封底混凝土的质量要求。

封底混凝土性能应满足泵送、早强,初凝时间大于30h,坍落度18~22cm。首批混凝土的坍落度不要太大,以避免因落下的混凝土不能形成一定的坡度而埋不住导管底口。混凝土灌注将近结束时节段宜采用较大的塌落度,控制在20~22cm。封底混凝土7天强度达到设计强度的90%以上。

6)封底混凝土浇注机具设备

封底混凝土浇筑前,要派专人对机具设备进行维修和保养,确保浇注过程中不发生故障。浇筑封底混凝土所需的机具设备如表3.3-2所示。

封底混凝土需机具设备 表3.3-2

序号	名称	规格	单位	数量
1	混凝土拌和站	120m^3/h	座	1
2	混凝土拌和站	60m^3/h	座	1
3	装载机	ZL50	台	2
4	混凝土泵	HBT-60	台	1
5	混凝土集料斗	15m^3	个	1

续上表

序　号	名　称	规　格	单　位	数　量
6	混凝土导管	ϕ300mm	m	5×9m
7	混凝土运输车	8 m^3	辆	2
8	履带吊	50t	台	1
9	汽车泵		辆	1

7)水下封底混凝土浇筑

封底混凝土分一次浇筑完成,方量为1098.3m^3,混凝土拌和站理论生产量为180m^3/h,实际产量可达到80 m^3/h。

浇筑原则:共投入1排导管(五根,一根备用),从一边向另一边推进进行封底,同一排导管封底时,从围堰周边到中心,导管周转使用。

混凝土采用大集料斗布料,设计储料容量为15m^3。考虑到海上的实际拌和能力,大集料斗加工两个,从靠近套箱侧向中心周转。

(1)首批混凝土浇注

在首批混凝土浇注前,用测深锤从导管内测出导管下口与砂石垫层顶的距离,依靠葫芦调整至15~20cm。

首批混凝土灌注时,先由大集料斗贮料,然后打开出料口,完成一个控制点的封底混凝土浇注。之后周转集料斗到另一个控制点,灌注封底混凝土,同一排灌注完成后,进入下一排封底混凝土的施工。首批封口混凝土浇注完成后,导管埋深在0.6~0.8m。在一根导管封口完成后进行其相邻导管封口时,先测量待封导管底口处的混凝土顶标高,根据实测重新调整导管底口的高度。为保证封口混凝土的顺序进行,在每根导管封口完成后,按不大于60分钟控制同一导管两次灌入混凝土的间隔时间。

(2)测量

封底混凝土施工前,按每15m^2左右布设一个测点。浇注混凝土时作好测深、导管原始长度、测量基准点高程等记录,同时每根导管封口结束后应及时测量其埋深与流动范围,并作好详细记录。

(3)混凝土正常灌注

封底混凝土总厚度仅2m,为保证导管有一定埋深,一般不随便提升导管,即使需要提管,每次提升的高度都严格控制在20cm之内,且采用手拉葫芦进行提升。

浇注过程中注意控制每一浇注点补料一次后高程及周围9m范围内的测点都要测一次,并记录灌注、测量时间。

(4)终浇

封底混凝土顶面高程-3.5m,根据现场测点位置实测混凝土面高程,确定该点是否终浇,终浇前上提导管适当减小埋深,尽量排空导管内混凝土,使其表面平整。

混凝土浇注临结束时,全面测出混凝土面高程,重点检测导管作用半径相交处、护筒周边,围堰内侧周边转角等部位,根据结果对高程偏低的测点附近导管增加浇注量,力求封底混凝土顶面平整,并保证封底厚度达要求,当所有测点均符合要求后,终止混凝土浇注,上拔导管，冲洗堆放。

3.3.5.3 封底施工注意事项

(1)保证混凝土的浇注能力，确保封底混凝土面每小时上升20cm；

(2)保证导管底口有不少于40cm的埋深，确保首批混凝土灌注成功；

(3)混凝土的顶面高程控制在0～+10cm，要求测量人员加大测量的频率及测点的数量，尽量真实地反映混凝土顶面高程的情况。

3.3.6 主墩承台混凝土施工

主墩承台分两层进行施工，分层浇注高度为3.0m+3.0m，施工流程如图3.3-30所示。

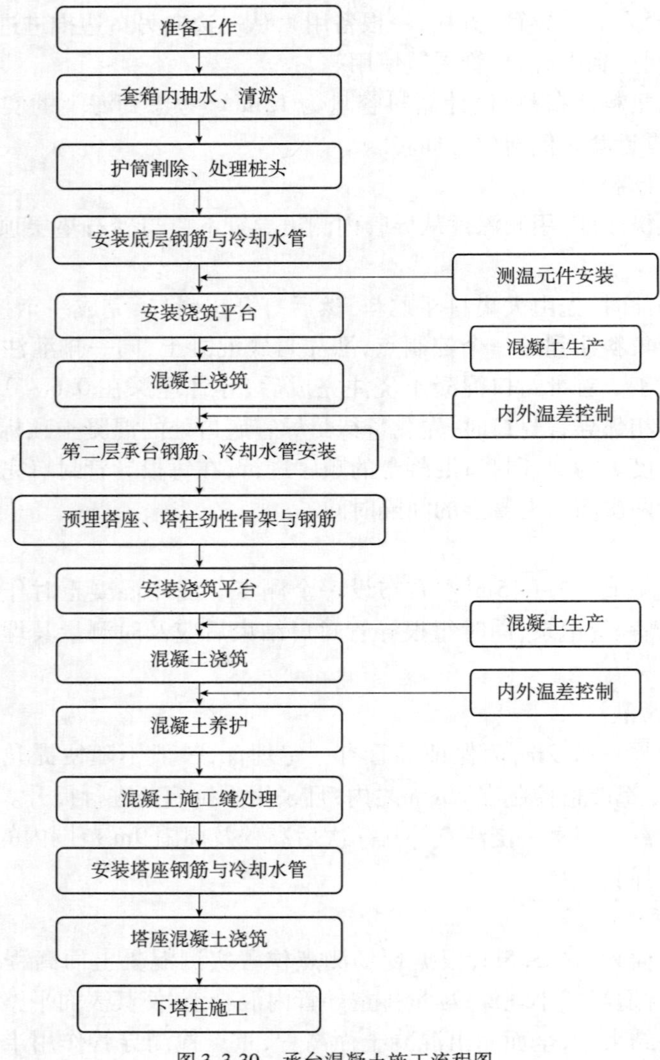

图3.3-30 承台混凝土施工流程图

3.3.6.1 承台混凝土施工

1)施工准备

(1)围堰内抽水准备

当钢套箱封底混凝土强度达到设计强度的90%时,潜水员水下封堵钢套箱侧壁上的连通管,开始钢套箱内抽水。抽水时观察钢套箱结构的变形情况,同时观察钢套箱内水位变化情况来判断封底施工效果。

(2)围堰内抽水

套箱内抽水根据实际水方量配备足够潜水泵及泥浆泵。当围堰内水位降至一定高度时,暂停抽水,观察围堰水位变化及其变形情况,然后继续抽水至封底混凝土顶面。当围堰内水接近封底混凝土顶面时,用高压水枪冲洗围堰内壁及封底混凝土顶面,抽出泥浆。

(3)钢护筒割除、清淤

围堰内水抽干后,测量放出桩顶高程及钢护筒的切割线,从高程 -3.5m 以上割除钢护筒。钢护筒割除过程中,同时人工清除封底混凝土表面浮渣和淤泥于吊斗内,吊车吊出,直至露出封底混凝土面。

(4)桩头处理

钢护筒割除完毕,桩头高于设计高程的混凝土用风镐凿除,配空气压缩机供气,凿除的混凝土残渣转运至指定弃渣地点。桩头处理好后,进行桩基混凝土质量监测,合格后,将桩头钢筋,调理顺直并弯至设计角度,然后绑扎箍筋。

(5)封底混凝土面找平

封底混凝土顶面的泥浆等淤积物采用高压水冲洗,污水泵排除。高于设计顶高程 -3.5m(主塔)/ -3.0m(辅助墩、过渡墩)部分,用风镐凿除并用人工铲入吊斗内,吊出围堰。低于设计高程部分,用混凝土找平。然后在封底混凝土顶面铺上一层塑料薄膜,将封底混凝土与将要浇筑的承台混凝土隔开。

2)钢筋施工

钢筋品种、规格、间距、形状、接头及焊接等均应符合设计图纸和施工规范的要求,并严格做好原材料抽检和焊接试验。绑扎承台钢筋时,其间距、位置及混凝土保护层厚度等的设置必须符合设计和规范要求(表3.3-3)。承台钢筋在后场加工成半成品,运至现场绑扎。承台主筋采用直螺纹套筒接头连接,其他钢筋按规范要求进行焊接或搭接。由于钢筋用量较大,钢筋网格层次较多,为保证设计钢筋能正确放置和混凝土浇筑质量,按设计采用架立筋架立各层钢筋网片,做到上下层网格对齐,层间距准确,并确保钢筋的保护层厚度。

在钢筋安装过程中,桩基锚固筋与承台钢筋的位置冲突时,对此采用适当调整承台钢筋的方式解决。各种施工预埋件在承台内预埋时,均设置安装定位框,与承台钢筋位置“打架”时,适当调整承台钢筋,以保证预埋构件的准确位置。为保证钢筋连接的顺利进行,加工好的钢筋尤其是钢筋的外漏螺纹及套筒的内螺纹,在运输及吊装过程中应强加保护。在绑扎钢筋时,注意预埋设计预埋件。

承台钢筋位置质量验收标准　　表 3.3-3

序　号	项　目	允许偏差	检验方法
1	受力钢筋间距	±20mm	尺量检查
2	箍筋间距或螺距	0，-20mm	尺量检查
3	钢筋骨架长度	±10mm	尺量检查
4	钢筋骨架宽、高	±5mm	尺量检查
5	弯起钢筋位置	±20mm	尺量检查
6	保护层厚度	±10mm	尺量检查

3)承台冷却水管安装

承台施工属大体积混凝土，利用冷却水管通循环水来降低混凝土内部水化热。我们将单独上报承台大体积混凝土温控方案。

承台冷却管采用导热性好，并有一定强度的 ϕ33.5mm、壁厚为 3.25mm 的输水黑铁管，主塔承台和辅助墩、过渡墩承台冷却管均设置 2 层，每层冷却管有一个进水口，一个出水口。其平面分布间距为 1.0m，均采用 U 型定位筋卡焊，其位置控制采用定位架方式，保证在浇注混凝土过程中不发生移位现象。

冷却管安装随钢筋安装逐层同步进行。冷却管进水口用钢板临时封堵焊固，出水口用软胶管引至模板外用铁丝扎紧上口，使用时打开。安装完毕后，逐根做密水检查，保证注水时管道畅通不漏水，混凝土养生完成后，冷却管内压 C40 水泥砂浆灌浆密实并将伸出承台顶面部分割除。承台冷却水管布置如图 3.3-31 所示。

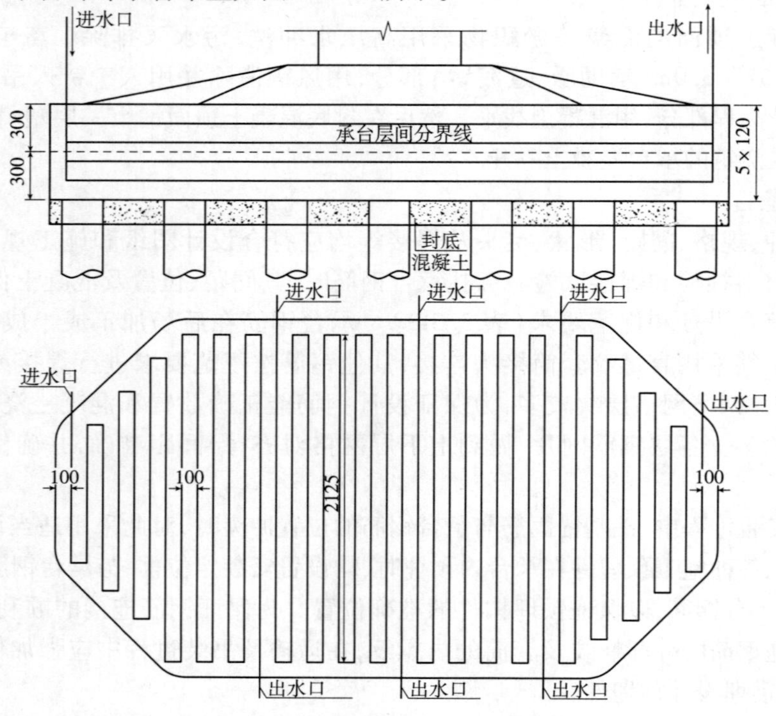

图 3.3-31　主塔承台冷却水管布置

冷却水管使用注意事项：

(1)在承台内部布置冷却水管，利用水的循环降低混凝土的温升峰值，每层冷却水管均在混凝土浇筑至其标高后即开始通水，通水流量为25～30L/min。冷却水管的水平间距为1.0m。为保证降温效果，按照不超过150m冷却水管设置进出口一个，进(出)水口分别与带有水阀的进(出)水支管和干管相连，冷却水经过水泵压入冷却水管，而后自流进入冷却水箱，形成循环系统。

根据现场测温结果确定通水时间。通水期间，定时记录冷却水管进、出水口温度。

(2)冷却水的进、出水温度

冷却水的进水温度控制在20℃左右，且应在温控结果指导下进行。为了保证混凝土内部均匀降温，水流方向应每天改变一次。

(3)冷却水管使用及控制

①冷却水管使用前应进行压水试验，防止管道漏水、阻水；

②混凝土浇筑到各层冷却水管标高后即开始通水，通水时间应根据温度监控数据具体确定，预计通水时间为5～7天左右，通水流量应大于25L/min；

③由于混凝土分两次浇筑，下层混凝土的冷却水管在上层混凝土浇筑后根据温控数据决定是否继续进行通水，以降低混凝土再次浇筑后温度的回升；

④冷却水管停止使用后，采用水泥浆进行封闭灌浆。

在主塔承台混凝土内布设冷却水管，采用U型定位筋卡焊，竖向分层，其位置控制采用定位架方式，冷却管安装随钢筋安装逐层同步进行。冷却管进水口、出水口采用软胶管引至模板外用铁丝扎紧上口，使用时打开保证冷却管循环水的畅通。

冷却循环水管接头采用内丝口套筒安装，平面位置固定用U型钢筋焊接定位。

冷却循环水工作连续运行，直至承台混凝土内外温差控制在允许值以内为止。

(4)缩短承台上下两层之间浇筑间歇时间(4～6天)，保证短间歇连续施工。

(5)加强承台混凝土接缝处混凝土的养护，以防止混凝土产生裂缝。

混凝土初凝时间不小于30个小时，混凝土养护和冷却循环水24小时连续监控，监控期限以大体积混凝土体内外温差稳定温度不大于25℃为止。

3)混凝土的浇筑

主墩的混凝土直接通过混凝土输送泵泵送到主墩入模，辅助墩和过渡墩通过混凝土罐车送到墩位后再由混凝土输送泵泵送入模。主墩承台混凝土总方量5000m^3，分为2次浇筑完毕，每次浇筑厚度均为3m，一次最大浇筑方量约为2500m^3。施工过程中，要做到下层混凝土温度峰值过后才允许上层混凝土施工。结合大体积混凝土的施工经验及本工程施工时的季节，混凝土内部温度峰值将在3～5天时出现，因此要求各层混凝土的浇筑间歇时间为4～6天左右，具体根据温度测试结果确定。

现场人员必须从混凝土的拌和、运输、浇筑、振捣到养护、保温整个过程实行有效监控。混凝土施工必须严格按照施工技术规范进行。

(1)混凝土拌制

①外加剂掺量准确，掺量误差应控制总掺量的1%以下。

②搅拌均匀。外加剂在新拌混凝土中应分布均匀避免局部过量引起不良后果。粉煤灰

保证其在混凝土中的匀质性，以利于二次水化的充分进行。掺加外加剂与粉煤灰的混凝土搅拌时间宜延长1分钟。

③加料顺序：采取同掺法，外加剂加拌和水稀释后同其他材料同时掺入，粉煤灰和水泥同时加入搅拌机。

(2)混凝土的浇筑温度控制

混凝土拌和出机后，经运输、振捣、平仓过程后的温度为浇筑温度。考虑到承台混凝土的施工工期，并结合胶州湾地区的气温，混凝土的浇筑温度控制在23～30℃满足施工要求。

混凝土的浇筑温度可按下式计算：

$$T_j = T_c + (T_q - T_c) \cdot (A_1 + A_2 + A_3 + \cdots + A_n) \tag{3.3-3}$$

式中：T_j——混凝土的浇筑温度(℃)；

T_c——混凝土的拌和温度(℃)；

T_q——混凝土运输和浇筑时的室外气温(℃)；

A_1、A_2、A_3、…、A_n 为温度损失系数。

混凝土的拌和温度按下式计算：

$$T_c = \frac{0.22(T_s W_s + T_g W_g + T_c W_C) + T_w W_w + T_s W_{ws} + T_g W_{wg}}{0.22(W_s + W_g + W_c) + W_w + W_{ws} + W_{wg}}$$

式中：T_c——混凝土的拌和温度(℃)；

T_g、T_s——粗集料、细集料的温度(℃)；

T_c、T_w——水泥、拌和水的温度(℃)；

W_c、W_g、W_s——水泥、扣除含水率的粗集料及细集料的重量(kg)；

W_w、W_{wg}、W_{ws}——水及粗、细集料中游离水的重量(kg)。

浇筑温度的估算：假定粗、细集料温度为25℃，水泥和粉煤灰温度为45～60℃，拌和水温度18～25℃，按上式估算的浇筑温度为25℃，满足浇筑温度控制在23℃的要求。

(3)混凝土输送准备

混凝土浇筑采取泵送混凝土，工地现场安排两台输送泵，联系好备用泵，混凝土的浇筑主要由其完成，需安排周密，保证其正常输送。

①事先对所使用混凝土泵的各技术功能进行了解。配备足够的泵机易损零件，以便出现意外时抢修。

②安装泵管时，检查是否有原来的混凝土残留物，尤其是弯管，如有则作清除。管道接口处注意密封，以免漏浆。

③管道固定保证牢靠，尤其是斜管和垂直管，以减少泵送的压力损失。

④泵送前用清水润湿管道，再用水泥砂浆润滑管道及泵机。

⑤泵机料斗前专人值班，捡去拌和物中的大块石头和杂物，在泵送过程中，料斗的混凝土量保持不低于上口20cm以免泵机吸入率低或吸入空气堵塞。

⑥暂时中断泵送时，采取倒泵措施，使管中混凝土形成前后往复运动，保持良好的可泵性。

⑦浇筑混凝土时,下料高度不宜超过2m。

(4)混凝土的浇筑

主桥区承台混凝土分二次浇筑完成。采用卧泵进行承台混凝土浇注,水平分层,每层0.3~0.5m,循环浇注周期3~4小时。

混凝土采用1台120m³/h和1台60m³/h拌和站进行供应。混凝土拌和充分,搅拌时间控制在75s以上。混凝土在拌和过程中对材料含水率、水温、原材料的入模温度、混凝土的入模温度等进行检测和记录。混凝土采用插入式振动器振捣,移动间距不应超过振动器作用半径的1.5倍,与套箱壁应保持5~10cm距离,应避开预埋件或监控元件10~15cm,插入下层混凝土5~10cm;对每一部位混凝土必须振动到密实为止,并避免振动棒碰撞模板、钢筋、冷却管及其他预埋件。承台混凝土浇注过程中,注意事项如下:

①混凝土浇筑必须满足整体连续性的要求。现场供应混凝土,应满足混凝土的连续浇筑的要求,不出现施工冷缝。

②每层采用斜面分层,薄层浇筑,自然流淌,连续浇筑到顶的方法,分层厚度为500mm,自然流淌坡度控制在1:6~1:10。

③采用ϕ50插入式振捣器振捣,振捣时做到快插、慢拔。每点振捣时间约需20~30s,振捣间距不大于50cm,振捣棒应插入下一层10cm深。振捣以表面水平不再显著下降,不再出现气泡,表面泛出灰浆为准。

④泌水处理。泵送混凝土流动性大,为防止泌水,影响混凝土密实性和结构的整体性,在模板上口开设排水孔,使多余的水分从孔中自然排出。

⑤表面处理。大体积泵送混凝土,表面水泥浆比较厚,在初凝前1~2h,先用长刮尺按高程刮平,再用铁滚筒碾压数遍,并用木蟹打磨压平,以闭合收缩裂缝。

3.3.6.2 承台养护、防腐

设计规定混凝土防腐涂装高度统一规定为高程+6.0m以下部分的承台及墩身。涂层保护应满足以下要求:

(1)混凝土的龄期不应少于28天,并应通过验收合格。如混凝土的龄期少于28天需要涂装时,需通过试验确定。

(2)混凝土表面存在的因设计要求需设置的金属预埋件,其裸露面必须进行防腐蚀处理,其范围为从伸入混凝土内100mm处起至露出混凝土外的所有表面。防腐蚀处理可采用涂层保护。

(3)混凝土表面存在的所有非设计要求设置的外露铁件,如钢筋头、钢板、型钢、绑扎铁丝头等,均应凿去铁件周围混凝土达到不少于60mm深度,除去铁件后,用饮用水清洗干净混凝土表面,涂刷一道环氧类混凝土界面处理剂,并用不低于原有混凝土质量等级的水泥砂浆修补平整。

(4)混凝土表面存在的裂缝、缺陷等,应使用与涂层系统相容的材料修补平整。

(5)因施工原因存在于混凝土表面层的金属焊渣、绑扎铁丝头、铁钉头等应清楚干净,当影响混凝土表面的平整度时,宜使用不低于原有混凝土质量等级的水泥砂浆或环氧腻子修补平整,平整度应符合相关规范的规定。

(6)冷却水管压浆:承台冷却水管停止循环水冷却后,先用空压机将水管内残余水压出,并吹干冷却水管,然后用压浆机向水管压注水泥浆,以封闭管路。

3.4 辅助墩及过渡墩的施工

3.4.1 辅助墩、过渡墩钢套箱结构

全桥共有2个辅助墩(301#和303#)、2个过渡墩(300#和304#),其中300#、301#和304#防撞套箱的结构形式相同,壁厚最薄为1.1m,最厚为1.7m。303#防撞套箱壁厚最薄为1.1m,最厚为2.5m。

辅助墩、过渡墩单壁套箱一次加工成型,单壁套箱在平面分为22个块体(与防撞套箱相同),高为4.3m。套箱封底混凝土厚1.5m,采用C25水下混凝土。顶面设1.75m高的单层防浪板,与防撞套箱顶面相连。以303#钢套箱结构形式进行说明,结构布置如图3.4-1所示。

辅助墩、过渡墩承台施工从功能上分为:防撞套箱、封底施工套箱、单壁防浪板、内支撑系统、悬吊系统、导向系统、锁定系统等。

3.4.1.1 防撞套箱

壁板系统主要由内、外板、水平桁、中隔板等共同组成空间结构,双壁部分厚1.1m至2.5m,其中最厚的平面结构如图3.4-2所示。303#墩防撞套箱平面尺寸为48.75m(长)×20.4m(宽)×5.3m(高),防撞套箱比承台顶高程为1m。

3.4.1.2 单壁钢围堰

单壁围堰共分为22块,8块标准段I(图3.4-3),2块标准段III,4块标准段IV,4块圆弧段F(图3.4-4)和圆弧段E,高度为4.3m。套箱面板采用厚6mm钢板,水平肋骨采用[8槽钢,间距50cm。竖向主肋为I25a型钢,间距为1.0m。

3.4.1.3 内支撑系统

钢围堰下放时设置一层内支撑(图3.4-5),内支撑采用ϕ820×10的钢管,纵桥向布置两道,横桥向布置一道,内支撑中心高程为+2.1m。待浇筑第二层承台混凝土时,拆除内支撑。

3.4.1.4 悬吊系统

围堰共设置12个吊点(图3.4-6),利用精轧螺纹钢进行吊装。下放系统吊点结构图同主墩套箱下放系统,在此不进行说明。

3.4.1.5 导向系统

钢套箱下放时,在护筒上安装16个定位件进行导向定位,分上、下两层布置,定位件与钢套箱之间留有50mm空隙。辅助墩、过渡墩的导向架结构形式相同,高程不同,上层导向架顶高程为+5.2m,下层导向架顶高程为+0.0m。

3.4.1.6 锁定系统

待套箱下放到位后,钢套箱通过正反牛腿进行锁定,牛腿结构图如图3.4-7所示。

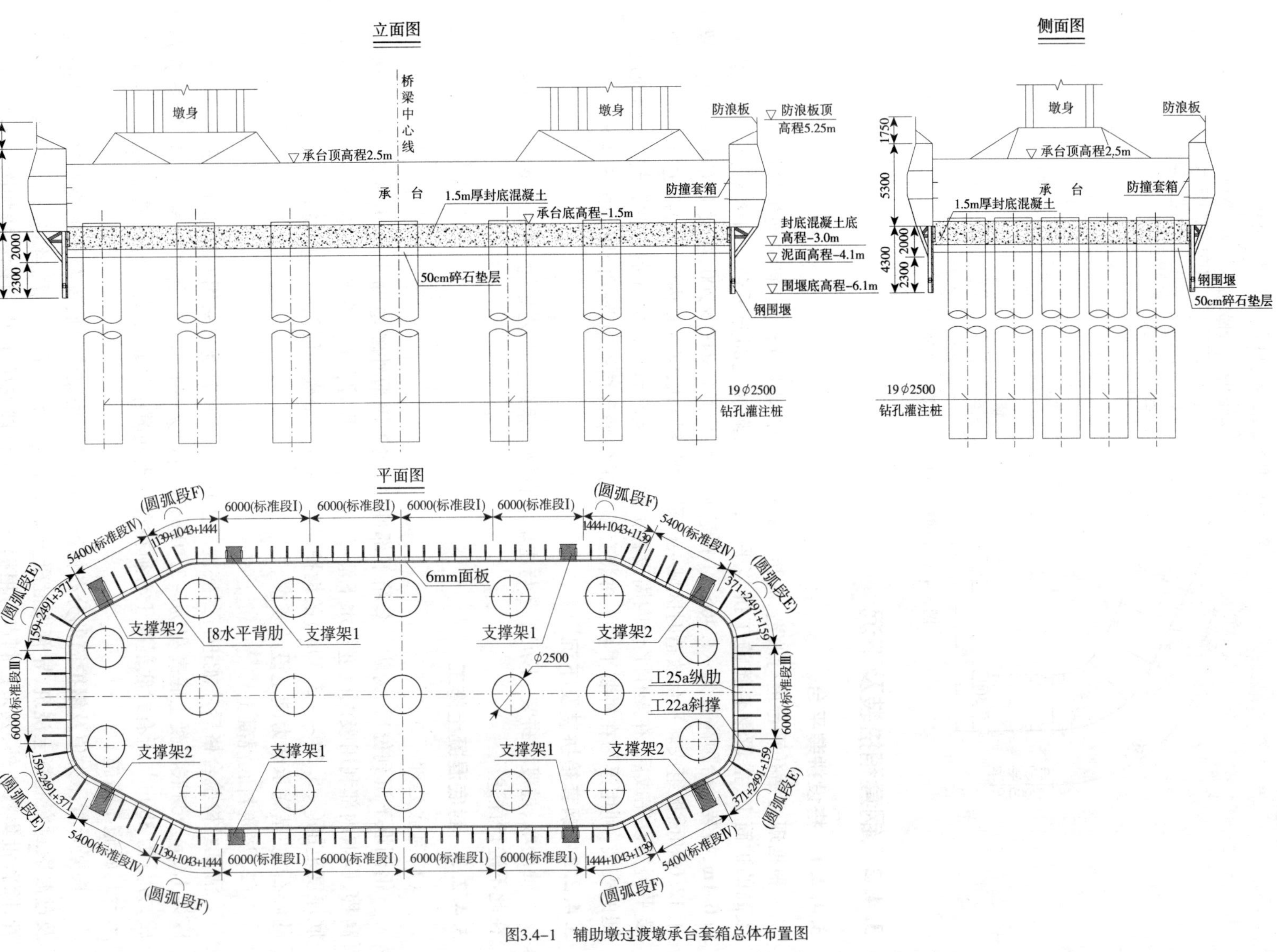

图3.4-1 辅助墩过渡墩承台套箱总体布置图

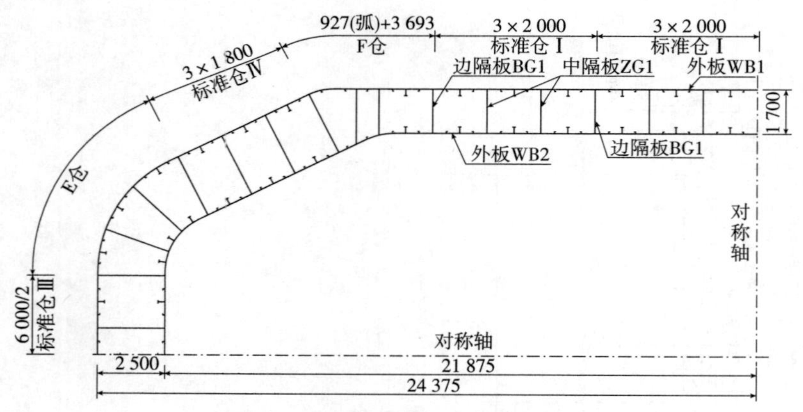

图 3.4-2 防撞套箱壁最厚平面结构图

3.4.2 钢套箱拼装及下沉

3.4.2.1 搭设拼装平台

根据现有钻孔平台进行改造,先拆除钻孔平台中间部分,将套箱中间护筒周转至周边需接高的护筒上,搭设钢套箱施工拼装平台,预留三侧加宽部分平台。吊装平台的顶高程为+6.1m,拼装平台顶高程为+1.466m。拼装平台由平联 HN600×200、主梁 HN500×200、次梁工 12.6 和面板组成。平台改造时区域一内平台保持原状,钢套箱内侧平台都进行拆除。将拼装平台搭设完成后,在操作平台四周设置护栏。拼装平台搭设完成后,进行导向架和锁定牛腿的安装,利用浮吊在拼装平台上拼装套箱。拼装平台结构布置平面图如图 3.4-8 所示。

3.4.2.2 钢套箱拼装及下沉

辅助墩、过渡墩拼装、下沉工艺与主墩承台钢套箱施工工艺相同,详见主墩钢套箱施工,在此不进行详述。

3.4.2.3 封底混凝土施工

(1)基底处理

钢围堰下沉到位后,为防止套箱下部冲刷,在钢围堰外侧抛掷沙袋,并实时监测河床标高程,围堰内部利用吸泥机进行水下清基,使河床高程控制在-3.5m 左右,潜水员应清除封底厚度范围(-5.50~-3.50m)的钢护筒壁、钢围堰壁板的泥污。在基底清理后,抛填 50cm 的碎石,使基底承载力满足设计要求。

(2)浇筑封底混凝土

清基经检验合格后才能进行封底混凝土施工,封底混凝土采用 C25 水下混凝土,封底厚度为 1.5m。封底混凝土底高程为-3.0m,顶高程为-1.50m。封底混凝土一次性浇筑完成,方量为 880m^3,所有封底混凝土必须在混凝土初凝前浇筑完成。封底混凝土浇注同主塔承台封底施工措施。

根据导管压力值及钢护筒的分布情况,参照其他桥梁中封底混凝土的浇筑经验,辅助墩及过渡墩封底混凝土浇筑,导管按混凝土流动半径 3.5m 进行布置,封底施工需布置 5 套导管,除首批集料斗外,其余控制点可根据现有料斗合理安排使用,具体布置如图 3.4-9 所示。

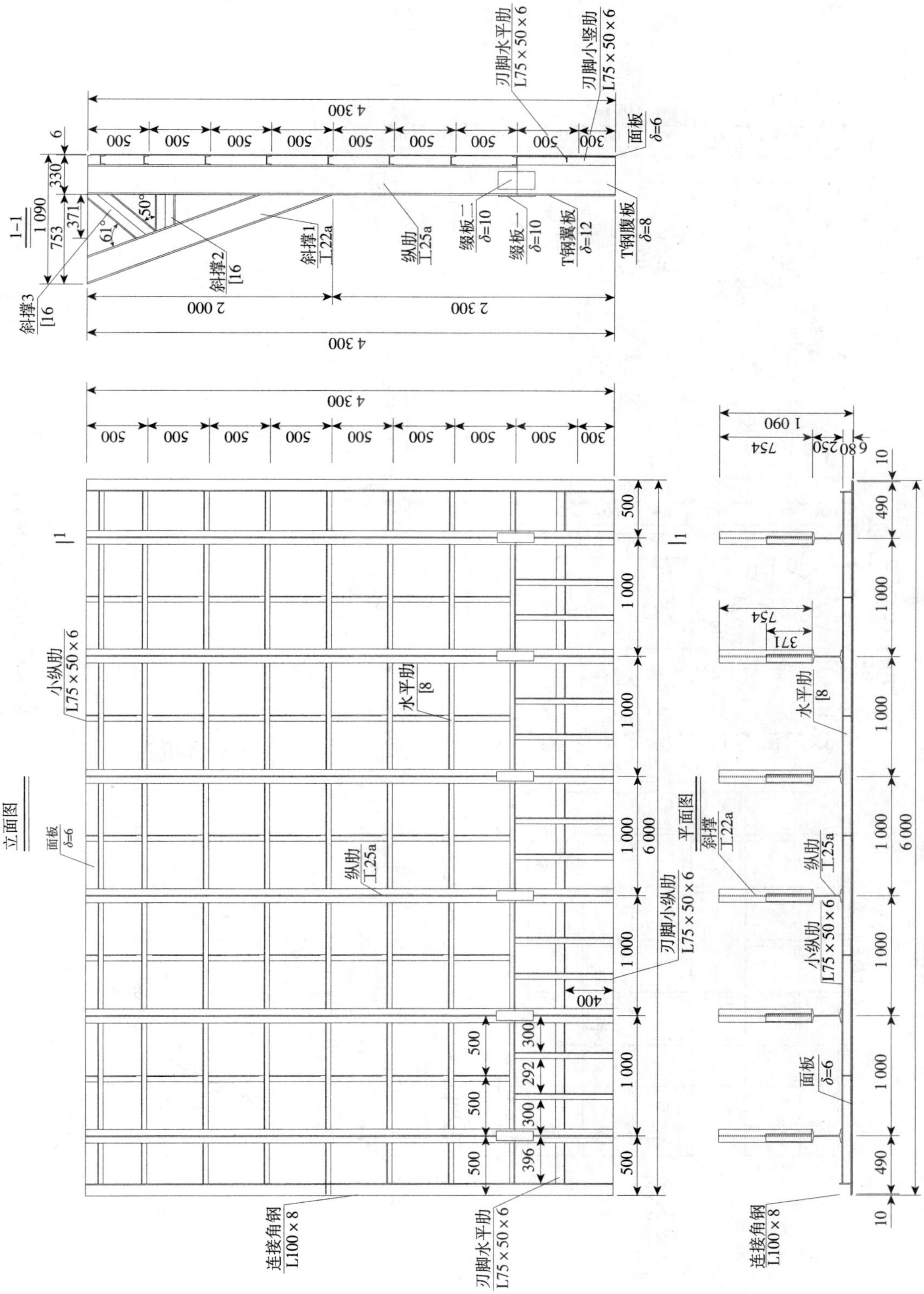

立面图

面板 δ=6

小纵肋 L75×50×6

水平肋 [8

纵肋 工25a

刃脚小纵肋 L75×50×6

连接角钢 L100×8

刃脚水平肋 L75×50×6

刃脚小竖肋 L75×50×6

1-1

斜撑1 工22a

斜撑2 [16

斜撑3 [16

缀板一 δ=10

缀板二 δ=10

T钢翼板 δ=12

T钢腹板 δ=8

平面图

斜撑 工22a

纵肋 工25a

图3.4-3　单壁套箱标准段I结构布置图

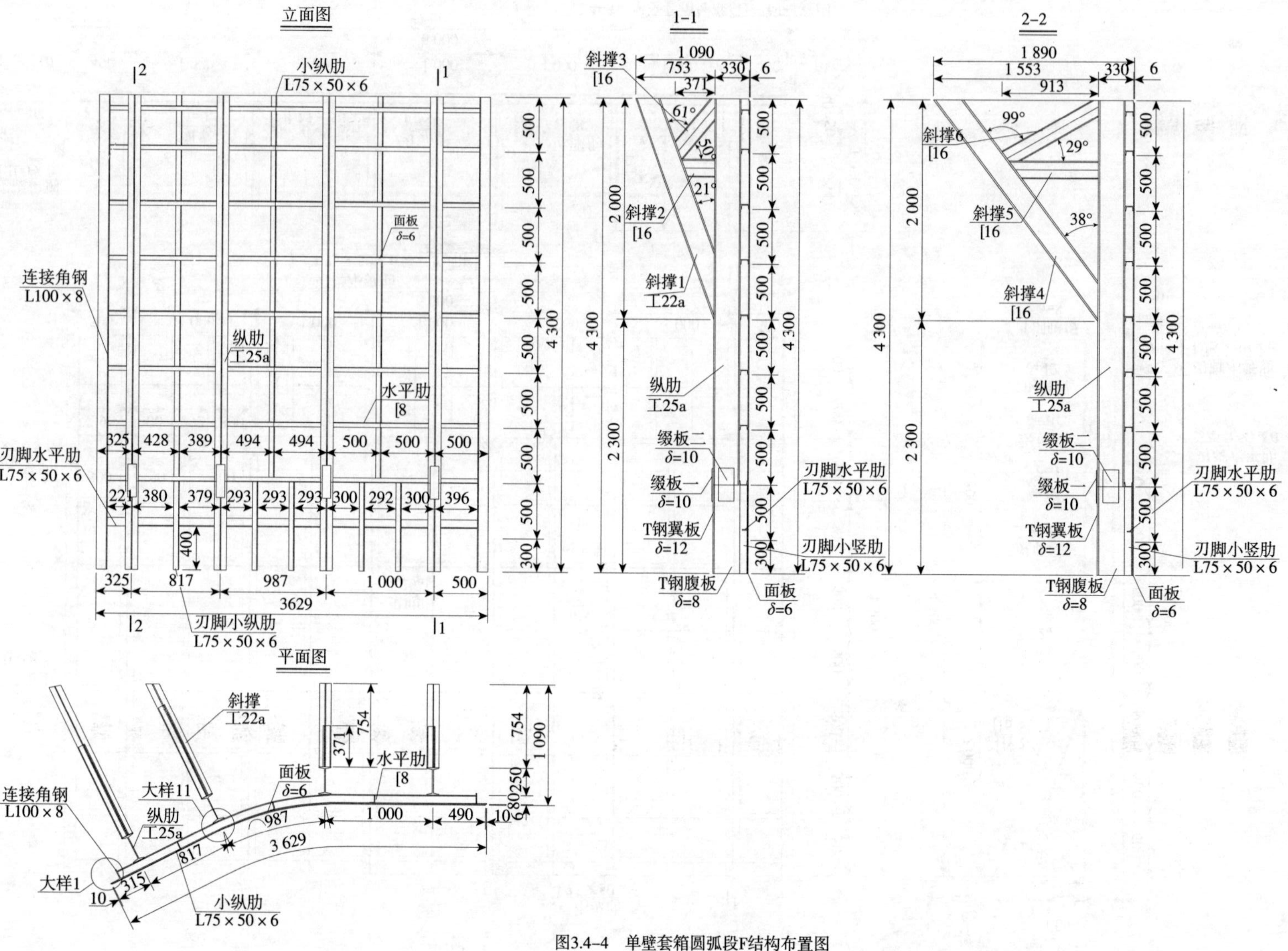

图3.4-4 单壁套箱圆弧段F结构布置图

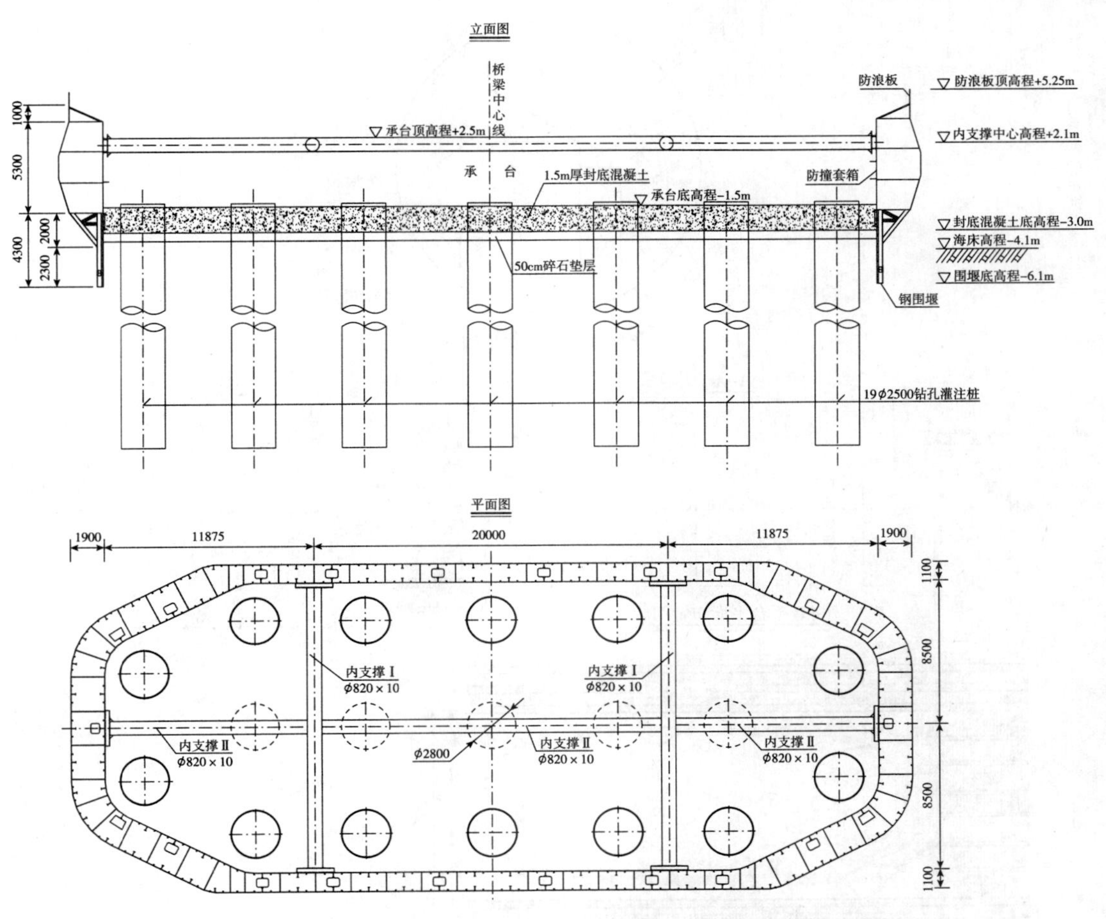

图3.4-5 内支撑布置图

图3.4-6 吊点布置图

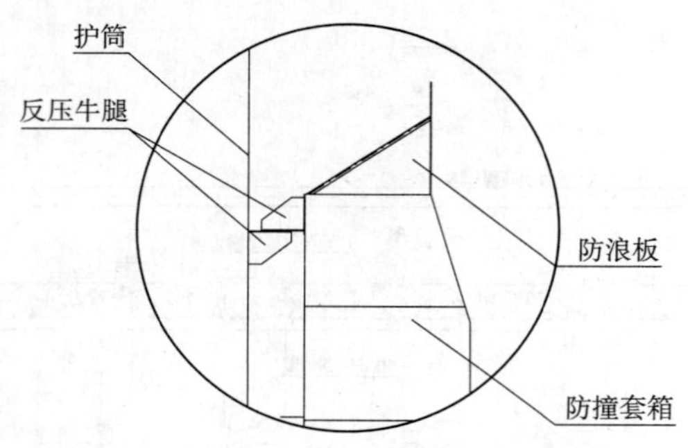

图 3. 4-7　锁定牛腿

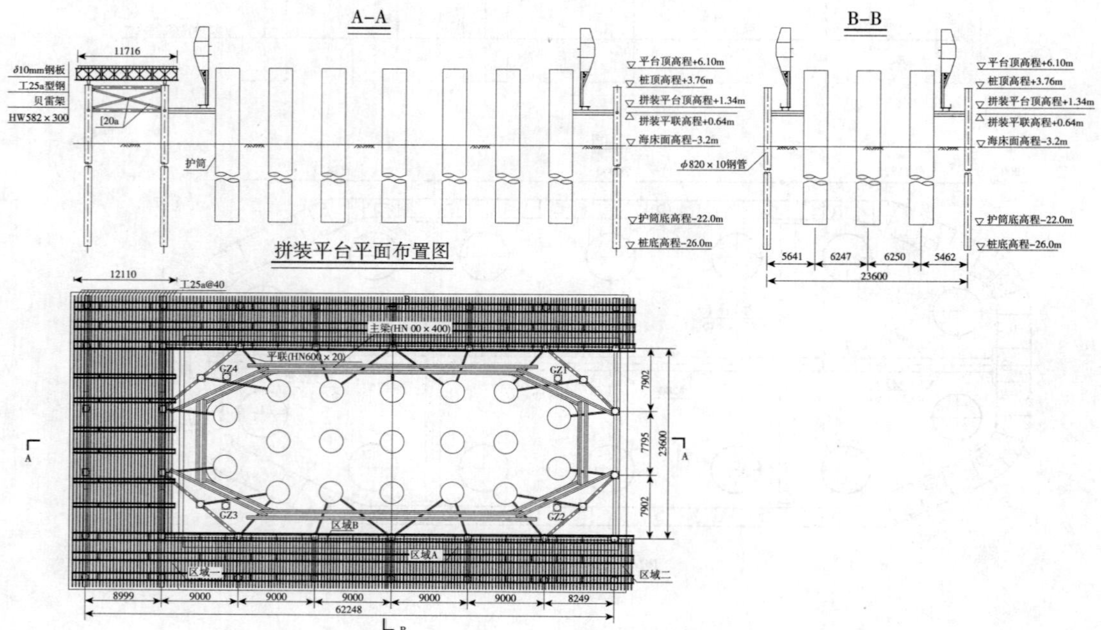

图 3. 4-8　辅助墩、过渡墩拼装平台布置图

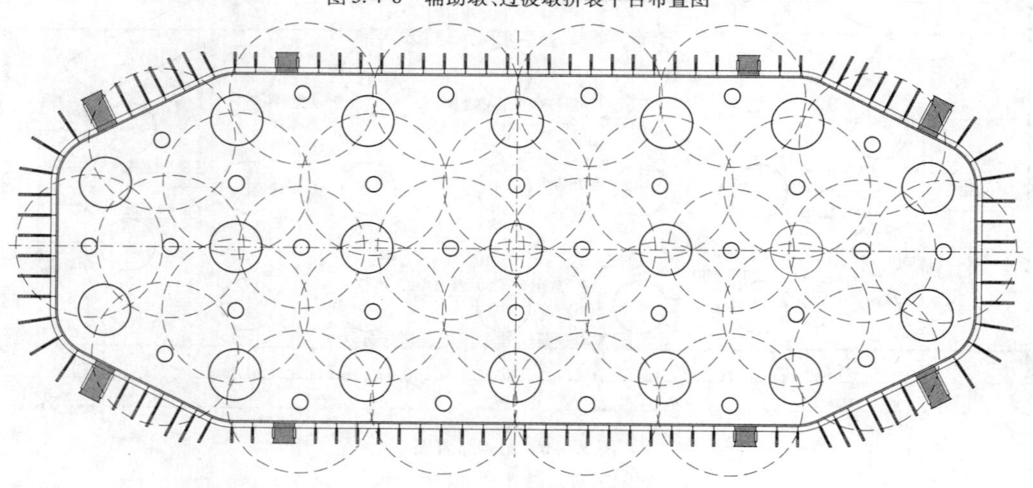

图 3. 4-9　封底施工导管布置图

浇筑原则:共投入1排导管(5根),从一边向另一边推进进行封底,导管周转使用。一排导管封底时,从围堰周边到中心。封底混凝土流到下一排导管之前进行下一排导管的封口。辅助墩、过渡墩的封底工艺同主塔封底工艺相同,详见主塔承台封底施工。

3.5 索塔施工

3.5.1 索塔施工简述

3.5.1.1 总体施工工艺

根据索塔结构特点,塔柱采用液压自爬模进行施工。除起始段9.243m用翻模外,其余塔柱施工均采用液压爬模施工,爬模施工标准节段为4.5m,塔柱共34个施工节段,如图3.5-1所示。

塔侧三角撑采用轻型的钢结构桁架,工厂分节加工完成后,在现场利用600t浮吊分段、分次吊装。在浇筑下塔柱最高一节前精确定位好预埋钢板,然后浇筑混凝土,待混凝土强度达到设计强度的70%,起吊三角撑塔内锚固部分并将其固定在预埋钢板上,检测控制点高程,确保精确后,将下塔柱混凝土顶面凿毛,布设塔柱三角撑段钢筋,架设模板,完成塔柱三角撑段混凝土浇筑。待塔身浇筑完成后,安装连接三角撑索塔外侧部分。

3.5.1.2 主要施工工艺和方法

1)塔柱施工流程

塔柱施工工艺流程图如图3.5-2所示。

2)塔座施工

塔座高3.0m,长37.5m,宽18.75m,如图3.5-3所示。按大体积混凝土要求施工,塔座在承台施工结束后采用钢模板一次立模浇筑成型。

(1)塔座模板及安装

塔座模板采用大块钢模板,模板内侧利用内支撑固定。内侧采用螺杆与预埋于承台中的塔柱劲性骨架连接进行对拉。塔座模板平面展开图如图3.5-4所示。

(2)混凝土施工

塔座混凝土为C40,混凝土的施工、温控、养护及施工缝处理与承台施工基本相同。塔座施工前,与塔座接触的承台顶面混凝土必须仔细凿毛、清洗、干燥,经质检工程师检查、监理检查同意,满足质量要求后方可施工塔座;凿毛过程中不得损失钢筋。施工中塔座里应预埋结构所需预埋件。

塔座属大体积混凝土工程,为了降低混凝土内部水化热,需对混凝土内部进行通水冷却,冷却水管拟采用$\phi38\times3.5$mm的输水黑铁管,耐压不小于5kg/cm^2,冷却水管的水平间距为1.0m。为保证降温效果,按照不超过150m冷却水管设置进(出)水口一个,进(出)水口分别与带有水阀的进(出)水支管和干管相连,冷却水经过水泵压入冷却水管,而后自流进入冷却水箱,形成循环系统。塔座冷却水管布置图如图3.5-5所示。

3)劲性骨架施工

(1)劲性骨架设计

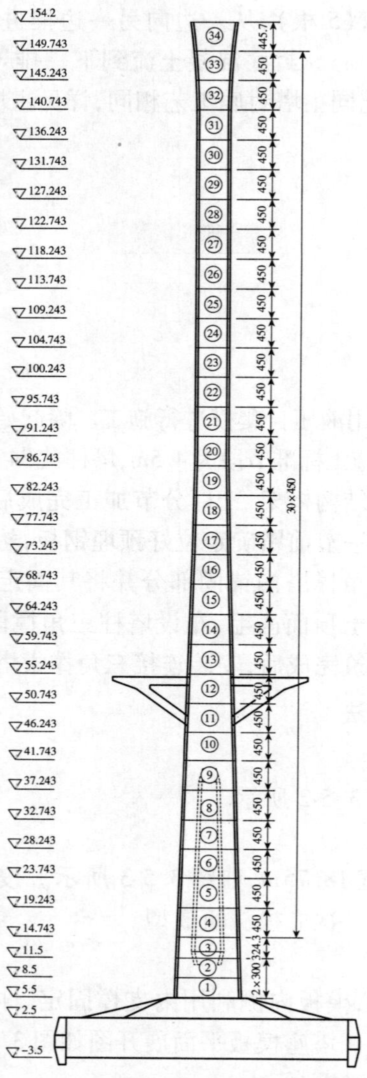

图 3.5-1 塔柱分段施工立面布置图

主塔劲性骨架主要作用是定位、支撑钢筋和测量观测。劲性骨架单元体采用型钢，在加工厂进行分段加工制作，现场分段拼接的整体施工方案。先行制作单件，分段标准长度为4.5m，塔柱劲性骨架详细设计方案将单独上报。

(2)劲性骨架加工、制作

为保证劲性骨架的加工精度，场地用混凝土整平，并在专用台座上定型靠模制作，编号堆放，加工精度应满足要求。

(3)劲性骨架安装

劲性骨架用塔吊分片吊安，先临时固定，全站仪测量控制精度，定位后将劲性骨架焊接固定，骨架之间连接采用焊接，接头焊接焊缝必须饱满，以保证骨架接头连接的可靠性。在劲性骨架安装过程中应根据塔柱的倾斜角度，进行精确测量放样，保证劲性骨架的安装精

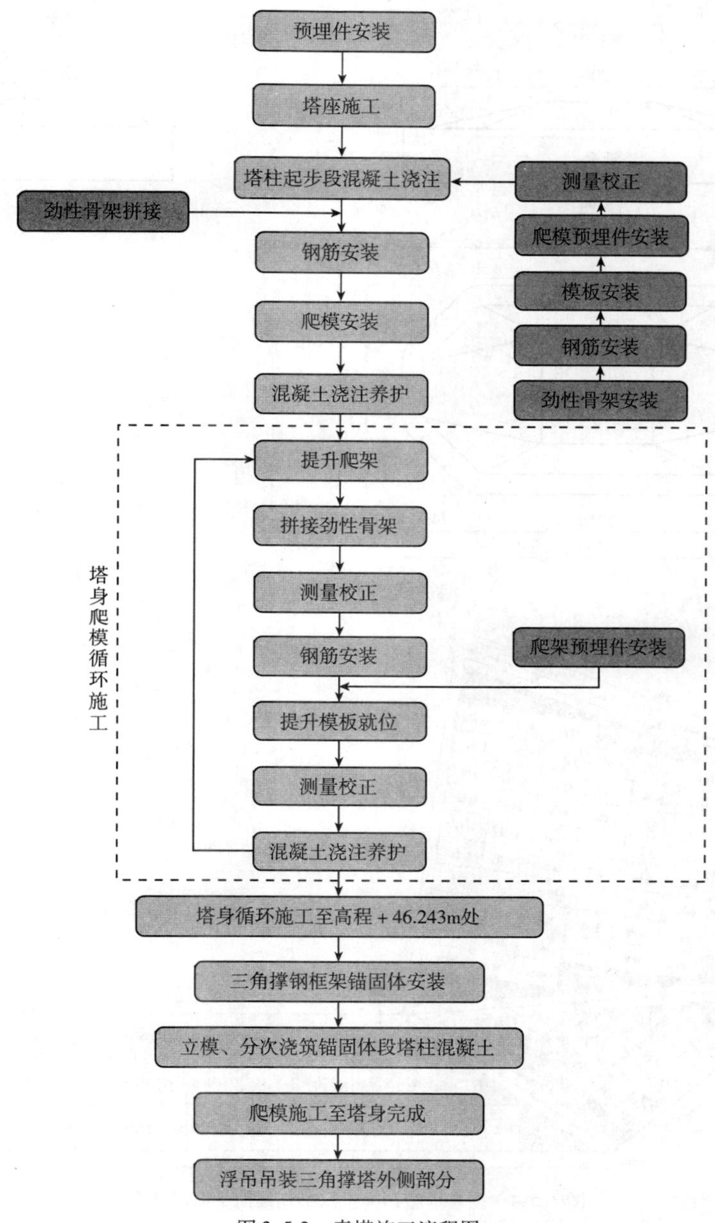

图3.5-2　索塔施工流程图

度，然后根据设计要求进行上下节劲性骨架的连接。

4）钢筋工程

（1）钢筋接头工艺

塔柱直径25mm以上的主筋采用直螺纹套筒连接器，同一断面内主筋接头数量不应超过全部主筋数量的25%，其他钢筋接头按规范（JTJ 041—89）处理。

（2）钢筋加工

因为塔柱施工节段高度确定为4.5m，同时为了方便现场施工，塔柱主筋按9m定尺长度

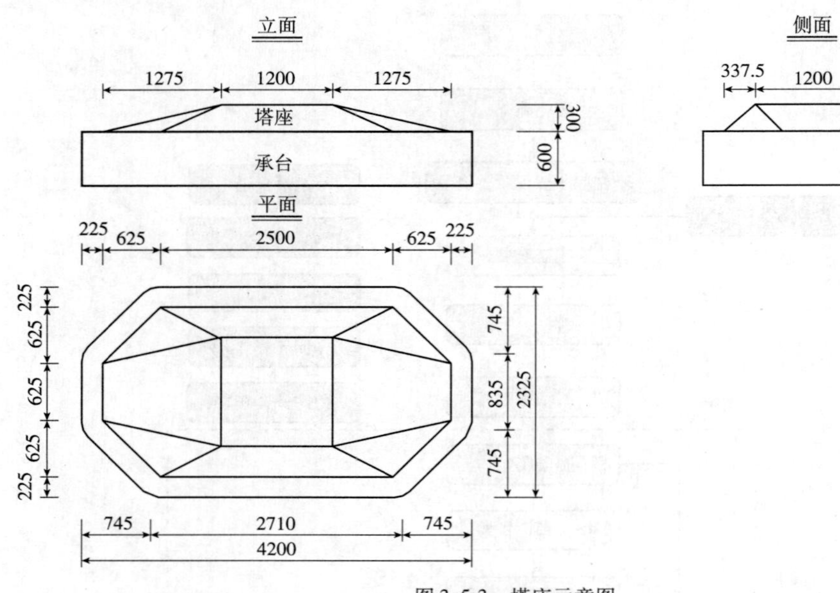

图 3.5-3　塔座示意图

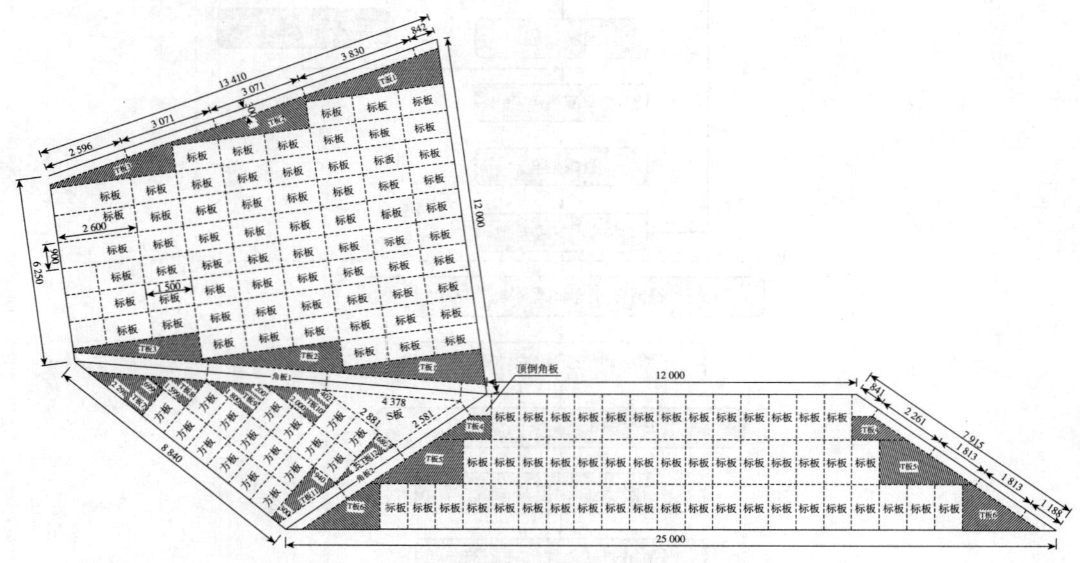

图 3.5-4　主塔塔座钢模板三个连续面平面展开图

下料，在钢筋加工场对钢筋套丝，并在一端丝头上拧上套筒，为保护钢筋丝口及套筒内螺纹，在加工好的主筋丝头上及套筒端头分别套上塑料保护帽及塑料密封盖，其他钢筋加工成半成品，编号分类堆放。

（3）钢筋定位、绑扎

钢筋采用塔吊和专用吊具逐捆吊安就位，靠劲性骨架上的定位框精密定位，逐根就位连接，然后绑扎箍筋、拉筋，安装精度应满足规范要求。

5）模板工程

模板安装要求精确测量定位，并可靠固定，偏差应满足设计及规范要求。主塔施工采用

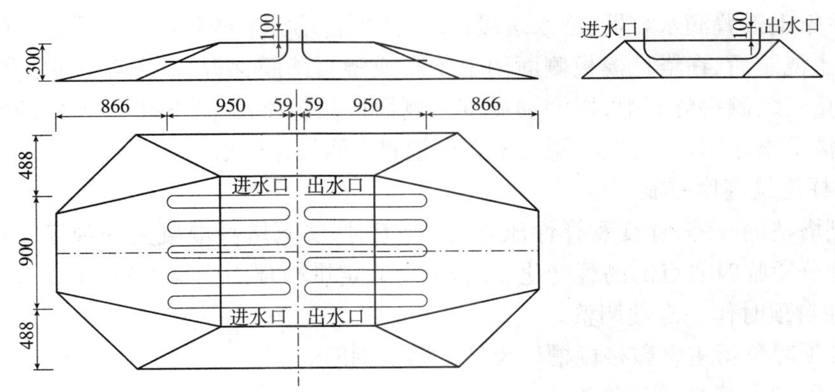

图 3.5-5 塔座冷却水管布置图(尺寸单位:cm)

液压自爬模系统,系统工艺原理及组层详见塔柱爬模施工部分。

6)混凝土施工

(1)混凝土配合比

塔柱为C50高强引气混凝土,具有高集料、低水胶比、高泵扬程、早强、缓凝等特性。采用泵送,塔身自塔座以上高148.7m,泵送垂直距离较大,对混凝土的可泵性、和易性、泌水性以及缓凝早强性能要求很高。混凝土配合比要求:坍落度为16~20cm,粗骨料最大直径不超过25mm。随着塔柱升高,混凝土配合比做适当调整。

此外还应考虑施工季节混凝土配合比的调整,比如在高温季节混凝土水平运输,垂直运输过程中水分均有损失,易造成泵送时间过长或堵管现象,拟适当调整混凝土配合比以改善混凝土的泵送性能,塔柱混凝土配合比设计时,掺入外加剂改善混凝土的和易性、可泵性、缓凝早强等效果,提高混凝土的工作性能。

(2)混凝土浇筑

混凝土由拌和楼集中拌和,采用HBT90CH-2122D型高压混凝土泵泵送混凝土,插入式振捣器振捣。为保证塔柱混凝土的整体性,混凝土须连续浇筑完成,浇筑过程分层浇筑,每层厚度不超过30cm。混凝土振捣采用梅花型分布插入振捣器,按振捣棒作用半径的1.5倍确定插棒间距。振捣时振动棒要插入下层混凝土中5~10cm,遵循快插慢拔的原则。混凝土浇筑示意图如图3.5-6所示。

图 3.5-6 混凝土浇筑示意图

(3)塔柱混凝土施工缝处理及养护

施工缝处理:采用人工凿毛的方法。其中立模前凿毛清理至露石后,用高压气冲洗,浇筑前可先铺2~3cm的同强度等级水泥砂浆后浇筑混凝土。

混凝土养护根据气候条件分别采用不同的养护方法:索塔在夏季施工过程中洒水养护。为加强混凝土的养生,在已浇筑的混凝土顶部或顶部脚手架上设置滴水容器,使水缓慢流出,达到自动养生的目的。冬季施工时环境气温较低,混凝土浇筑后,在塔柱模板侧面用土工布或塑料薄膜保温,在混凝土顶面覆盖两层土工布,并适量安装碘钨灯照射,以增加温度。侧面模板拆除后,采用低温下成膜性能好的养生液,养生液要求涂刷均匀,然后用土工布或塑料薄膜覆盖保温。

(4)塔柱浇筑高度控制

考虑到塔柱的收缩、徐变和弹性压缩,在施工时,实测塔身混凝土的弹模、徐变系数等,并参照塔柱分段临时测点的高程变化,综合分析确定塔柱顶的浇筑高程(由设计单位下达执行),在塔柱封顶时作一次性调整。

塔柱封顶时预留主索鞍格栅槽口及格栅固定钢筋。

(5)脱模,进行塔柱循环施工

在混凝土强度达到规范设计要求后,进行模板拆除,然后进入下一阶段塔柱施工。

(6)预埋件施工

当施工到起步段第二节时,开始按设计位置安装爬模系统所需要的预埋件,为标准节塔身施工做好准备。

3.5.2 三角撑施工

大沽河航道桥索塔为独柱塔结构,为提高全桥的抗扭刚度,改善结构的动力特性,横桥向在索塔两侧设置三角撑。三角撑采用轻型的钢结构,由塔内桁架预埋定位钢板、塔内桁架、塔外三角撑、三角撑塔柱内外部分连接板组成,塔柱两侧的三角撑与预埋在塔身内的部分采用连接板及高强螺栓连接。各构件如图 3.5-7 所示。

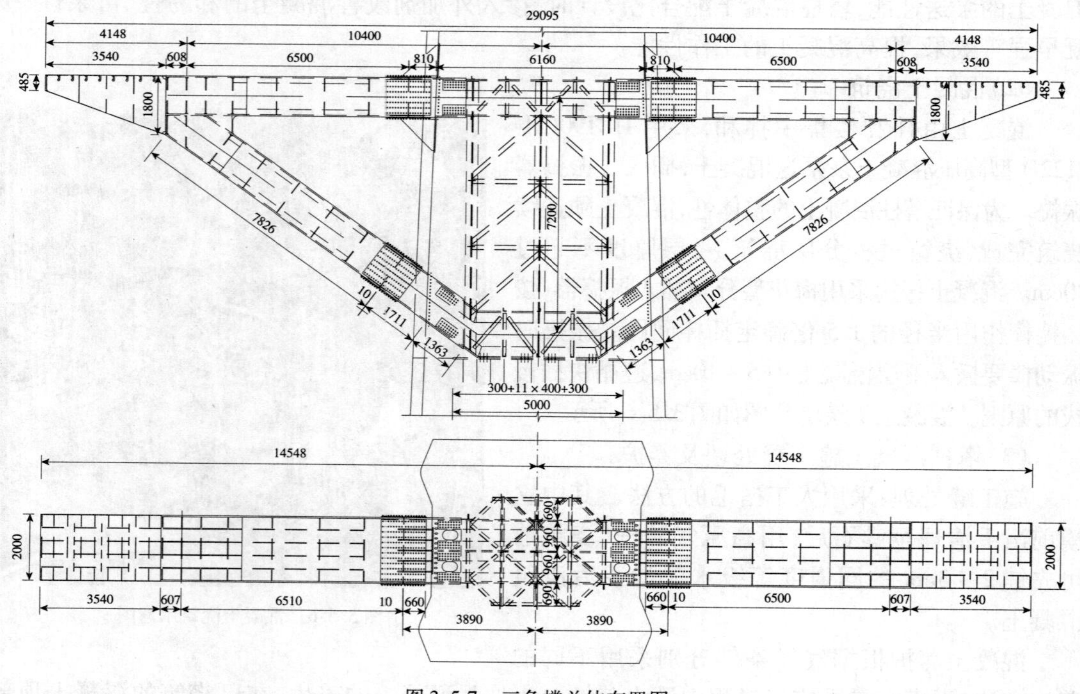

图 3.5-7 三角撑总体布置图

3.5.2.1 三角撑预埋板施工

1)定位骨架施工

根据塔柱施工分节,三角撑塔内预埋定位板(图3.5-8)将在塔柱第十节进行预埋,定位预埋钢板是整个上部三角撑结构定位的基准,定位精度要求高,采用定位骨架定位(图3.5-9和图3.5-10)。其高程采用调节螺栓(图3.5-11)进行定位,平面位置由测量组精确定位,并采用限位块固定。

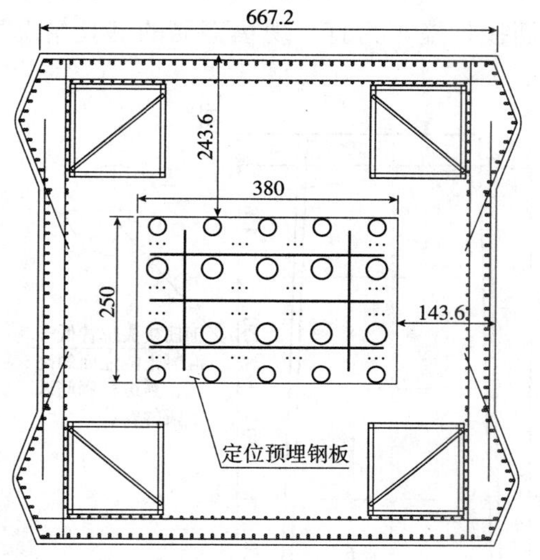

图3.5-8 三角撑定位预埋钢板布置图

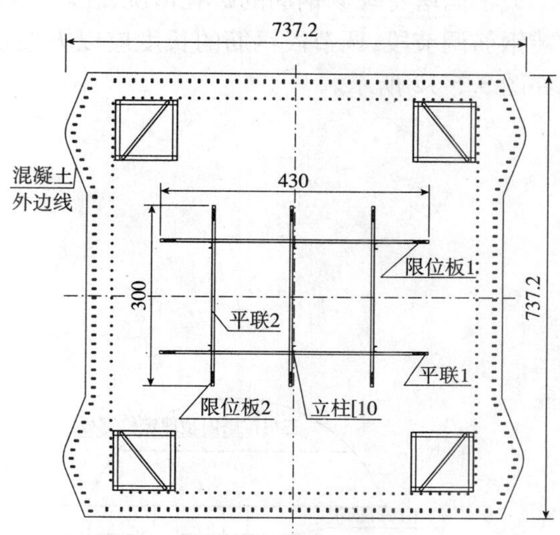

图3.5-9 定位架平面布置图

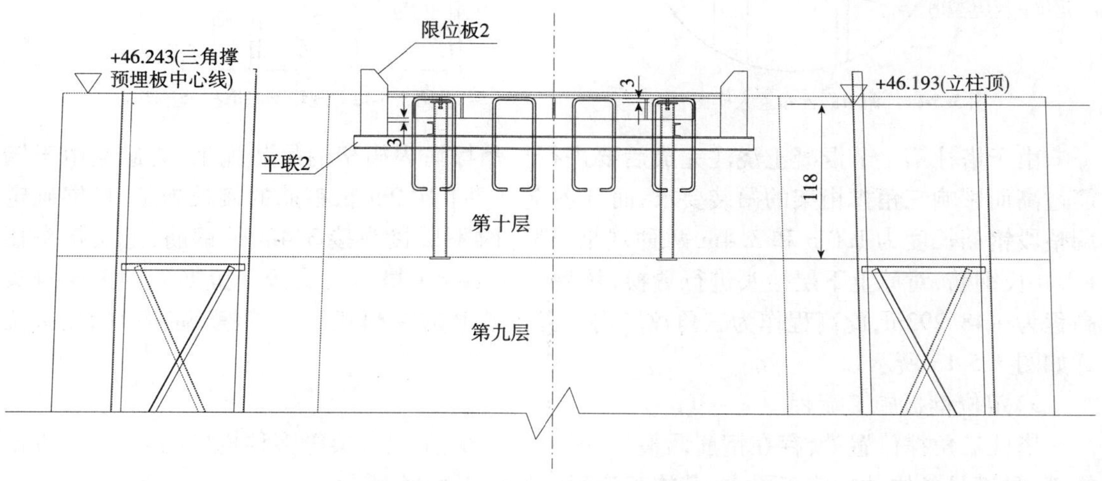

图3.5-10 定位骨架立面布置图

首先在塔柱第九节顶面埋设定位骨架预埋板,混凝土施工完成后,安装定位骨架,并与锚板焊接牢固,以确保定位骨架的稳定性,然后精确测量放样出调节螺栓及限位钢板的准确位置。采用塔吊吊装三角撑定位预埋钢板(总重量为3074kg),并进行定位固定。

2）塔柱钢筋长度分析

根据钢筋的实际下料情况：为确保竖向钢筋的丝口接头质量，钢筋在丝口加工前需将端部变形部分去掉，根据实测，钢筋的下料长度在885cm。由于塔柱标准段分节高度为4.5m，且塔柱为四面向中间倾斜形状，由于以上原因，钢筋超出混凝土面的高度随塔柱的升高而减小，因此，塔柱施工到一定高度后需对钢筋进行调整，以满足每层混凝土浇注高度的要求。

根据塔身现场钢筋的绑扎情况，在塔柱浇注第九节时需对竖向主筋的长度进行调整，安装钢筋调节段，调节段钢筋的长度应以方便现场钢筋接长施工为宜。现场钢筋的绑扎情况如图3.5-12所示。

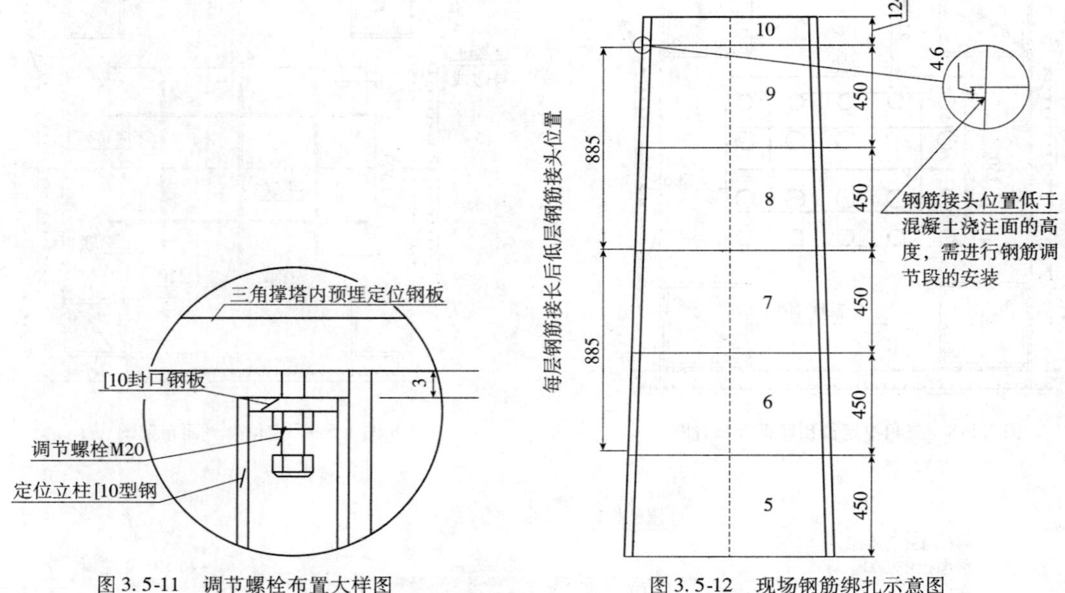

图3.5-11　调节螺栓布置大样图

图3.5-12　现场钢筋绑扎示意图

由于塔柱第十节混凝土浇注完成后要进行三角撑塔内桁架的吊装施工，为避免由于钢筋过高而影响三角撑桁架的吊装要求，而且还应方便下次9m长钢筋的接长施工，最终确定调整段钢筋长度为1.0m和3.4m两种规格，绑扎时下层接头接3.4m长钢筋，上层接头接1.0m长钢筋，对原上下层接头进行置换，然后浇注第十节塔身混凝土。置换后的上层接头高程为+48.293m，此高程作为三角撑塔内部分吊装时的控制底高程，钢筋调整后的接头位置如图3.5-13所示。

3）定位钢板施工流程图

塔柱三角撑位置处，存在钢筋调整、预埋定位钢板、定位骨架等多种构件的安装，为方便施工，且满足各构件的施工要求，其施工流程图如图3.5-14所示。

4）三角撑定位预埋钢板施工注意事项

（1）塔柱调整钢筋绑扎后上层钢筋的高程控制在+48.383m处。

（2）第十节混凝土的浇注高程为+46.243m。

（3）预埋定位钢板应进行精确测量放样，其高程及平面位置定位精度控制在1mm以内。

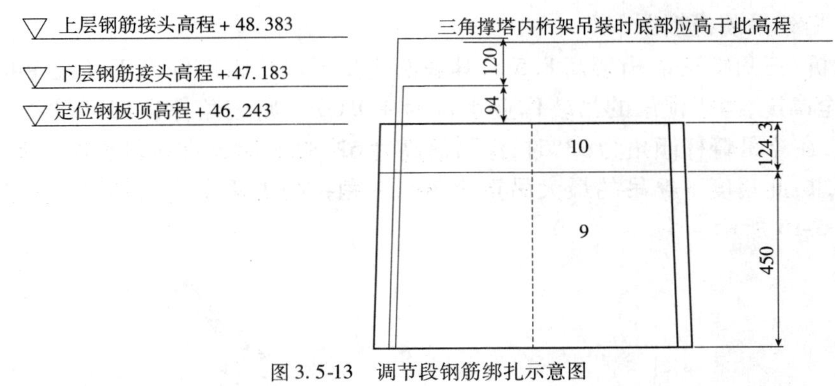

图3.5-13 调节段钢筋绑扎示意图

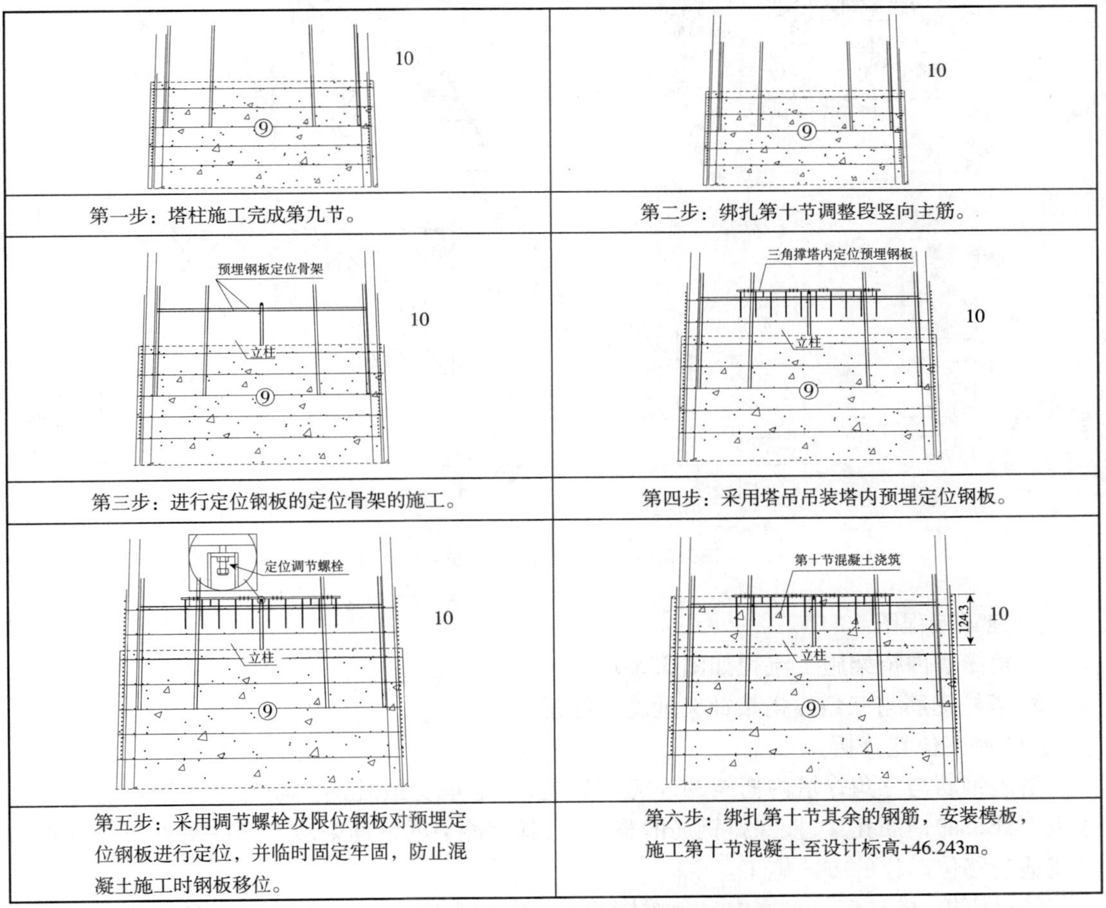

10 9	10 9
第一步：塔柱施工完成第九节。	第二步：绑扎第十节调整段竖向主筋。
预埋钢板定位骨架 立柱 10 9	三角撑塔内定位预埋钢板 立柱 10 9
第三步：进行定位钢板的定位骨架的施工。	第四步：采用塔吊吊装塔内预埋定位钢板。
定位调节螺栓 立柱 10 9	第十节混凝土浇筑 124.3 立柱 10 9
第五步：采用调节螺栓及限位钢板对预埋定位钢板进行定位，并临时固定牢固，防止混凝土施工时钢板移位。	第六步：绑扎第十节其余的钢筋，安装模板，施工第十节混凝土至设计标高+46.243m。

图3.5-14 三角撑预埋定位钢板施工流程图

3.5.2.2 三角撑塔内桁架施工

三角撑塔内桁架部分高8.5m，重25.6t，与预埋的定位钢板采用焊接连接。待预埋钢板所在位置混凝土浇筑完成，且混凝土的强度达到设计强度的70%后，利用华勇16号150t浮吊在外海侧垂直于纵桥向吊装三角撑塔内桁架。

1）塔内桁架吊装模拟图

吊装分析：三角撑塔内桁架高8.5m，其底部应高于塔柱钢筋即高于高程+48.383m，考虑50cm安全高度，考虑浮吊的吊装作业水位为+0.00m，则三角撑顶部到吊装水面的高度为57.243m，在浮吊臂杆倾角为63°时，浮吊吊高为62.82m，因此在吊具长度不大于5.5m时满足吊高要求，此角度下浮吊的最大吊重为30t，三角撑桁架重25.6t，满足吊重要求。吊装模拟如图3.5-15所示。

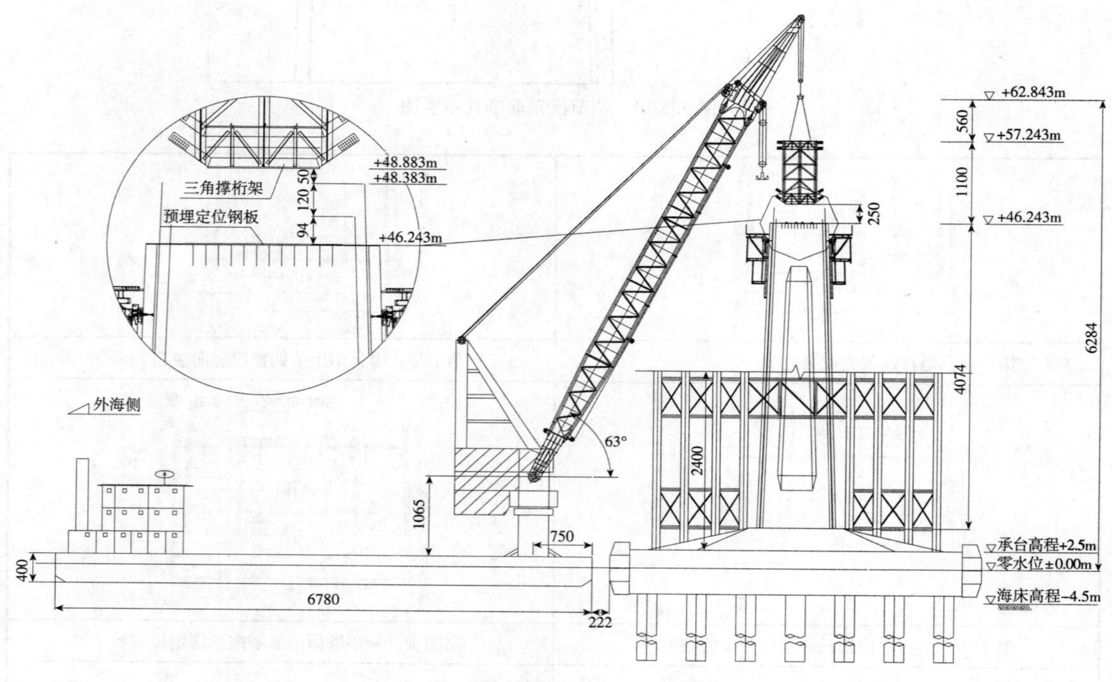

图3.5-15　三角撑塔内部分吊装示意

2）施工流程图

三角撑塔内桁架施工流程如图3.5-16所示。

3）塔柱钢筋与三角撑桁架冲突处施工注意事项

（1）冲突位置分析

塔内钢筋与三角撑塔内桁架的冲突位置处，考虑塔身最外侧主筋与水平钢筋通过在连接板上开设的钢筋孔穿过，保持钢筋的整体性，其余冲突的钢筋采取断开并焊在三角撑构造上或适当移位避让的方式施工。

经过模拟，塔柱钢筋与塔内三角撑桁架有如图3.5-17和图3.5-18所示位置冲突。

根据图3.5-17和图3.5-18分析，塔身最外层有24组主筋需通过连接板上的开孔通过，有4组需要适当移位后避开三角撑通过。内侧主筋有16根应断开并焊在三角撑构造上，焊缝采用焊脚尺寸为10mm的周圈角焊缝连接，焊材采用需与钢板相匹配的材料，另有8根内侧钢筋可穿过临时人孔进行绑扎。

<table>
<tr><td>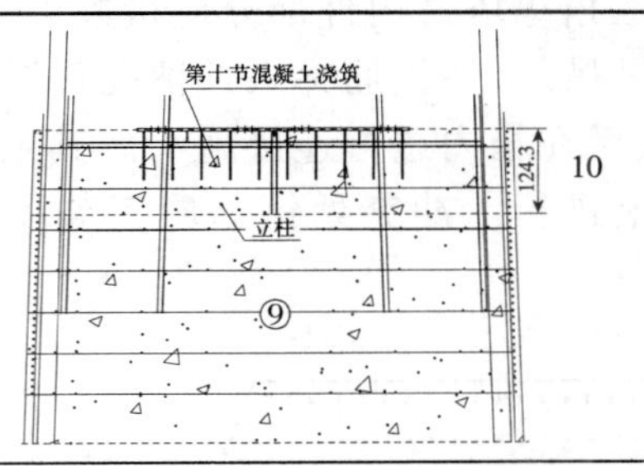
</td><td>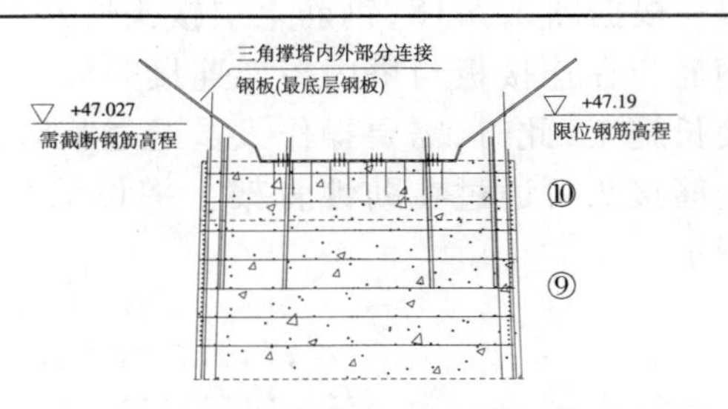
</td></tr>
<tr><td>第一步：清理钢板上的杂物，修正高强螺栓，做好塔内桁架吊装前的准备工作。</td><td>第二步：首先采用塔吊吊装三角撑下层内外部分连接钢板的底板，并按照设计角度临时固定，减小三角撑吊装后此板的安装难度。</td></tr>
<tr><td>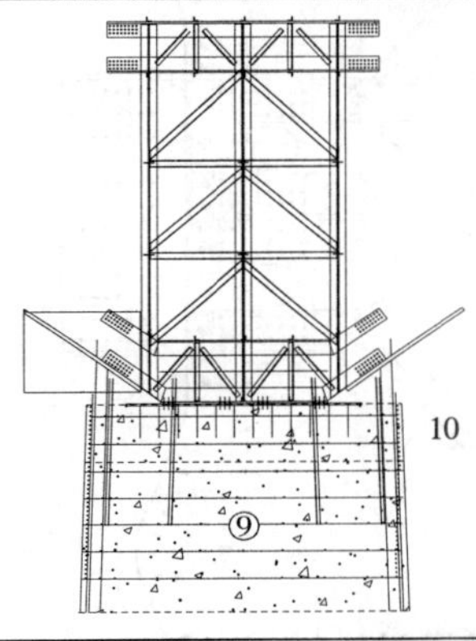
</td><td>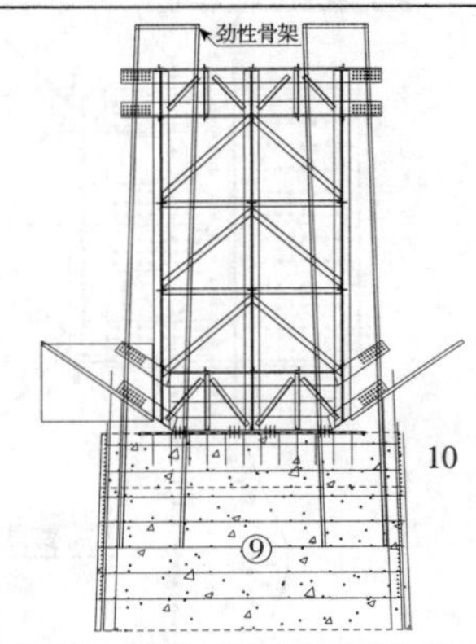
</td></tr>
<tr><td>第三步：调整与三角撑桁架位置冲突的钢筋长度，浮吊吊装三角撑塔内部分，并与定位预埋钢板间采用高强螺栓连接牢固。</td><td>第四步：接高塔柱劲性骨架9m，连接平联。</td></tr>
<tr><td>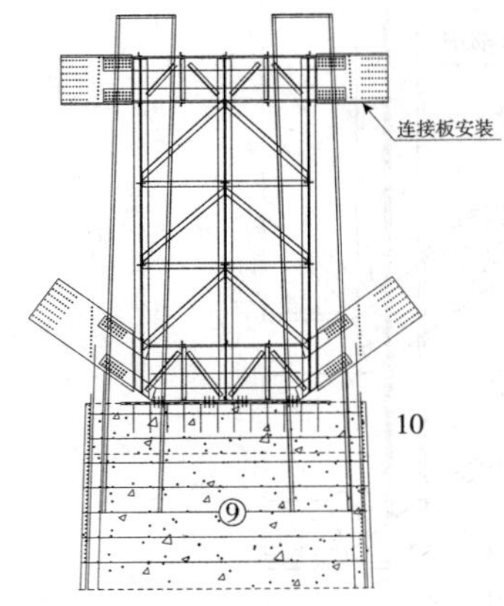
</td><td>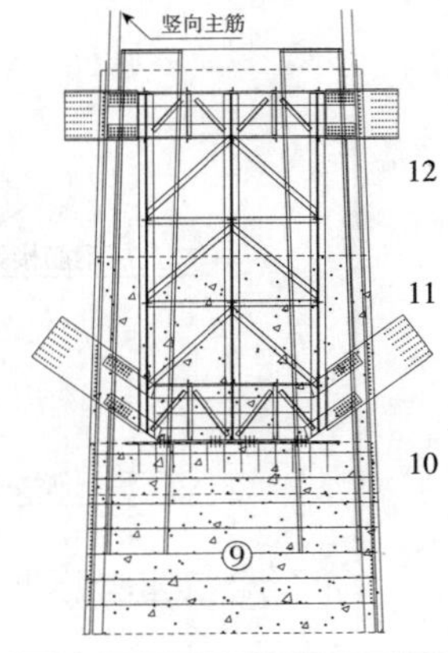
</td></tr>
<tr><td>第五步：塔吊吊安三角撑塔内外部分连接板，并与三角撑塔内部分用高强螺栓连接。</td><td>第六步：绑扎塔柱钢筋，进行塔柱第十一、十二节混凝土的浇注。</td></tr>
</table>

图 3. 5-16　三角撑塔内桁架安装流程图

根据图 3. 5-18，钢筋上层接头恰好位于下层三角撑塔身内外部分连接段内，此部分钢筋应在连接板与塔内桁架连接完成后，采用塔吊吊装，使钢筋穿入预留孔后进行钢筋接长施工，此时，需要操作人员通过临时人孔钻入后在箱内进行连接施工。其余部分的钢筋接头可通过在劲性骨架上搭设的临时平台上进行。冲突处钢筋施工如图 3. 5-19 所示。

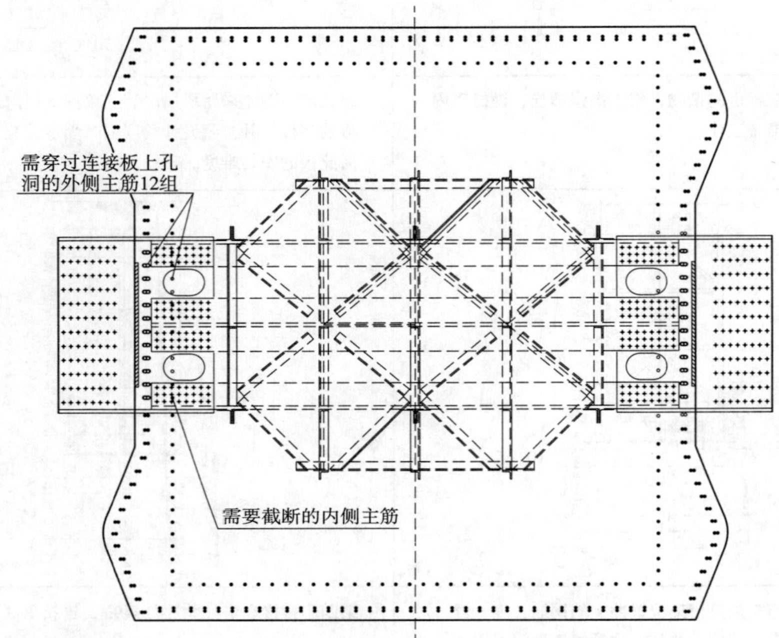

图 3. 5-17　与三角撑构造冲突处钢筋平面示意图

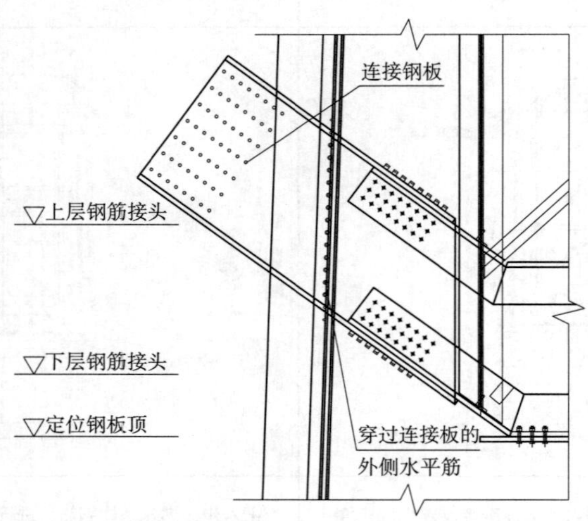

图 3. 5-18　与三角撑构造冲突处钢筋立面示意图

(2)三角撑塔内桁架、连接板施工顺序

由于三角撑塔内桁架与竖向主筋的间距小(0. 1m)，而且连接板比较大(3. 074m ×

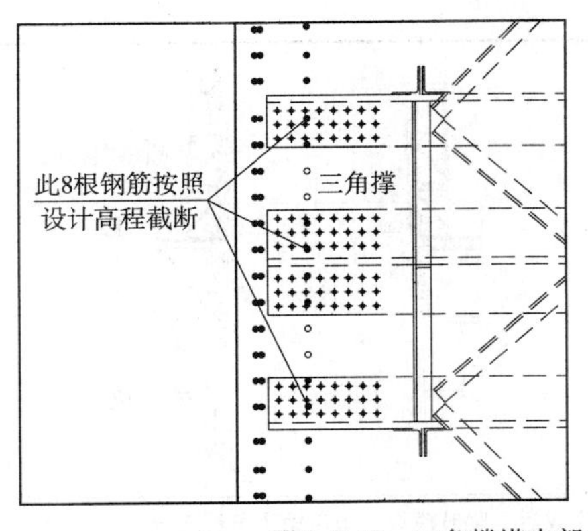

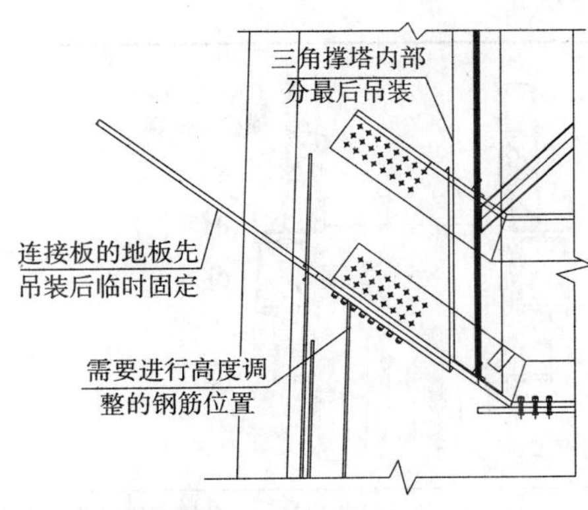

图 3.5-19　三角撑塔内部分吊装前需要调整的钢筋布置图

1.92m)，需要穿过竖向两排钢筋后与三角撑桁架下层连接点相连，为避免先吊装三角撑桁架后安装连接板而引起的由于空间位置不够而无法进行连接板安装的难点，确定先安装下肢三角撑连接板的底板，再进行三角撑塔内桁架部分的吊装定位，最后安装其他的三角撑连接板(具体见施工流程图步骤二、三)的施工顺序。

下肢三角撑连接钢板的底板重 1690.5kg，设计仰角 36.2°，外边缘超出第十节塔柱混凝土轮廓线 1.35m，连接板吊装前在外侧主筋上高程 +47.19m 位置焊接限位钢筋，内侧需截断的 8 根主筋顶面高程 +47.027m，塔吊吊装连接钢板，主筋穿过连接板预留孔，并将连接钢板与三角撑锚固钢板临时固定，如图 3.5-20 所示。

4)吊装过程中需要注意的问题

(1)三角撑塔柱内外部分的连接板采用塔吊单独吊装。

(2)在吊装三角撑塔内桁架之前，首先将三角撑内外部分连接板的底板采用塔吊吊装就位，底板穿过钢筋后临时固定(见钢筋、骨架施工步骤二)。

(3)为避免浮吊臂杆与钢箱梁支架冲突，其外海侧的最外侧钢箱梁支架的钢管高度不能高于24m。

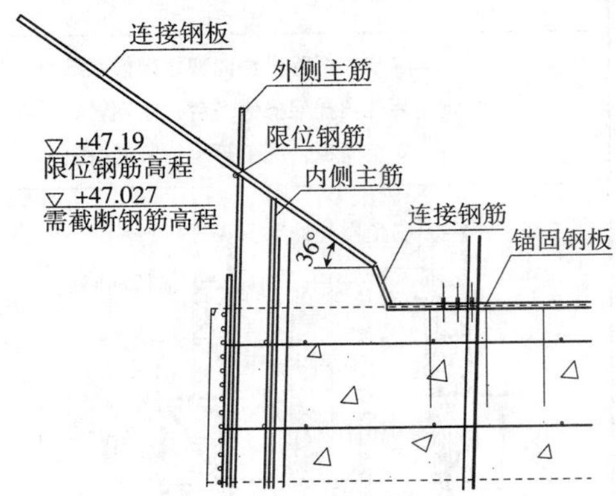

图 3.5-20　连接钢板临时固定结构图

(4)三角撑吊装前需将横桥向外海侧的液压爬模系统的主平台以上的平台及模板拆除，以确保三角撑的吊装高度满足要求(见三角撑塔内部分吊装示意图所示)。

3.5.2.3　模板施工

1)模板施工流程图

主塔施工采用液压自爬模系统。塔身纵桥向两侧的液压爬模系统可以一次爬升到顶，不需要任何调整。由于塔身横桥向截面形状变化较大，并且有三角撑的影响，因此横桥向两侧的爬模系统需要重新调整一次才能满足塔柱施工要求。在三角撑位置处的模板调整及施工流程见图 3.5-21。

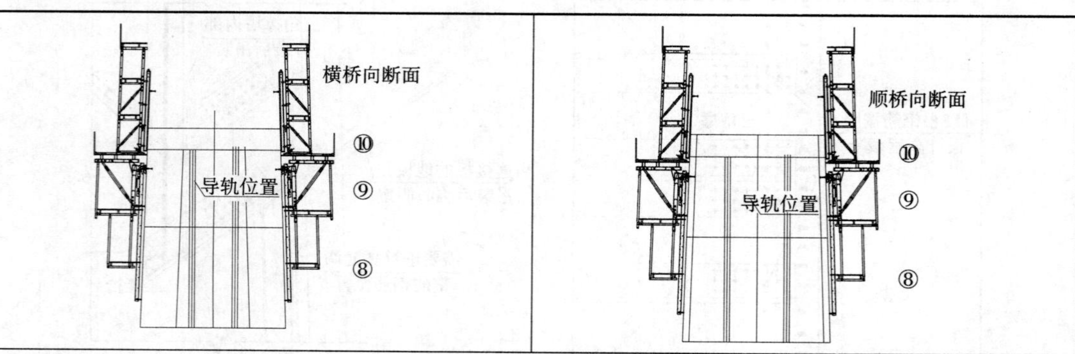

第一步：第十一节钢筋、三角撑定位预埋钢板施工完成后，爬升模板，施工第十节混凝土。

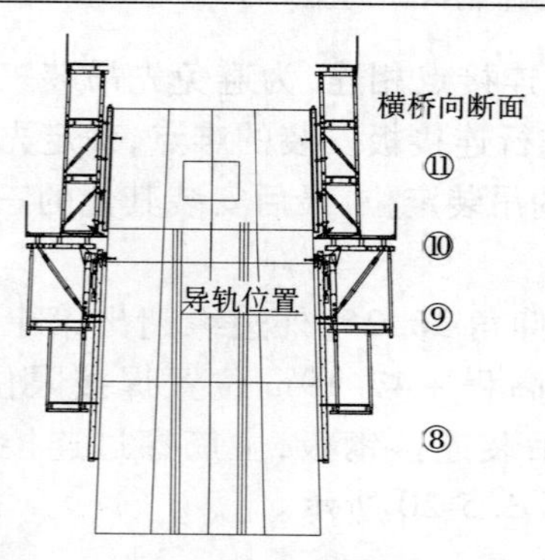

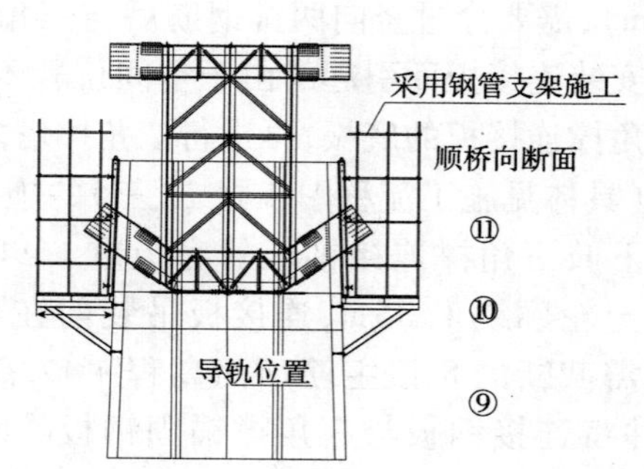

第二步：拆除横桥向液压爬模系统，浮吊吊装三角撑塔内部分并固定。顺桥向两侧爬架爬升，在横桥向两侧安装三角挂架操作平台，立钢管脚手架，并将支架与顺桥向爬架平台连接固定牢固，绑扎塔柱第十一节钢筋，安装模板，施工第十一节混凝土。

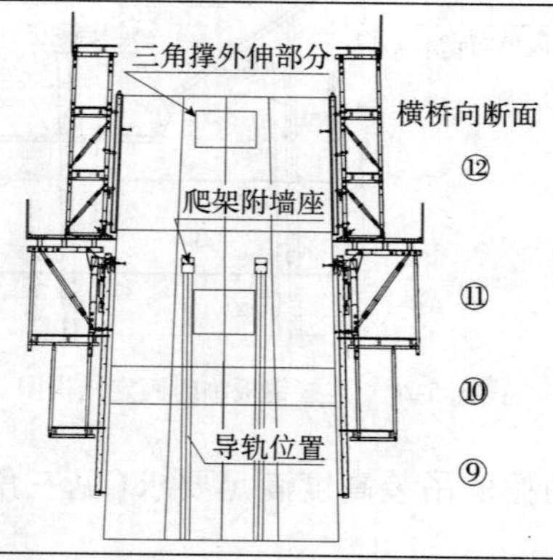

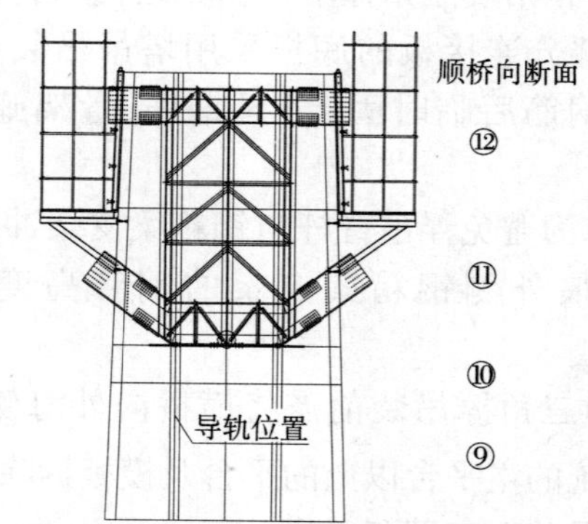

第三步：绑扎第十二节钢筋，顺桥向两侧的模板直接爬升，并锚固到十一节混凝土上，横桥向两侧采用塔吊提升三角挂架操作平台，并锚固在第十一节混凝土上，安装脚手架，吊装安装十二节模板，施工第十二节混凝土。

图　3.5-21

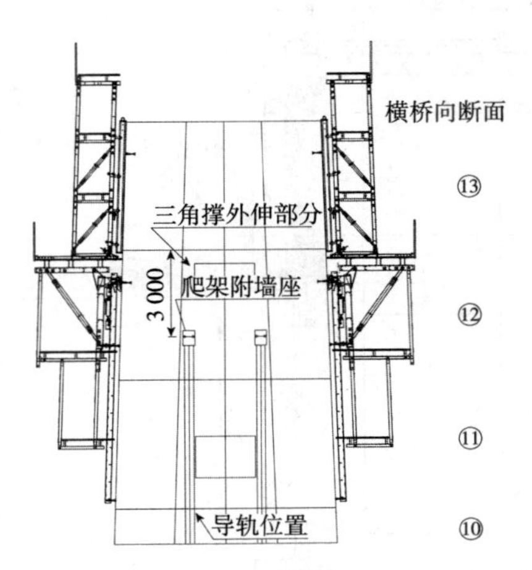

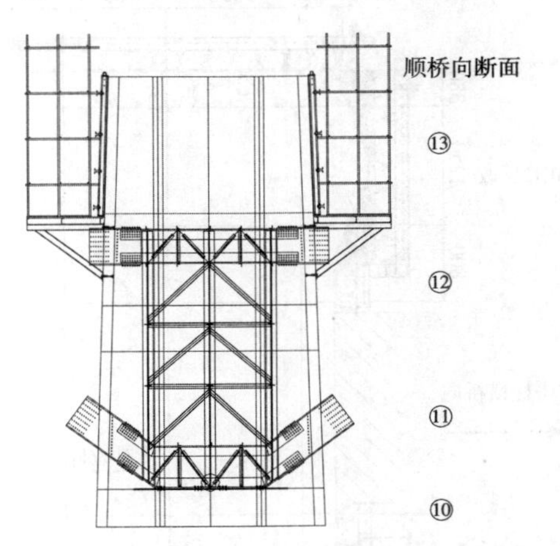

第四步：绑扎第十三节钢筋，顺桥向两侧的模板直接爬升，并锚固到十二节混凝土上，横桥向两侧采用塔吊提升三角挂架操作平台，并锚固在第十二节混凝土上，安装脚手架，吊装安装十二节模板，施工第十二节混凝土。

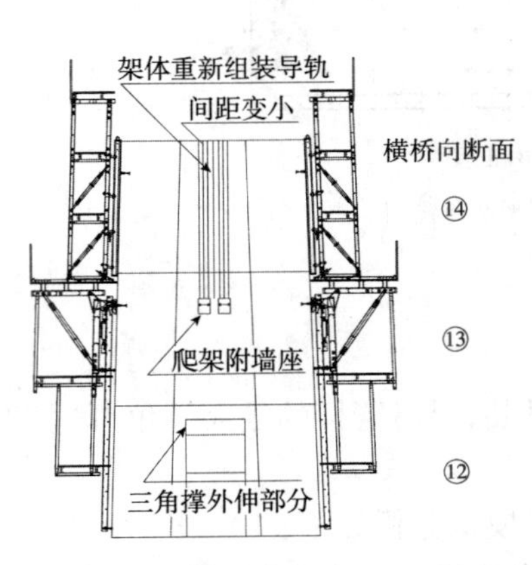

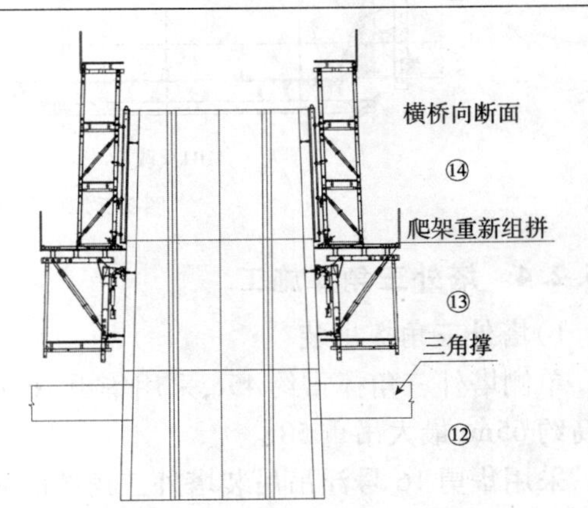

第五步：为避免爬架与三角撑施工位置冲突，横桥向等三角撑安装完毕后，将已经重新组装过的横桥向爬架（导轨之间的距离由2.4m变到0.68m）采用塔吊吊装锚固到第十三节混凝土上，而顺桥向爬架则不需要做任何调整，可直接爬升并锚固到十三节混凝土上。

图 3.5-21　模板施工流程图

2）三角撑位置处模板调整

由于塔柱三角撑外伸部分的存在，塔柱模板与三角撑位置冲突，因此，塔柱横桥向模板爬升至三角撑段时，需对模板进行调整，以适应塔柱施工的要求，如图 3.5-22 所示。

当模板从第十节转到第十一节时，横桥向中间直线段模板的宽度由 1.729m 减小到 0.689m，每侧的模板需要割除 1.04m。割下的 1.04m 宽模板不能随意破坏，并保管好，待主塔施工超过三角撑位置后，需要将此时割下的模板与爬架模板进行重新组装，以便施工主塔上塔柱。

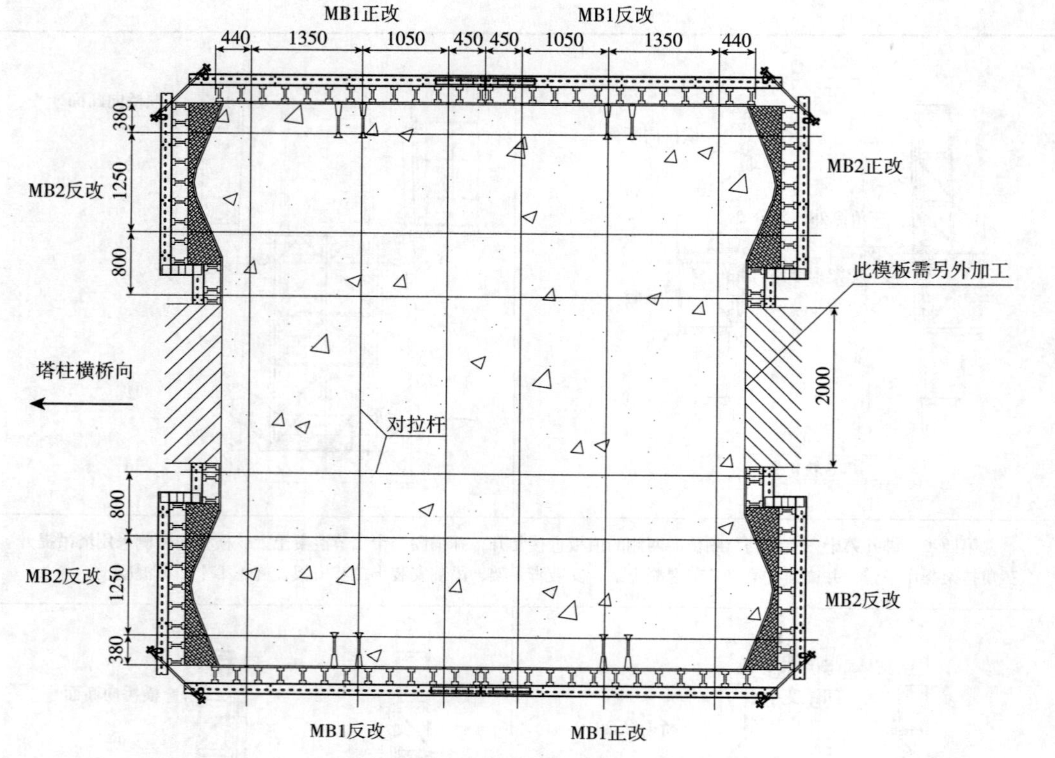

图 3.5-22　三角撑处模板平面布置

3.5.2.4　塔外三角撑施工

1)塔外三角撑吊装

单侧塔外三角撑重约45t,采用华勇 16 号浮吊吊装,浮吊臂杆的最大倾角可达 72°,最大吊高约 65m,最大吊重 50t。

采用华勇 16 号浮吊吊装塔外三角撑的施工工况模拟分析如下:

浮吊布置在黄岛侧垂直于横桥向吊装,三角撑的安装高程为 +54.763,考虑 50cm 高度的安全吊高,则三角撑的吊装高度为 55.263m。取浮吊吊装作业水位确定为 +0.00m,吊装作业时浮吊臂杆的倾角为 70°,在此状态下,浮吊的最大吊装高度达 62m,吊重约 50t,满足三角撑的吊装要求。三角撑吊装模拟如图 3.5-23 所示。

2)塔柱三角撑内外部分连接施工

三角撑塔内桁架与塔外翼板部分通过 16 块 2.5cm 厚的连接钢板及 1216 颗 M20×130 高强螺栓连接(单侧),连接侧板尺寸 1060×1330mm,单块净重 276.7kg,顶底板尺寸 1750mm×1330mm,单块净重 427.6kg,螺栓需采用扭矩扳手拧紧,螺栓预拉力值 125kN。三角撑空腔截面尺寸 2000mm×1200mm,在三角撑腔内进行连接板施工时的操作空间十分狭小。

3)塔外三角撑安装准备

(1)操作平台搭设

塔柱内外三角撑采用节点板及高强螺栓连接,为方便连接操作,在塔身埋设预埋件安装

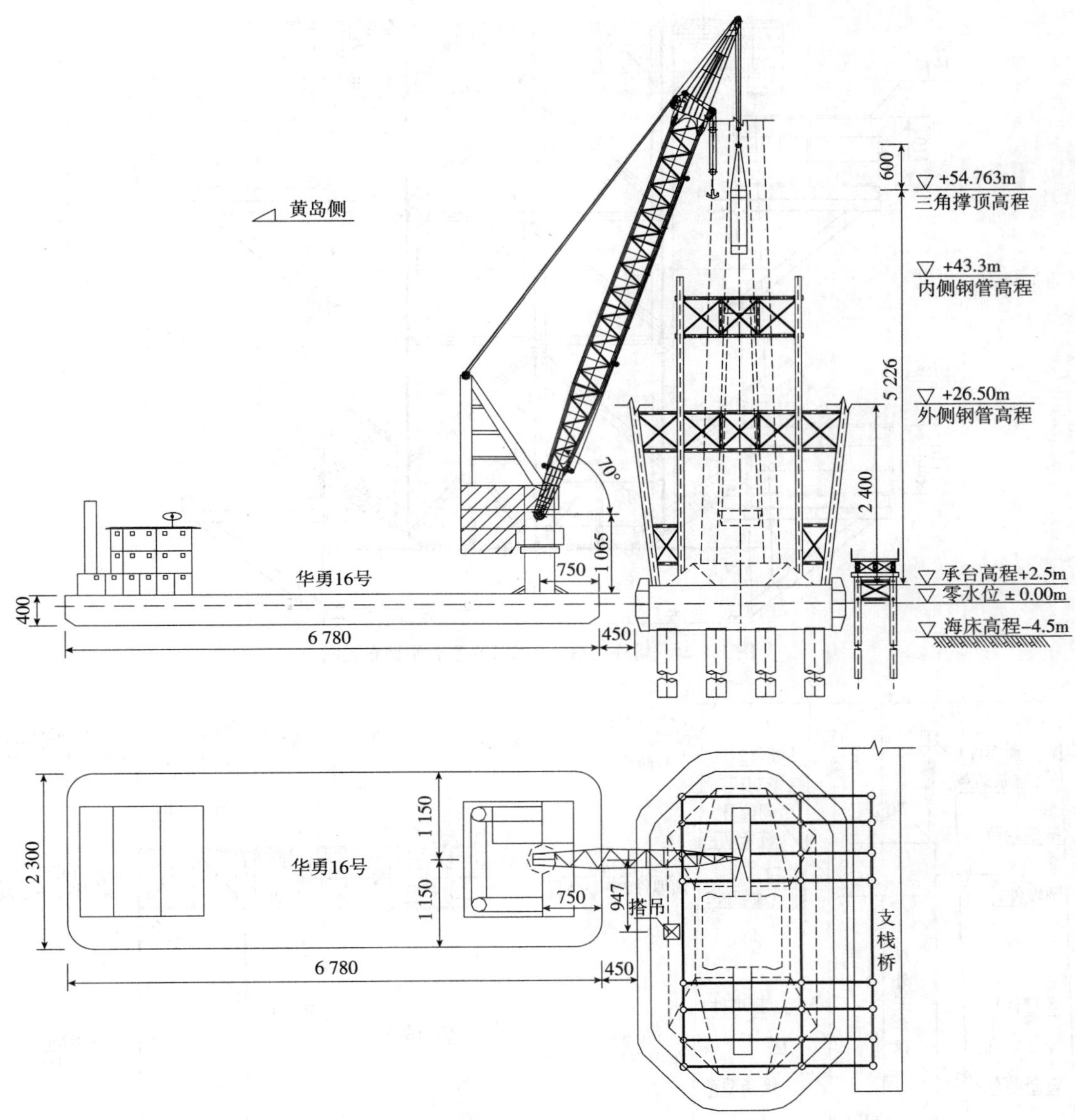

图 3.5-23　塔外三角撑吊装示意图

操作平台，工作平台采用三角挂架的结构形式，平台距三角撑的底面 1.2m，便于人员进行三角撑底部高强螺栓施工。其操作平台布置如图 3.5-24 所示。

(2) 塔外三角撑安装引导系统

在三角撑处塔柱预埋钢板，作为引导系统反力点，并准备 6 个 5t 的链条葫芦。引导系统布置图见 3.5-25。

(3) 吊耳及吊装钢丝绳

吊装前在顶板上焊接吊耳及调位耳，钢丝绳采用 4 根 $\phi32$ 两端压口钢丝绳，每根长 6m，吊装卸扣采用 30t 卸扣。吊耳布置如图 3.5-26 所示。

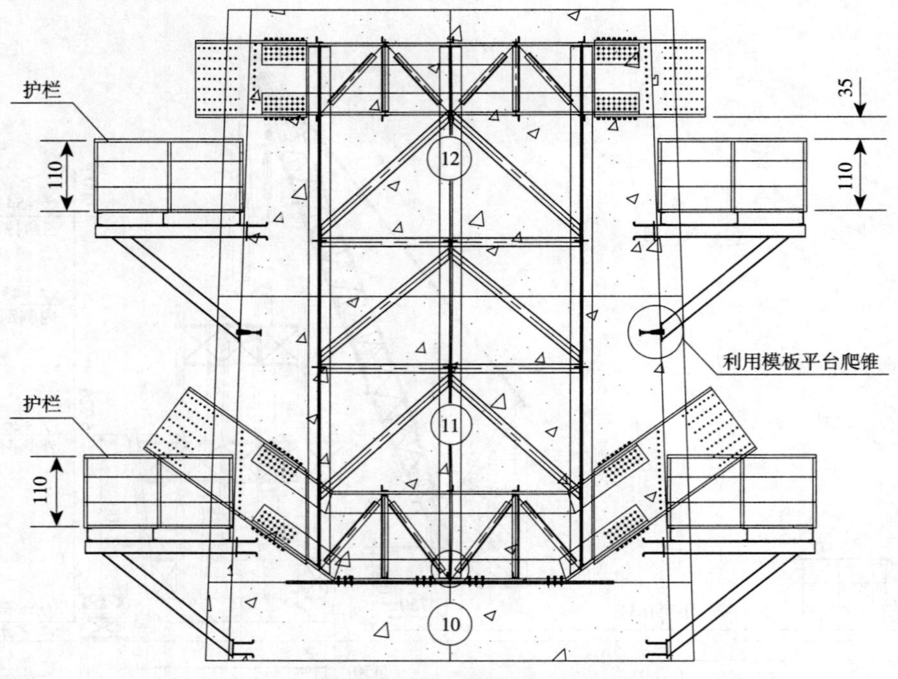

图 3.5-24 塔外三角撑连接操作平台平面布置图

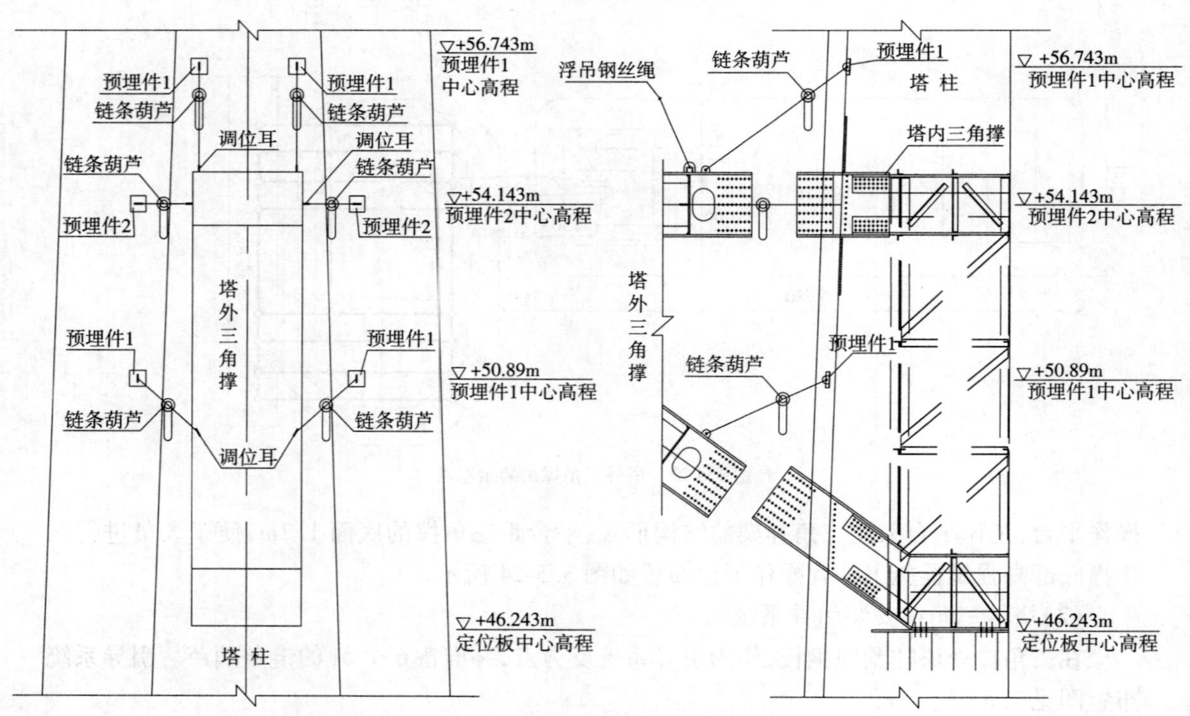

图 3.5-25 引导系统布置图

4）塔外三角撑安装流程图

为确保塔外三角撑的顺利安装，现拟定的施工流程，如图 3.5-27 所示。

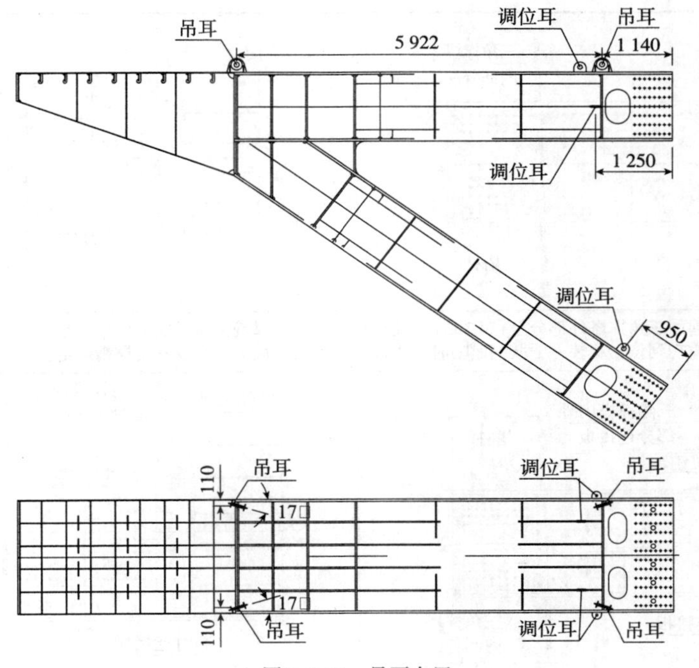

图 3. 5-26　吊耳布置

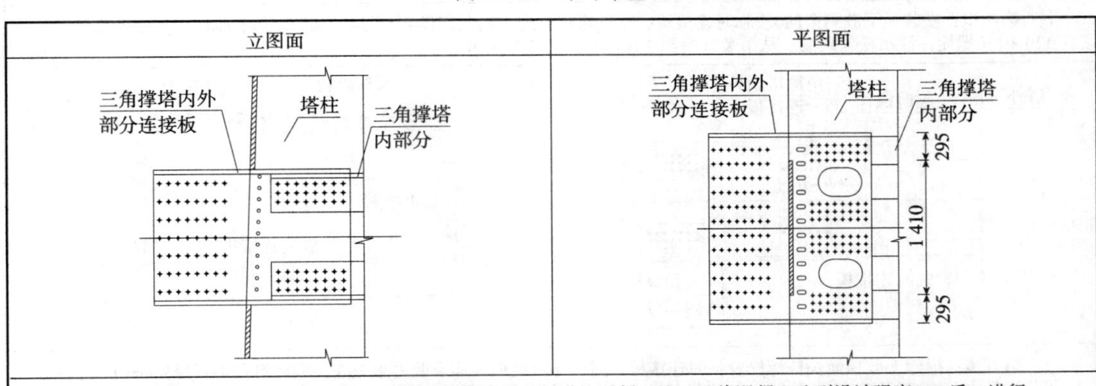

第一步：塔柱三角撑内外部分的连接板安装完成后进行塔柱混凝土施工，待混凝土达到设计强度90%后，进行塔外三角撑的吊装、安装。

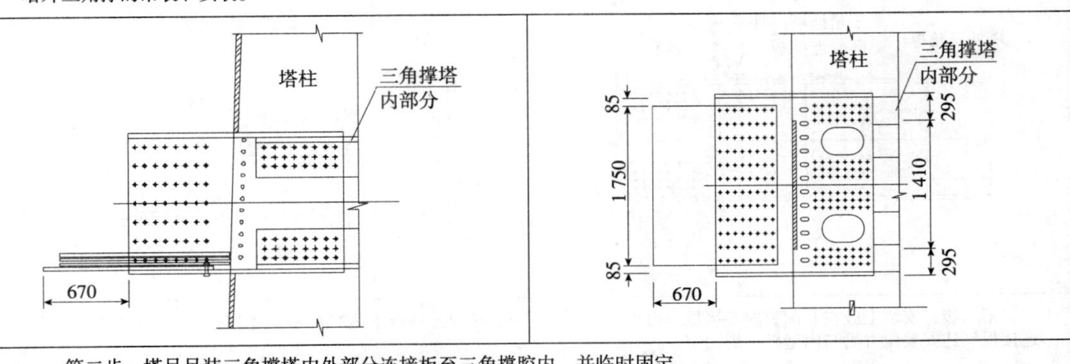

第二步：塔吊吊装三角撑塔内外部分连接板至三角撑腔内，并临时固定。

图　3. 5-27

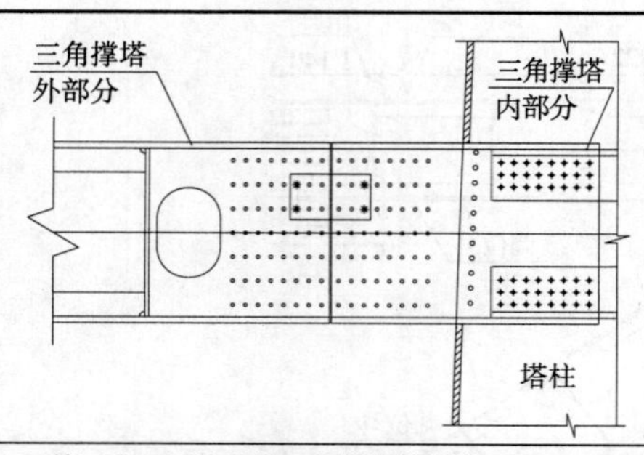

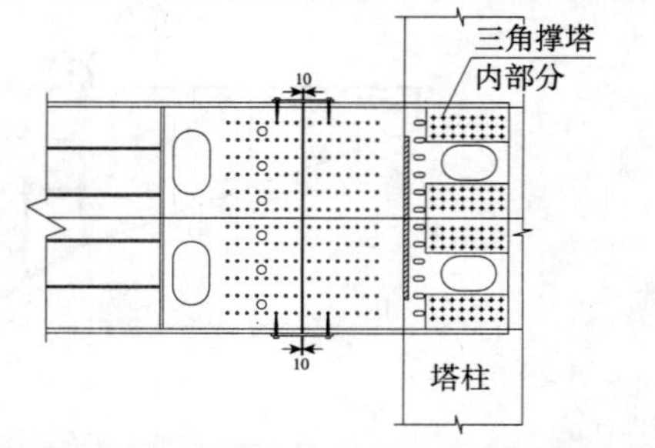

第三步：浮吊起吊三角撑塔外部分至+54.763m，绞锚移船使三角撑慢慢靠近安装位置，挂设上下肢链条葫芦，并配合浮吊引导三角撑初到位，安装上下肢侧面临时连接板（每个面一块），完成三角撑精确定位。

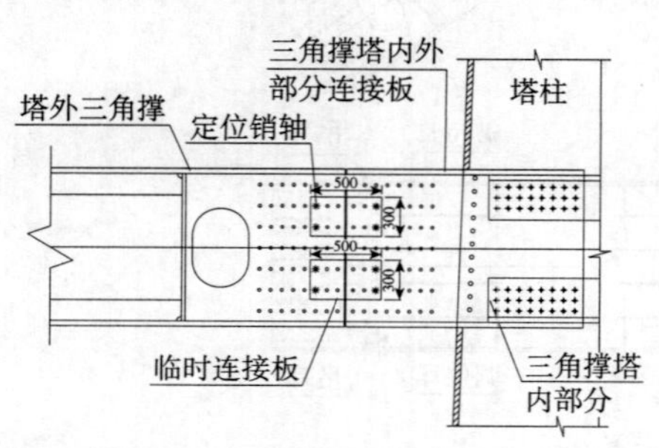

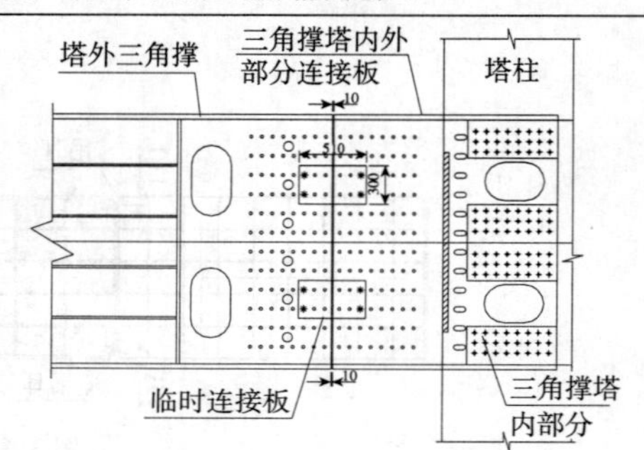

第四步：安装上下肢剩余的6块临时连接板，在每块临时连接板上打设4个定位销轴并在所有临时定位板上安装8颗M20×130螺栓，浮吊松勾离场。从吊装开始至浮吊离场预计需要3小时。

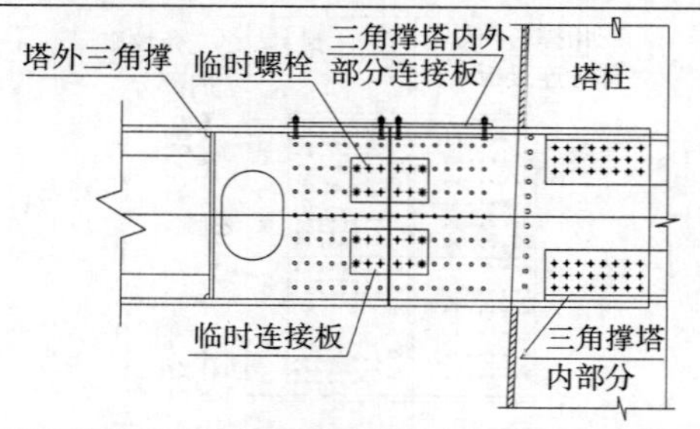

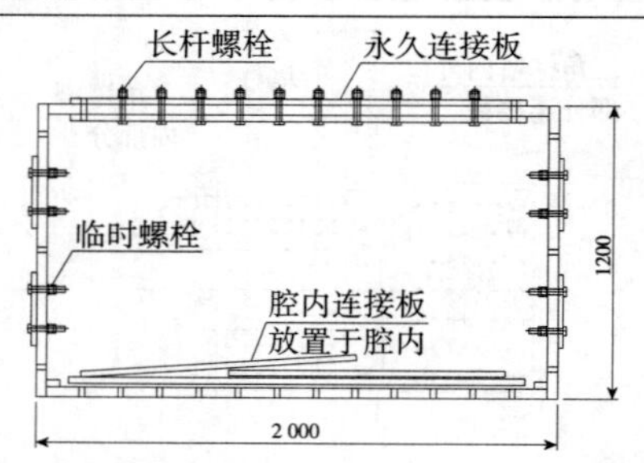

第五步：拆除上肢顶面长杆螺栓及临时连接板，绳头穿过腔壁顶面及腔内永久连接板浇筑孔（直径80mm），链条葫芦提升永久连接板到达安装位置，与腔壁点焊连接，塔吊吊装顶面腔外连接板到位，高强螺栓永久连接（下肢同）。

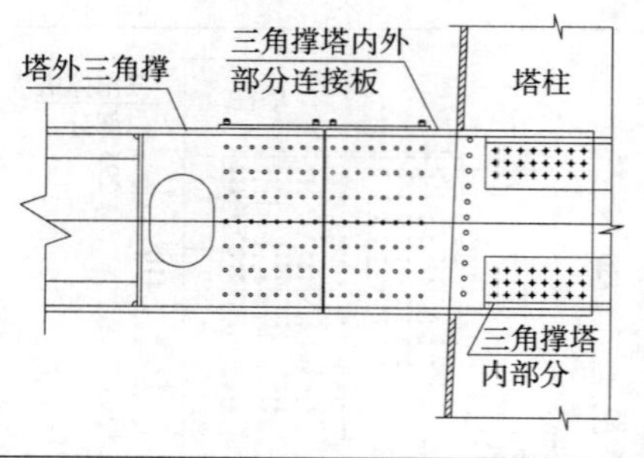

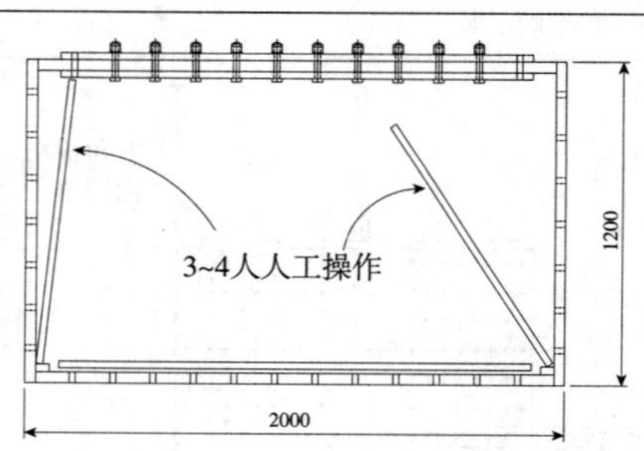

第六步：安装上肢左右侧腔内连接板，由于工作空间狭小且单块连接板重达272.78kg，需由3~4人在腔内同时操作，连接板到达安装位置后与内壁板点焊固定。

图 3.5-27

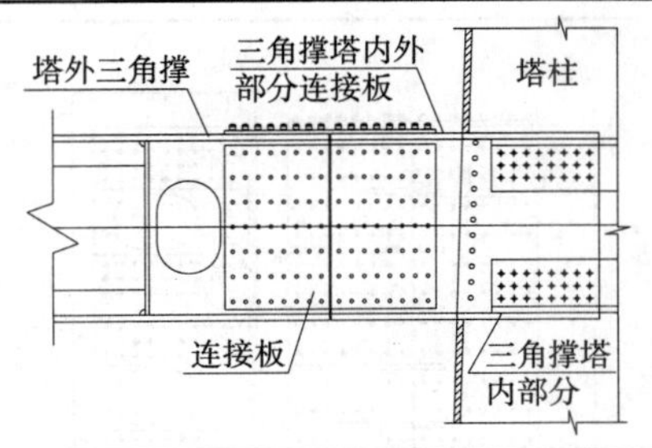

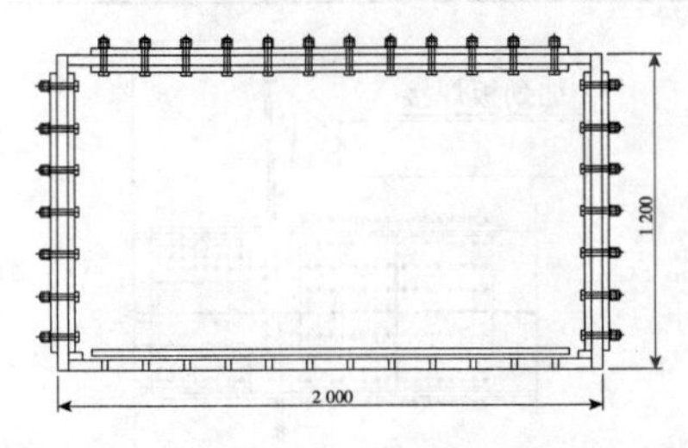

第七步：塔吊吊装上肢左右侧腔外连接板，首先用销轴定位，而后高强螺栓永久连接固定。下肢左右侧连接板等上肢安装完毕后安装，方法同上肢。

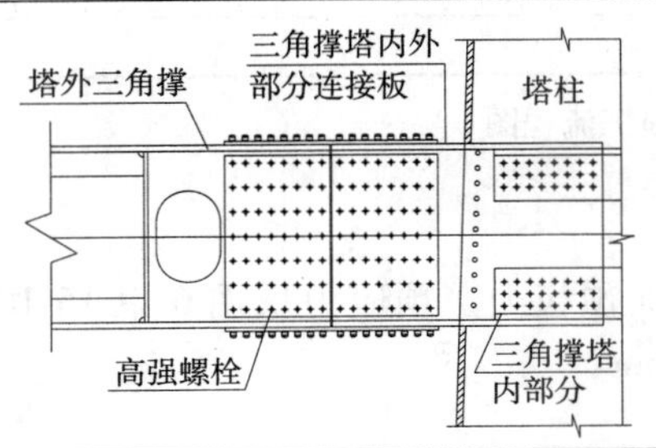

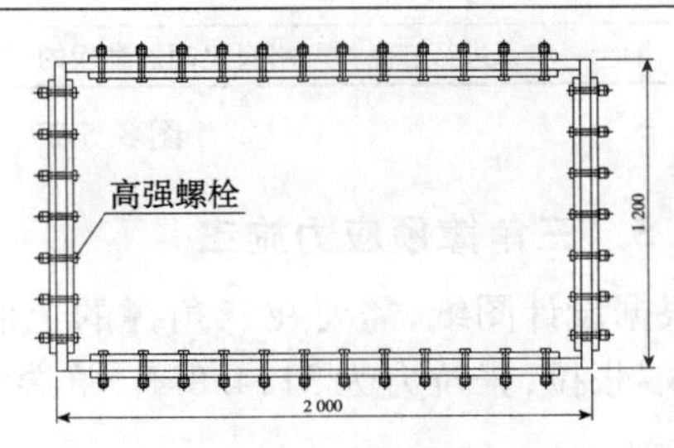

第八步：下侧连接板重427.6kg，且由于防腐要求不可施焊，采用托架陈放连接板，利用调位耳及预埋件挂设链条葫芦，起吊安装腔外下侧连接板。扭矩扳手按照设计预拉力拧紧所有螺栓，焊接腔内连接板位置剪力键。

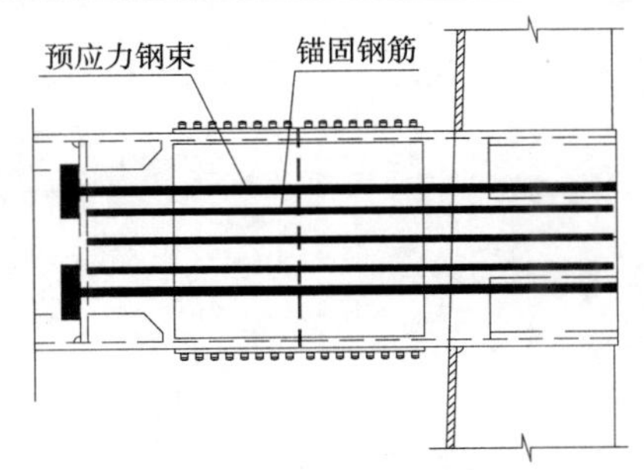

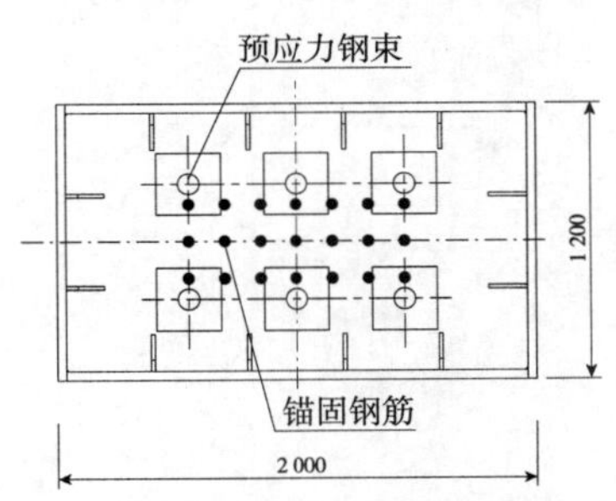

第九步：为防止波纹管上浮，间隔50cm固定预应力管道一次，图中所示锚固钢筋如与预应力管道冲突则适当调整锚固钢筋。补齐上下肢侧面临时人孔，经与监理商议此部分工作由武昌船舶重工有限责任公司完成。

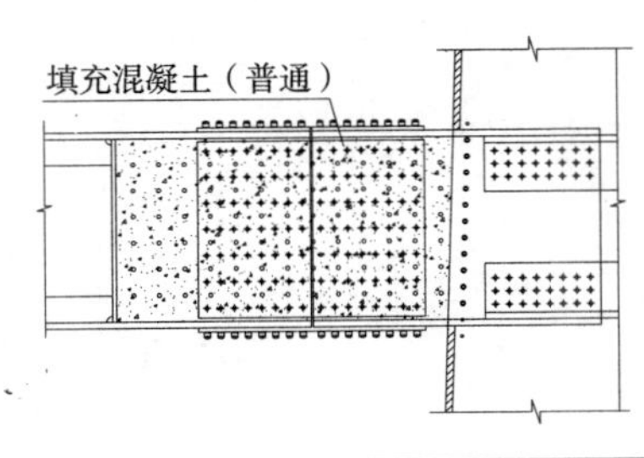

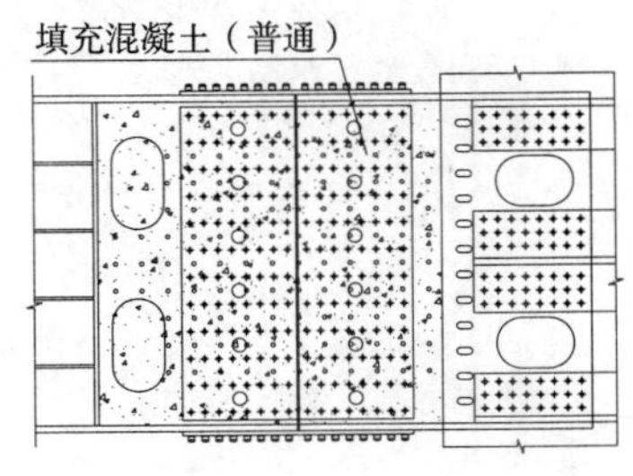

第十步：塔吊起吊料斗混凝土，进行三角撑预应力段腔内填充混凝土浇注，达到设计强度后进行预应力施工。

图 3.5-27

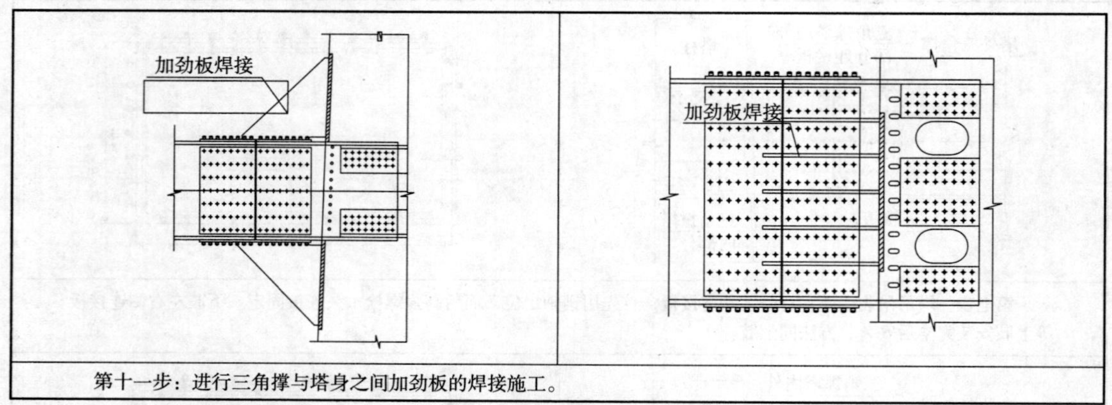

图 3.5-27　三角撑连接施工流程图

3.5.2.5　三角撑预应力施工

根据设计图纸,需要在三角撑的上肢空腔内增加预应力。预应力采用 6 束 15-16 型钢束,两端张拉,张拉力为 3124.8kN,单端引伸量 3.61cm。

第 4 章

钢箱梁的制造与安装

4.1 钢箱梁制造

4.1.1 钢箱梁概况

青岛胶州湾大桥大沽河航道桥为主跨 260m 的四跨连续独柱塔自锚式钢箱梁悬索桥,跨径布置为 80m + 190m + 260m + 80m,总长 610m,主跨及边跨为悬吊结构。桥梁立面线形为圆弧曲线,桥面横坡为 2%。全桥加劲梁为分离式双箱断面(图 4.1-1),全宽 47m,标准梁高 3.6m;两个分离钢箱梁之间用箱形横向连接箱加以连接,腹板及翼板的加劲连续并伸于两侧箱梁内,且吊索锚固于连接箱上,顺桥向标准间距为 12m,宽度为 3m;在主缆锚固区为整体式箱梁(图 4.1-2),整箱横向中间位置梁高增加到 8m,分为上下两层,上层梁高 3.7m,下层梁高 4.3m,主缆锚固构造为格构式全钢焊接结构,结构复杂,且板厚较大。设计单位将全桥加劲梁划分为 22 种、55 个制造梁段(图 4.1-3),其中分离式梁段 41 个,整体式梁段 14 个,分离式标准梁段重约为 315t,重量最大梁段为 I 段,重约 873t。

实际制造过程中根据吊装方案及运输条件对主缆锚固区整体式箱梁及塔下分离钢箱梁的制造分段、吊装分段划分进行了优化调整(图 4.1-4)。

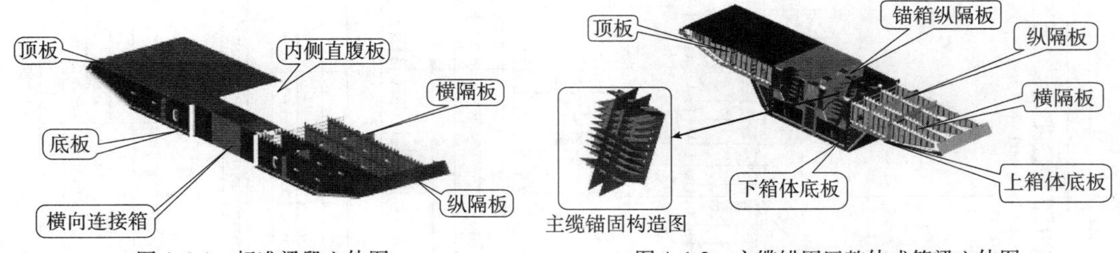

图 4.1-1　标准梁段立体图

图 4.1-2　主缆锚固区整体式箱梁立体图

立面

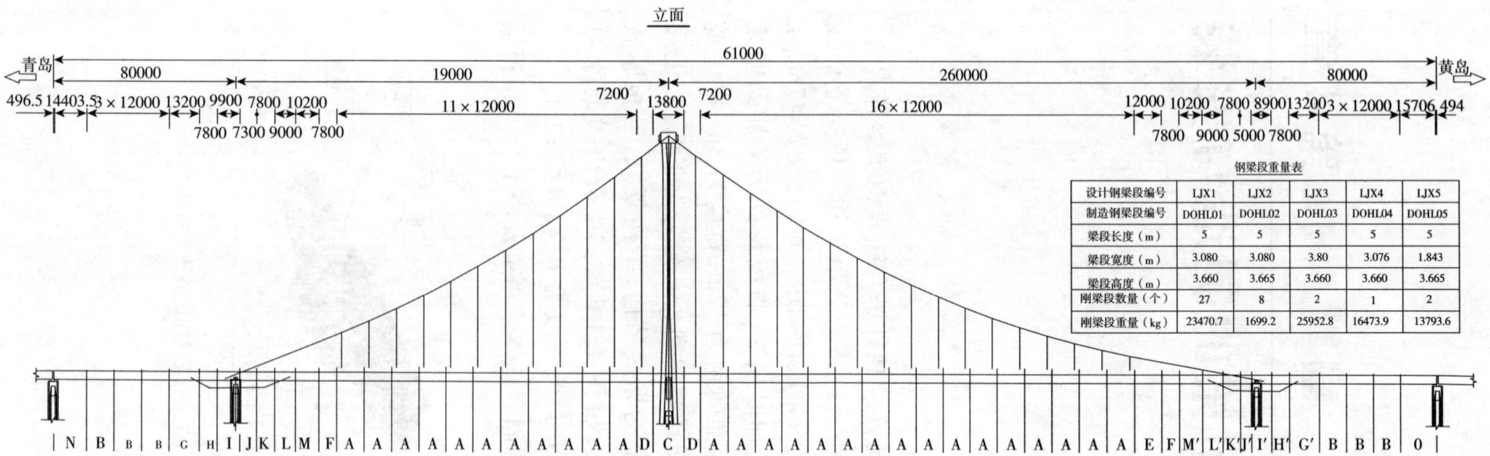

青岛 黄岛

61000

80000 19000 260000 80000

平面

钢梁段重量表

设计钢梁段编号	LJX1	LJX2	LJX3	LJX4	LJX5
制造钢梁段编号	DOHL01	DOHL02	DOHL03	DOHL04	DOHL05
梁段长度（m）	5	5	5	5	5
梁段宽度（m）	3.080	3.080	3.80	3.076	1.843
梁段高度（m）	3.660	3.665	3.660	3.660	3.665
刚梁段数量（个）	27	8	2	1	2
刚梁段重量（kg）	23470.7	1699.2	25952.8	16473.9	13793.6

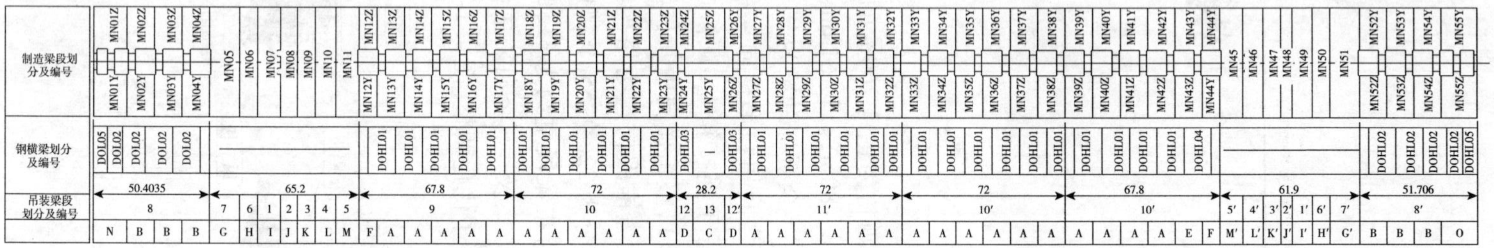

梁段划分表

梁段编号	A	B	C	D	E	F	G	G′	H	H′	I	I′	J	J′	K	K′	L	L′	M	M′	N	O
梁段长度（m）	12	12	13.8	7.2	12	7.8	13.2	13.2	7.8	7.8	9.9	8.9	7.3	5	7.8	7.8	9	9	10.2	10.2	14.4035	15.706
梁段高度（m）	3.6	3.6	3.6	3.6	3.6	3.6	5.362	5.362	8.045	8.045	8.045	8.045	8.045	8.045	8.045	8.045	4.924	4.924	3.6	3.6	3.6	3.6
梁段宽度（m）	47.412																					
梁段重量（kg）	340114	285780	374703	232663	323770	184584	541740	538519	415641	408054	824440	767792	480511	323148	426328	415638	417642	406765	402431	401445	397680	418480
梁段数量（个）	27	6	1	2	1	2	1	1	1	1	1	1	1	1	1	1	1	1	1	1	1	1

吊装梁段重量表（单位：t）

吊装梁段编号	1	2+3	4	5	6	7	8	9	10	12	13	1′	2′+3′	4′	5′	6′	7′	8′	9′	10′	11′	12′
梁段长度（m）	9.9	7.3+7.8=15.1	9	10.2	7.8	13.2	50.4035	67.8	72	7.2	13.8	8.9	7.8+5=12.8	9	10.2	7.8	13.2	51.706	67.8	72	72	7.2
梁段宽度（m）	47.412	47.412	47.412	47.412	47.412	47.412	21.206	21.206	21.206	21.206	21.206	47.412	47.412	47.412	47.412	47.412	47.412	21.206	21.206	21.206	21.206	21.206
梁段重量	824.44	480.51+426.33=90684	417.64	402.43	415.64	541.74	627.51	982.58	1020.34	232.66	374.70	767.79	323.15+415.64=738.79	406.77	401.45	408.05	538.52	637.91	934.54	1020.34	1020.34	232.66
梁段数量（个）	1	1	1	1	1	1	2	2	2	2	2	1	1	1	1	1	1	2	2	2	2	2

图 4.1-3

制造梁段划分示意

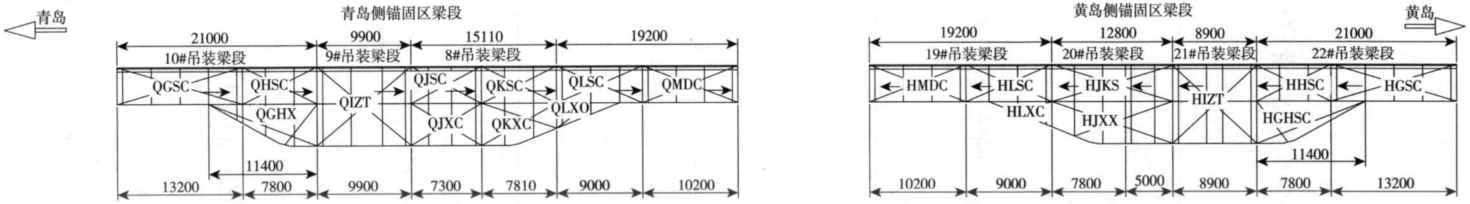

青岛侧锚固区梁段 / 黄岛侧锚固区梁段

制造梁段划分及编号

上层	QGSC	QHSC	QIZT	QJSC	QKSC	QLSC	QMDC	HMDC	HLSC	HJKS		HIZT	HISC	HGSC
下层		QGHX		QJXC	QKXC	QLXC			HLXC	HJKX			HGHX	
吊装梁段划分及编号	10#		9#	8#		7#		19#		20#		21#	22#	
设计梁段划分及编号	G	H	I	J	K	L	M	M′	L′	K′	J′	I′	H′	G′

梁段划分表

梁段编号	QGSC	QHSC	QIZT	QJSC	QKSC	QLSC	QMDC	QGHX	QJXC	QKXC	QLXC	HGSC	HHSC	HIZT	HJKS	HLSC	HMDC	HGHX	HJKX	HLXC
梁段长度(mm)	13200	7800	9900	7300	7810	9000	10200	11400	7300	7810	6600	13200	7800	8900	12800	9000	10200	11400	12800	6600
梁段宽度(mm)	47412	47412	47412	47412	47412	47412	47412	20738	20738	20738	13646	47412	47412	47412	47412	47412	47412	20730	20730	12346
梁段高度(mm)	3765	3765	8055	3765	3765	3765	3765	3215	4290	3509	2339	3765	3765	8055	3765	3765	3765	3215	4290	2339
梁段重量(kg)	508373	308408	813764	320 004	315296	365050	398337	129965	154029	104480	49746	507530	302967	759787	515734	358011	397457	126053	209728	40630
梁段数量(个)	1	1	1	1	1	1	1	1	1	1	1	1	1	1	1	1	1	1	1	1

安装梁段编号及重量

制造梁段编号	G	H	I	J	K	L	M	M′	L′	K′	J′	I′	H′	G′
安装梁段编号	10#		9#	8#		7#		19#		20#		21#	22#	
原设计梁段重量(kg)	541740	415641	824440	480511	426328	417642	402431	401445	406765	415638	323148	767792	408054	541740
原设计梁段长度(m)	13.2	7.8	9.9	7.3	7.8	9	10.2	10.2	9	7.8	5	8.9	7.8	13.2
安装梁段重量(kg)	9631		8268	9342		8276		8162		7651		7787	9527	
安装梁段长度(m)	21		9.9	15.1		19.2		19.2		12.8		8.9	21	

图4.1-4　标准梁段立体图

4.1.2 原材料、原材料复验与原材料管理

4.1.2.1 原材料

1)钢材

钢结构及其零件制造使用的钢材,其化学成分、力学性能等必须符合表4.1-1规定的标准和图纸要求。

钢材标准和图纸要求 表4.1-1

牌　号	标准名称	牌　号	标准名称
Q345D	低合金高强度钢	碳素钢	碳素结构钢
Q390D	低合金高强度钢	40Cr	合金结构钢

2)焊材

(1)焊接材料的种类和型号根据焊接工艺评定试验结果确定,且必须与母材匹配。

(2)选定焊接材料时按表4.1-2的规定。

焊接材料标准 表4.1-2

焊接材料名称	标　准	标准号
手工电弧焊焊条	碳钢焊条	GB/T 5117—1995
	低合金钢焊条	GB/T 5118—1995
埋弧焊丝	熔化焊用钢丝	GB/T 14957—1994
气体保护焊丝	气体保护焊用钢丝	GB/T 14958—1994
CO_2 焊丝	气体保护电弧焊用碳钢、低合金钢焊丝	GB/T 8110—1995
焊剂	碳素钢埋弧焊用焊剂	GB/T 5293—1999
	低合金钢埋弧焊用焊剂	GB/T 12470—2003

3)高强度螺栓连接副

高强度螺栓、螺母及垫圈必须有按批提供的出厂质量保证书。

按工程进度,确保在6个月保质期内使用的要求,分批配套供货。

4.1.2.2 原材料复验

1)钢材的复验

钢材到货预处理前应按以下内容复查或验收,并做好检查记录备查。

(1)除应有出厂质量证明书外,还应按钢材复验标准进行抽检复验,按同一厂家、同一材质、同一板厚、同一出厂状态每10个炉(批)号抽检一组试件,做好复验检查记录。

(2)钢材的化学成分、力学性能等必须符合相关国家标准和图纸要求。每批钢材的检验项目、取样数量、取样部位及试验方法应符合有关规范的规定。

30mm(含30mm)厚度以下钢板的屈服强度Q345D和Q390D的技术标准应符合《低合金高强度钢》(GB/T 1591—1994)的相关要求。

(3)全部钢板均须用夏比试件进行冲击韧性试验,Q345D和Q390D在-20℃下冲击功不小于34J;180°冷弯试验,厚度≤16mm时,弯心直径$d=2a$(a为板厚),板厚>16mm时,d

=3a,要求不裂。

(4)主缆锚固构造中厚50mm的传力纵隔板采用Z向性能钢板,应符合国家标准GB 5313—85《厚度方向性能钢板》中的Z25级;

厚度≥30mm的钢板应按照《厚钢板超声波检验方法》(GB/T 2970—2004)标准逐张进行超声波探伤,要求达到Ⅱ级。

(5)碳当量根据出厂证明书记载的化学成分含量或制造厂抽检得到的化学成分的含量,用下式计算:

$$C_{eq}(\%) = C + Mn/6 + Si/24 + Ni/40 + Cr/5 + Mo/4 + V/14$$

(6)钢材表面锈蚀等级应符合《涂装前钢材表面锈蚀等级和除锈等级》(GB 8923—88)规定的A、B、C级。

(7)当钢材表面有锈蚀、麻点或划痕等缺陷时,其深度不得大于该钢材厚度允许负偏差值的1/2。

(8)钢板厚度a的偏差应符合《热轧钢板和钢带的尺寸、外形、重量及允许偏差》(GB/T 709—1988)的规定。

(9)制作U形肋的钢板,冷加工制作时U形肋外缘不得有裂纹,否则应采取热煨。

2)焊接材料的复验

焊接材料除应有生产厂家提供的出厂质量证明外,对所有不同批号的焊接材料还应进行首批抽样复验,其机械性能及化学成分应达到表4.1-3中相关标准的规定,并做好复验检查记录。

焊接材料复验标准 表4.1-3

焊材名称	用途	标准	标准号
焊条			GB/T 5117—1995
焊条	低合金钢	低合金钢焊条	GB/T 5118—1995
焊丝	碳素钢、合金钢	熔化焊用钢丝	GB/T 14957—1994
焊丝		气体保护焊用钢丝	GB/T 14958—1994
焊丝	碳素钢、低合金钢	气体保护焊用碳钢、低合金钢焊丝	GB/T 8110—1995
焊剂	碳素钢	碳素钢埋弧焊用焊剂	GB/T 5293—1985
焊剂	低合金钢	低合金钢埋弧焊用焊剂	GB/T 12470－2003

3)高强度螺栓连接副的复验

除应有生产厂家的出厂质量证明书外,还应按表4.1-4中所列标准进行复验。

复验标准 表4.1-4

序号	标准	标准号
1	钢结构用高强度大六角头螺栓	GB/T 1228—2006
2	钢结构用高强度大六角螺母	GB/T 1229—2006
3	钢结构用高强度垫圈	GB/T 1230—2006
4	钢结构用高强度大六角头螺栓、大六角螺母、垫圈技术条件	GB/T 1231—2006

4)涂装材料的复验

涂装材料进厂时,应验证生产厂家的出厂质量证明,对每批涂装材料取样进行复验,复验结果不低于生产厂家质量证明书上的性能指标为合格,复验合格后投入使用,并做好复验检查记录备查。

4.1.2.3 原材料管理

为确保材料进厂后在材料复验、入库、存放等环节中全过程受控,所有参与物资供应的人员严格按质量体系程序文件要求执行,全面履行各自职责。

4.1.3 技术准备

在认真研究并消化技术文件及设计施工图的基础上,对设计施工图进行工艺性复核,编制钢结构施工工艺文件,进行工艺试验,绘制施工图纸,制定作业指导书,设计专用设备及工装,保证钢结构制造工作顺利进行。

4.1.3.1 图纸转化

根据设计院提供的设计施工图和技术要求及相关的标准、规范,进行钢结构的三维放样,以获得各构件的准确数据,并完成施工图纸转化工作。

4.1.3.2 工艺评定

钢结构制造前按相关要求进行焊接工艺评定、切割工艺评定、涂装工艺评定及抗滑移系数试验、主梁检查车运行试验。在监理工程师的旁站监督下完成工艺评定试验工作,其中焊接工艺评定报业主并组织专家组评审,其他报业主备查。工艺评定试验通过后,根据工艺评定结果制定焊接、切割和涂装施工等工艺规程。

4.1.3.3 焊接工艺评定试验

(1)焊接工艺评定试板的材质应与产品的材质一致,根据材料化学成分 C、S、P 的含量,选用偏上限者进行试验。

(2)焊接工艺评定试验中对焊接坡口、根部间隙等参数模拟实际工况中可能的极限值,以使焊接工艺评定试验的结果具有广泛代表性。

(3)对涂有车间底漆的试板应进行焊接工艺性试验,焊接缺陷应在规定允许范围之内。试板焊接如图 4.1-5 所示。

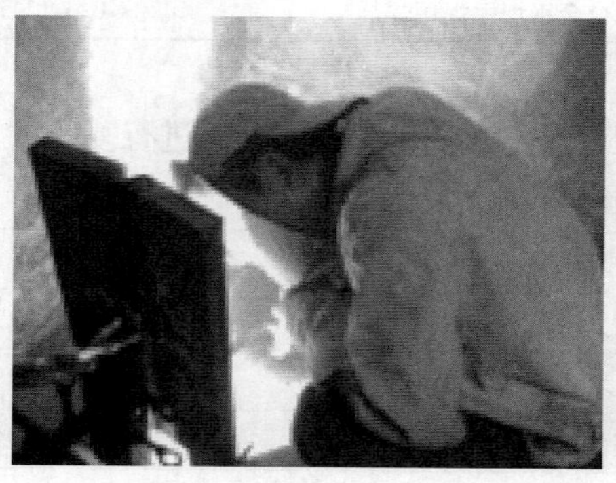

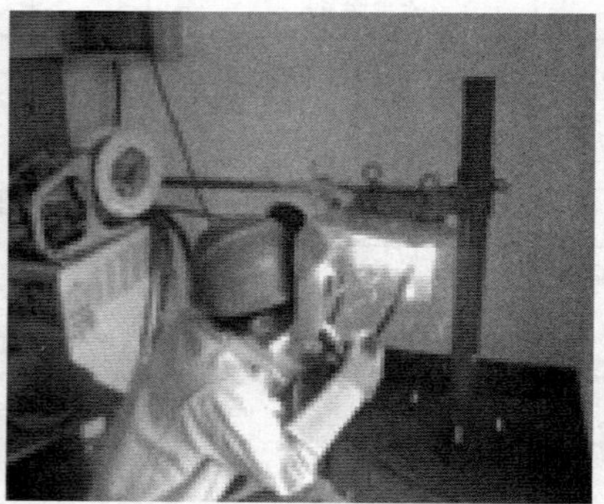

图 4.1-5 焊接工艺评定——试板焊接

(4)焊接工艺评定试验通过后,根据工艺评定结果制定焊接工艺规程及板焊接作业指导书(表4.1-5)。

焊接作业指导书 表4.1-5

<table>
<tr><td colspan="5">焊接作业指导书(节选)</td><td colspan="4">青鸟海湾大桥大洁河航道桥钢箱梁加工与制造</td><td colspan="3">评定执行标准:TB10212—98</td></tr>
<tr><td colspan="5">对应工艺评定:EJ10/25-1</td><td colspan="4">焊工资质:CCS CO_2 焊Ⅰ级资格</td><td colspan="3">焊接设备:CO_2 气保焊500型焊机</td></tr>
<tr><td colspan="5">母材材质:Q345D</td><td colspan="4">焊接方法:CO_2 自动焊</td><td colspan="3">焊缝要求:熔透深度≥80% 角接焊缝</td></tr>
<tr><td colspan="5">母材规格:δ=10mm、25mm</td><td colspan="4">适用部位:U肋与顶板、底板坡口角焊缝</td><td colspan="3">接头类型:坡口角接</td></tr>
<tr><td colspan="7">坡口形式+装配形式:</td><td colspan="5">焊道次序+焊道布置:</td></tr>
<tr><td rowspan="4">焊接规范</td><td rowspan="2">焊接层次</td><td rowspan="2">工位</td><td rowspan="2">方位</td><td colspan="4">焊接材料</td><td rowspan="2">极性 AC/DC</td><td rowspan="2">焊接电流(A)</td><td rowspan="2">焊接电压(V)</td><td rowspan="2">焊接速度(mm/min)</td></tr>
<tr><td>规格</td><td>焊丝</td><td>焊剂</td><td>符合标准</td></tr>
<tr><td>1</td><td>亚船形</td><td>135</td><td>ϕ1.2</td><td>RM-52</td><td>—</td><td>GB/T8110-1995</td><td>DC反接</td><td>260~280</td><td>32~33</td><td>310~320</td></tr>
<tr><td>2</td><td>亚船形</td><td>136</td><td>ϕ1.2</td><td>AT-YJ502Q</td><td>—</td><td>GB/T10045-2001</td><td>DC反接</td><td>260~280</td><td>35~36</td><td>370~380</td></tr>
<tr><td>内部质量</td><td colspan="11">100% MT,Ⅰ级合格,探伤范围为抽取每条焊缝两端及中间各1m,详见《焊缝无损检验清册》WSD711L·2000003Q</td></tr>
</table>

4.1.3.4 切割工艺评定试验

1)切割工艺评定试验程序

(1)编制工艺文件

根据板厚范围及钢板材质,编制切割工艺评定清册,确定评定项目、试板厚度、试板材质、切割方法、硬度试验和执行标准及评定检验等要求。

根据切割工艺评定清册编制切割工艺评定试验作业指导书,规定切割设备及切割操作的基本技术要求,切割参数(等离子切割参数包括切割电流、弧压、切割速度、割炬高度、保护气体的比例、切割气体的比例、冷却水的比例等,火焰切割参数包括氧气压力、乙炔压力、切割速度、割具型号)等。

(2)切割试验

根据切割工艺评定清册和切割工艺评定试验作业指导书的要求进行切割,在切割过程中按标准表格做好相关记录,作为分析问题及切割工艺评定报告的依据。

(3)割缝检验

对割缝进行检验,切割面无裂纹和其他危害永久性结构使用性能的缺陷,评定合格后进行硬度试验。

(4)硬度试验

根据切割工艺评定清册规定的试验标准进行试验,局部硬度不超过HV350。

(5)试验评定及编制切割工艺评定报告

根据切割工艺评定清册的要求,评定硬度试验报告,根据切割试验记录、硬度试验报告及相关的母材材质证明,填写切割工艺评定报告。

2)切割工艺评定的相关要求

(1)工艺评定采用涂有同样的车间底漆的试板。试板漆膜厚度应比规定厚度增大一倍,切割缺陷应在规定允许范围之内。

(2)进行切割工艺评定的试件,根据不同的板厚所涵盖的范围按技术要求进行,工艺评定试验结果所对应的适用范围见表4.1-6。

工艺评定试验结果所对应的适用范围 表4.1-6

切割工艺评定试件的板厚(mm)	工艺评定结果所对应的适用范围 δ(mm)	切割工艺评定试件的板厚(mm)	工艺评定结果所对应的适用范围 δ(mm)
20	$6<\delta\leq20$	$\delta>40$mm	按每5mm为一级
40	$20<\delta\leq40$		

3)火焰切割试件实验,应验证制作工作的热量控制技术并保证:

(1)火焰切割面无裂纹;

(2)局部硬度不超过HV(10)350;

(3)不呈现其他危害永久性结构使用性能的缺陷。

(4)焰切割的边缘应打磨或用机加工法除去明显的焰切痕迹线。

4)气割切割零部件边缘允许偏差规定值为:

精密气割边缘: ±1.0mm

自动或半自动气割边缘: ±1.5mm

手工气割边缘: ±2.0mm

5)精密切割边缘表面质量应符合表4.1-7之规定。自动、半自动手工切割边缘表面质量应符合表4.1-8的规定。

精密切割边缘表面质量要求 表4.1-7

等级 / 项目	1 用于主要零部件	2 用于次要零部件	附注
表面粗糙度 *Ra*	25μm	50μm	GB/T 1031—1995用样板检测
崩坑	不允许	1m长度内,容许有一处1mm	超限应修补,按焊接有关规定
塌角	圆角半径≤0.5mm		
切割面垂直度	≤0.05t,且不大于2.0mm		t为钢板厚度
熔渣	块状的熔渣虽有散布附着现象,但不残留,易清除		

自动、半自动、手工气割边缘表面质量 表4.1-8

类别	项目		标准范围(mm)	允许极限(mm)
构件自由边	次要构件	手工气割	0.50	1.00
焊接接缝边		手工气割	0.80	1.50

4.1.3.5 重要专用工装设备

(1)电动气压式板单元U形肋装配机如图4.1-6所示。

(2)液压式板单元反变形角焊摇摆胎架,如图4.1-7所示。

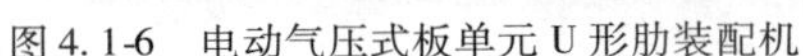
图4.1-6 电动气压式板单元U形肋装配机

图4.1-7 液压式板单元反变形角焊摇摆胎架

(3)龙门U形肋多头CO_2自动焊接机,如图4.1-8所示。

图4.1-8 龙门U形肋多头CO_2自动焊接机

4.1.4 制造工艺概述

根据大沽河航道桥的结构特点,结合类似桥梁的制作经验,该桥钢箱梁制作分为单元件制作、梁段组装及预拼装、钢箱梁运输及工地安装焊接三个阶段。

1)将钢箱梁分段分解成顶、底板单元件,横隔板单元件,纵隔板单元件,吊索锚箱单元件,主缆锚固结构单元件等,单元件在生产线上制作。

2)单元件在专用组装胎架上组装成制造分段,专用胎架长度按不少于5个梁段长度设置,采取不少于"4+1"的匹配形式进行匹配组装,组装合格的梁段进行逐段涂装。

(1)分离式双箱梁段

分离式双箱梁段采取"4+1"匹配组装成制造分段后,逐段涂装,涂装合格后采用"6+1"方式在专用调节钢墩上进行吊装梁段组拼。

(2)整体式单箱梁段

按图 4.1-5 中梁段划分,主缆锚固节段 I(QIZT)及 I′(HIZT)由于受主缆锚固结构的限制,按整体制造工艺进行,其余节段分上下层,单层分别匹配组装,运至青岛后双拼成吊装梁段。

3)梁段移运及装船

分离式双箱梁段的制造分段由 320t 平板车移运,吊装总段采用多台船台液压小车轨道移运,滚装装船。

整体式单箱梁段中主缆锚固节段采用江海联运直接运至桥址,其他整体式单箱梁段运至组拼场地双拼成吊装梁段后运至桥址,卸、装船由用于混凝土预制梁制造的 1200t 提梁机进行。分离式双箱梁段直接运至桥址。配合吊装单位将梁段及横向连接箱按从主塔向两边的顺序吊装到位,进行临时连接,经调整线型后,从主塔开始依次向两边推进,完成全桥工地焊接工作。

4.1.5 施工采用的规范及标准

JTJ 041—2000 公路桥涵施工技术规范

TB 10212—98 铁路钢桥制造规范

TB/T 1527—2004 铁路钢桥保护涂装

GB/T 700—2006 碳素结构钢

GB/T 1591—1994 低合金高强度结构钢

GB/T 3077—1988 合金结构钢技术条件

GB/T 2970—2004 厚钢板超声波检验方法

GB/T 5782—2000 六角头螺栓

GB/T 1228—2006 钢结构用高强度大六角头螺栓

GB/T 1229—2006 钢结构用高强度大六角螺母

GB/T 1230—2006 钢结构用高强度垫圈

GB/T 1231—2006 钢结构用高强度大六角头螺栓、大六角螺母、垫圈技术条件

GB 709—88 热轧钢板和钢带的尺寸、外形、重量及允许偏差

GB/T 5117—1995 碳钢焊条

GB/T 5118—1995 低合金钢焊条

GB/T 14957—1994 熔化焊用钢丝

GB/T 14958—1994 气体保护焊用钢丝

GB/T 8110—1995 气体保护电弧焊用碳钢、低合金钢焊丝

GB/T 5293—1999 埋弧焊用碳钢焊丝和焊剂

GB/T 12470—2003 埋弧焊用低合金钢焊丝和焊剂

GB/T 10433—2002 电弧螺柱焊用圆柱头焊钉

TB 1558—84 对接焊缝超声波探伤

GB 11345—1989 钢焊缝手工超声波探伤方法和探伤结果分级

GB/T 3323—1987 钢熔化焊对接接头射线照相和质量分级

GB/T 8923—1988 涂装前钢材表面锈蚀等级和除锈等级

GB/T 985—1988 气焊、手工电弧焊及气体保护电弧焊焊缝坡口的基本形式和尺寸

GB/T 986—1988 埋弧焊焊缝坡口的基本形式和尺寸

JB 3223—83 焊接材料质量管理规程

GB/T 1031—1995 表面粗糙度参数及其数值

4.1.6 准备工序

4.1.6.1 钢材矫正、预处理

所有钢材经复验合格后转入预处理工序。预处理流水线见图4.1-10。

4.1.6.2 钢板矫平

钢板在预处理前，根据不同的板厚分别采用九辊和十一辊矫平机进行矫平保证钢板平面度，消除钢板轧制内应力。

4.1.6.3 钢材预处理

钢板、各种型材在钢材预处理流水线（图4.1-9）上完成抛丸处理将表面油污、氧化皮和铁锈以及灰尘等杂物清除干净并喷涂车间底漆工作，除锈等级Sa2.5级，其表面粗糙度 Rz 40～80μm。喷涂车间底漆一度，漆膜厚度符合图纸要求。

4.1.6.4 零件放样及下料

1）放样

（1）采用三维放样技术（图4.1-10），对钢箱梁各构件进行准确放样，绘制各构件零件详图，作为绘制下料套料图及数控编程的依据。

（2）放样时按工艺要求预留制作和安装焊接收缩补偿量、加工余量及线形调整量。

2）下料

（1）号料前核对钢材的牌号、规格、材质等相关资料，检查钢材表面质量。

图4.1-9 预处理流水线

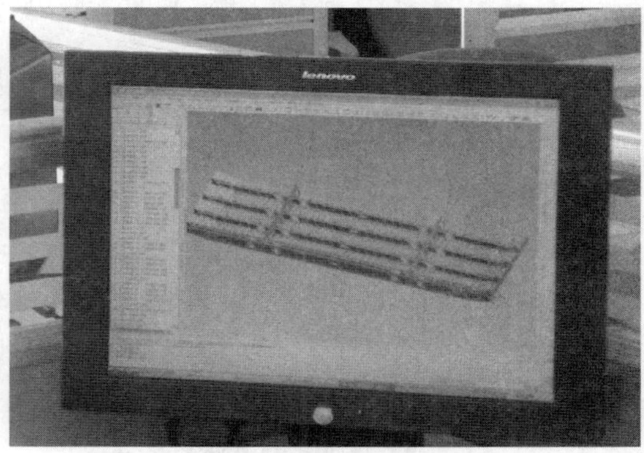

图4.1-10 三维建模

（2）号料严格按工艺套料图进行，保证主要构件受力方向与钢材轧制方向一致。钢板及大型零件的起吊转运采用磁力吊具，U形肋、扁钢加劲板等采用专用吊具起吊，保证钢板及下料后零件的平整度。

(3)钢板采用等离子或火焰切割下料,主要设备有澳大利亚 FABRICATOR 3500 型门式数控钻割机(图 4.1-11)、德国梅塞尔 6500 数控等离子—氧乙炔多头切割机(图 4.1-12)、CNC－4A 门式数控切割机、LC－3.0－8 门式自动多头切割机、华联 DS2－700D 数控火焰切割机(图 4.1-13)、激光切割机(图 4.1-14)、半自动切割机等。

图 4.1-11　3500 型门式数控钻割机

图 4.1-12　数控等离子—氧乙炔多头切割机

图 4.1-13　华联 DS2－700D 数控火焰切割机

图 4.1-14　激光切割机

(4)各零件下料设备的配置见表4.1-9。

零件下料设备的配置表　　表4.1-9

设备＼零件	顶板、底板上下斜腹板	横隔板上下连接板	纵肋横隔板加筋	其他异形零件	焊接坡口
FABRICATOR 3500型数控钻割机	√	√		√	
梅塞尔6500型数控等离子—氧乙炔多头切割机	√	√		√	
华联DS2-700D数控火焰切割机	√	√		√	
CNC-4A门式数控切割机	√	√		√	
LC-3.0-8门式自动多头切割机			√		
半自动切割机			√		√

(5)U形肋采用仿形轨道自动切割机进行切割(图4.1-15)。

图4.1-15　U形肋仿形轨道自动切割机

(6)精密切割零部件边缘允许偏差±1.0mm。精密切割精度要求见表4.1-10。

精密切割精度要求　　表4.1-10

项目＼等级	1 用于主要部件	2 用于次要部件	附注
表面粗糙度 Ra	25μm	50μm	GB/T 1031—1995用样板检测
崩坑	不允许	1m长度内，容许有一处1mm	超限应修补，按焊接有关规定
塌角	圆角半径≤0.5mm		
切割面垂直度	≤0.05t，且不大于2.0mm		t为钢板厚度
长度	±1mm		
宽度	±1mm		
对角线差	2mm		
直线度	≤2mm		
型钢端头垂直度	≤2mm		

4.1.6.5 零件加工及矫正

1)零件加工

(1)横隔板人孔及管线孔加劲圈用三芯辊或油压机加工成型;冷弯曲加工作业均在车间内进行,环境温度不低于 -5℃;内侧弯曲半径不小于板厚的15倍,否则采用热煨工艺,热煨温度控制在900~1000℃之间;

(2)锚箱座板的索孔采用镗床加工,坡口采用刨床加工;

(3)过渡坡口和板边加工采用刨边机加工或精密切割。

2)矫正

(1)钢板采用九辊和十一辊矫平机进行矫平;

(2)切割后的零件,由于受热不均引起的变形,采取在4000kN或13000kN油压机上矫平,矫平时,环境温度不宜低于 -5℃;

(3)当采取热矫时,其加热温度应控制在600~800℃,严禁过烧;矫正后零件温度降至室温前应缓慢冷却,不允许锤击钢材或用水急冷;

(4)零件单元件的矫正允许偏应满足有关规范及招标文件的规定。现场施工如图4.1-16所示。

图4.1-16 单元件矫正

4.1.7 钢箱梁节段及单元件划分

根据钢箱梁结构形式对梁段进行单元件划分。梁段结构形式如图4.1-1和图4.1-2所示,双箱分离式标准箱梁梁段单元件划分见图4.1-17;主缆锚固区整体式箱梁梁段单元件划分见图4.1-18。

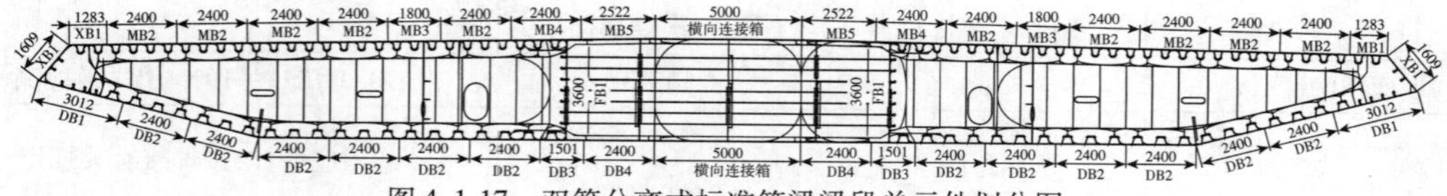

图4.1-17 双箱分离式标准箱梁梁段单元件划分图

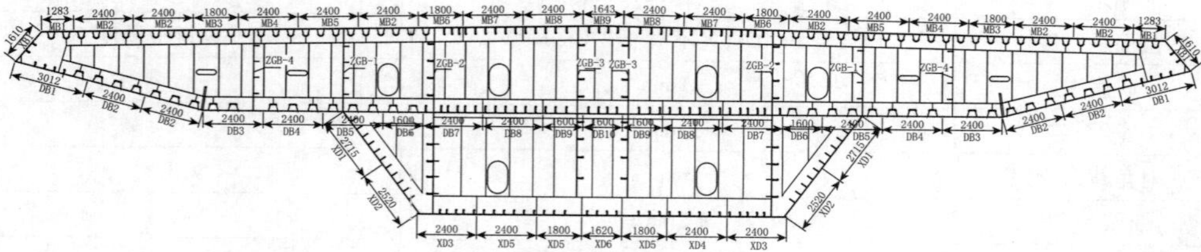

图4.1-18 主缆锚固区整体式箱梁梁段单元件划分图

4.1.8 钢箱梁单元件制造

4.1.8.1 U 形加劲肋的制造

U 肋加工制造工艺流程如图 4.1-19 所示，U 形肋制作允许偏差见表 4.1-11。

U 肋加工制造工艺流程为：板材拉条下料→二次矫平→端头及纵边同时铣边→铣或刨坡口→U 肋折弯成型

a)

b)

c)

d)

e)

图 4.1-19 U 肋加工制造工艺流程

a）板材拉条下料；b）矫平；c）端头及纵边同时铣边；d）刨坡口；e）U 肋折弯成型

U 形肋制作允许偏差 表 4.1-11

零件	名称	简图	说明	允许偏差
U形肋	U 形肋角度	39°		±2°
U形肋	U 形肋尺寸	B b H	B	±2
			b	±1.5
			H	±2
			四角不平度	≤3

4.1.8.2 板单元件的制造

板单元制造的主要工序为：钢板预处理→下料→U 形肋（加劲肋）制造及装配→板单元组装→反变形焊接→矫正→组焊齿形板。

1）普通板单元件制造工艺流程（图 4.1-20）

（1）检查来料（零件号、外形尺寸、对角线、坡口、材质及炉批号）。

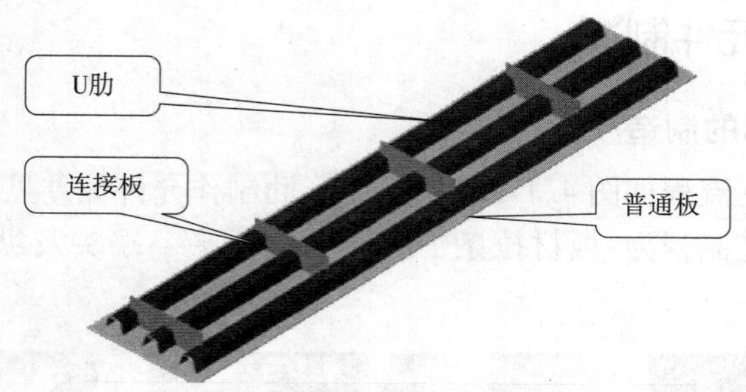

图 4.1-20 普通板单元件图

(2)在专用划线平台上划线(图 4.1-21a)。划线平台上设有自动对位装置,板材自动对位后,按平台上的标记点配合测量钢带绘制单元件纵横向定位线、结构装配检查线及端口检查线。

(3)U 形肋在汽动 U 形肋装配机上进行无马装配(图 4.1-21b)。将面板吊上 U 形肋装配机装配平台上,用定位装置自动对中固定,摆放 U 形肋,并将端头对齐。U 形肋装配机从 U 形肋一端向另一端进行装配。

(4)单元件置于液压反变形角焊摇摆胎架上焊接(图 4.1-21c)。启动液压系统,推动夹具使板单元件预变形;推动胎架摇摆,使 U 肋与顶底板的焊缝处于最佳位置。用 CO_2 自动焊机进行焊接,焊接完成降至环境温度后松开反变形夹具。

(5)单元件矫正。检查单元件平面度,局部采用火焰矫正,矫正温度控制在 600 ~ 800℃,自然冷却,严禁过烧、锤击和水冷。

(6)对线装焊连接板。按划线位置装配连接板,测量连接板与面板垂直度及与面板、U 形肋的装配间隙,并对连接板与面板及 U 形肋角焊缝进行施焊。

(7)将单元件吊到专用检验平台上,检查单元件长度、宽度、对角线差、焊接质量和平面度等。合格单元件标记后转入存放。

图 4.1-21 单元件制作

a)专用划线平台;b)U 形肋在汽动 U 形肋装配机上进行无马装配;
c)单元件置于液压反变形角焊摇摆胎架上焊接

2)横隔板单元件制造工艺流程

横隔板单元件结构示意图见图 4.1-22。

(1)零件在激光切割机上下料

(2)检查来料(零件号、外形尺寸、对角线、坡口、材质及炉批号)。

(3)在横隔板专用装焊胎架上划线,胎架周边设有各加劲板位置线标记。采用磁力吊将板材吊上胎架,调整定位好后,周边用夹具将其与胎架固定,再按各标记点连线绘制加劲肋

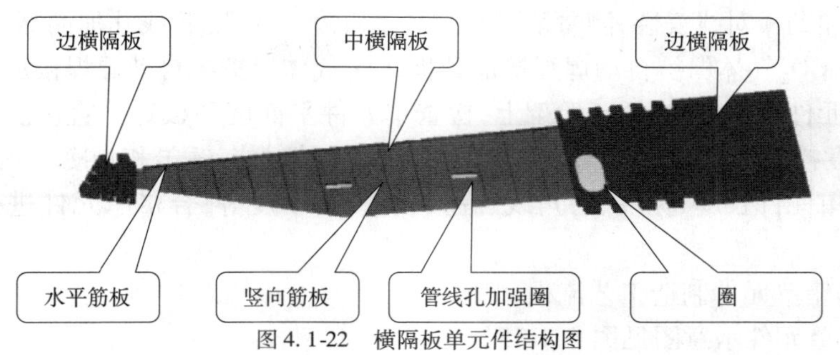

图 4.1-22 横隔板单元件结构图

装配线和单元件定位线、检查线。

(4)在预置反变形的专用胎架上(图 4.1-23)对合结构定位线安装竖向加劲板,测量装配间隙和垂直度。采用 CO_2 气体保护自动焊从中间向两边对称焊接。

图 4.1-23 反变形胎架上装焊加劲板

(5)横向加劲板对线安装,测量装配间隙和垂直度。人孔、管线孔加筋圈分两段装配,贴紧孔边。CO_2 气体保护半自动焊焊接加劲圈。

(6)将单元件置于检验、矫正胎架上,检查单元件平面度和板边平直度。如变形超差采用火焰矫正,矫正温度控制在 600~800℃之间,自然冷却,严禁过烧、锤击和水冷。

(7)检查单元件长度、宽度、对角线、焊接质量、不平度等,合格单元件进行标识后转入存放。

3)纵隔板单元件制造工艺流程

纵隔板单元件结构示意图见图 4.1-24。

(1)零件在激光切割机上下。

(2)检查来料(零件号、外形尺寸、对角线、坡口、材质及炉批号)。

(3)在横隔板专用装焊胎架上划线,胎架周边设有各加劲板位置线标记。采用磁力吊将板材吊上胎架,调整定位好后,周边用夹具将其与胎架固定,再按各标记点连线绘制加劲肋装配线和单元件定位线、检查线。

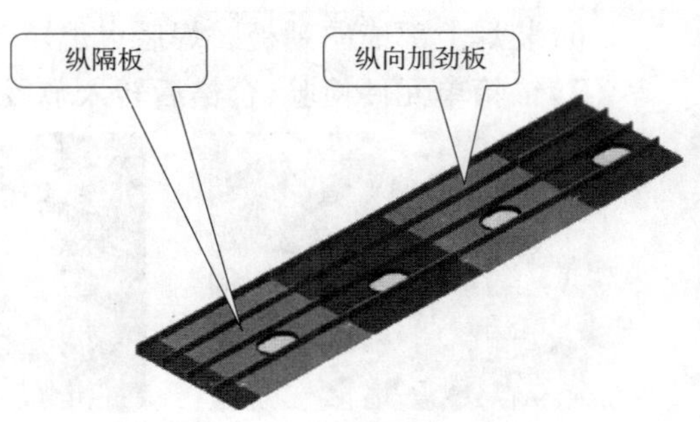

图 4.1-24 纵隔板单元件结构图

(4)纵向加劲板对线安装，测量装配间隙和垂直度。人孔、管线孔加筋圈分两段装配，贴紧孔边。采用 CO_2 气体保护自动焊焊接加劲板，CO_2 气体保护半自动焊焊接加劲圈。

(5)将单元件置于检验、矫正胎架上，检查单元件平面度和板边平直度。变形采用火焰矫正，矫正温度控制在 600 ~ 800℃之间，自然冷却，严禁过烧、锤击和水冷。

(6)检查单元件长度、宽度、对角线、焊接质量、不平度等，合格单元件进行标识后转入存放。

4)吊索锚箱单元件制造工艺流程

吊索锚箱单元件示意图见图 4.1-25。

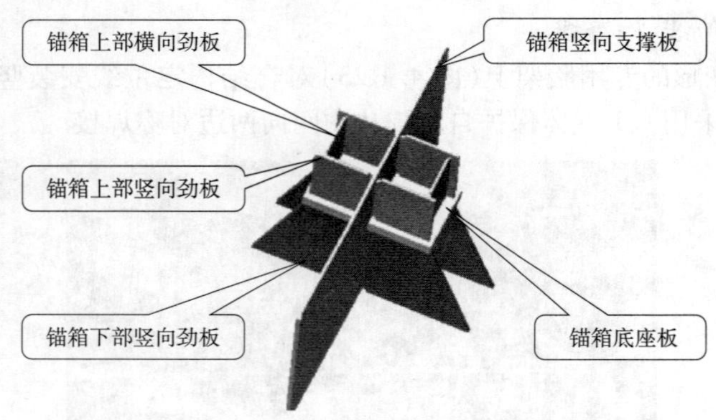

图 4.1-25　吊索锚箱单元件结构图

(1)检查来料(零件号、尺寸、坡口)。

(2)竖向支撑板上开孔采用数控精密切割，在胎架上固定画出结构定位线。

(3)锚箱承锚板孔采用镗床加工，装焊承锚板(图 4.1-26a)，CO_2 气体保护半自动透焊焊接，报检合格后转下道工序。

(4)装焊下部竖向劲板(图 4.1-26b)CO_2 气体保护半自动透焊焊接，焊后火焰矫正。报检合格后转下道工序。

(5)装焊上部竖向劲板。保证其与底座板的垂直度要求；CO_2 气体保护半自动透焊焊接，先焊接立焊缝，后焊接平角焊缝，分散对称施焊。焊接上部竖向劲板采用相应工装，防止其尾部焊接变形致使横向劲板无法安装定位。

(6)装焊上部横向劲板。焊后火焰矫正。

(7)锚箱单元件检验，合格后转入节段总拼(图 4.1-26c)。

a)

b)

c)

图 4.1-27　吊索锚箱单元件装焊

a）焊承锚板；b）下部竖向劲板；c）节段总拼

5)主缆锚固构造单元件制造工艺流程

主缆锚固构造单元件示意图见图4.1-27。

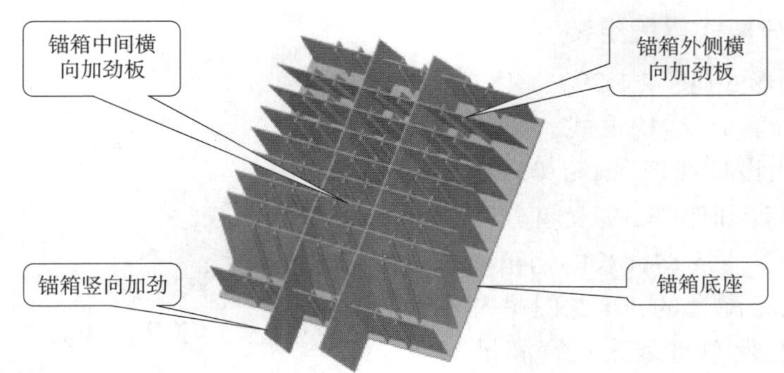

图4.1-27　主缆锚固构造单元件

(1)零件下料。机械加工开制坡口,拼板埋弧自动焊熔透焊接,上下拼板焊接时预放反变形量,焊后火焰矫正,矫正温度控制在600~800℃之间,自然冷却,严禁过烧、锤击和水冷。主缆锚固结构为全桥的重要构件,结构密集,板件厚实,焊接量大,热变形难以控制,其中100mm厚主锚板对接采用机加工开制U形对称坡口,减少焊接填充量,限制线能量输入,多次翻面对称施焊,焊接48小时后焊缝γ射线探伤检测。

(2)拼板合格的主锚板划线后,采用大型镗床镗索孔,除毛刺。

(3)制作外侧及中间横向加劲单元件,加劲肋CO_2气体保护半自动焊熔透焊接,焊后火焰矫正。报检合格后转下道工序。

(4)底板上胎架(图4.1-28a),划结构线。装焊中间横向加劲单元件、CO_2气体保护半自动熔透焊接,焊接时在加劲单元件间采用临时支撑,保证各单元件相对位置。报检合格后转下道工序。

(5)对中线装焊竖向加劲。竖向加劲采用单面坡口钢衬垫CO_2气体保护半自动熔透焊焊接。报检合格后转下道工序。

(6)装焊及对合外侧横向加劲。

(7)锚箱部件检验,合格后转入节段总拼(图4.1-28b)。

a)

b)

图4.1-28　主缆锚固构造单元件装焊

a)底板上胎架;b)节段总拼

4.1.9 梁段组装

4.1.9.1 双箱分离式梁段组装

1)胎架结构形式(图4.1-29)

根据梁段的重量、结构形式、外形轮廓、梁段制作预变形、设计线形、钢箱梁转运等因素进行胎架的设计和制作,在双箱分离式梁段制造场地设置了一条84m长的钢箱梁总拼装生产线和与之相配套的40t龙门吊及4套板单元双拼胎架,使总拼装线长宽满足“4+1”匹配制造的要求。胎架结构有足够的刚度,满足承载钢箱梁及施工荷载的要求,确保不随梁段拼装重量的增加而变形。

图4.1-29 胎架结构形式

2)双箱分离式梁段的组装

(1)底板、斜底板单元件双拼后上胎架对合地标点装焊(图4.1-30b)。底板单元件、斜底板上胎架对合地标点定位。定位要求:先定位直腹板及纵隔板下和折角处基准单元件(图4.1-30a),并与胎架刚性固定,定位时,单元件中心线、横向定位线、检查线等与地标线吻合对齐。在单元件装焊完毕后再复核地标点。埋弧焊接单元件间纵缝。按从中间到两端,对称装焊。装焊报检合格后划横、纵隔板单元件装配线。

(2)在底板上划出纵隔板定位线,纵、横隔板单元件对线、吊铅垂线装焊。

(3)依次按定位线、吊铅垂线交替装焊纵横隔板(图4.1-30c)。装焊要求为:所有纵、横隔板均须按定位线吊装,并用吊线法检查纵、横隔板单元件的垂直度。

(4)直腹板单元装焊(图4.1-30d),用吊线法检查直腹板单元件及其他零件的垂直度。

(5)吊索锚箱单元件吊线对合水平隔板装焊(图4.1-30 e、f)。

(6)顶板、斜顶板单元件对合地标点装焊(图4.1-30g),为了改善作业环境,减少焊后结构内应力,在各道纵隔板间留出一块顶板单元件作为嵌补板单元,待梁段内部构件焊接完毕后焊接。

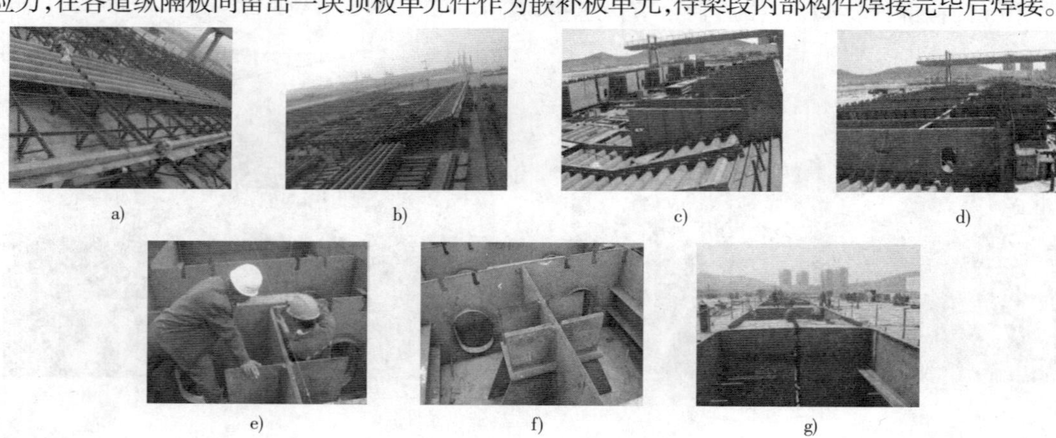

a) b) c) d) e) f) g)

图4.1-30 双箱分离式梁段的组装流程

(7)附属设施及底座预埋件、泄水管、路缘石等定位安装后，刻划定位线、检查线等标记标识，再逐段涂装。

4.1.9.2 单箱整体式梁段组装

主缆锚固梁段由于受主缆锚固结构的限制，按整体制造工艺进行，其余节段分上下层，单层分别匹配组装，运至青岛后双拼成吊装梁段。

1)主缆锚固梁段胎架结构形式(图4.1-31)

图4.1-31 主缆锚固梁段胎架

采用有限元分析计算法对胎架的结构强度进行计算分析，保证胎架的结构强度，预设反变形值35mm使底板型值与设计线型一致。除确保胎架有足够的刚度不随梁段拼装重量的增加而变形，能满足承载钢箱梁及施工荷载的要求外，还应在胎架区用全站仪配合，在地面上划出供各单元件定位的(纵、横向)标记线、钢横梁中心定位线、锚箱隔板定位线以及梁段中心线、梁段截面角点定位控制线、板单元定位线(这些标记线简称为地标)等(图4.1-32)。在胎架以外的钢柱上设置各单元件的高度定位基准标记线即标高样杆。在底板角点处设有角点位置控制模板，以便角点处单元件准确定位。梁段组装过程中，由各基准线控制各单元件和构件的空间位置，以保证钢箱梁整体外廓尺寸精度及构件位置精度。

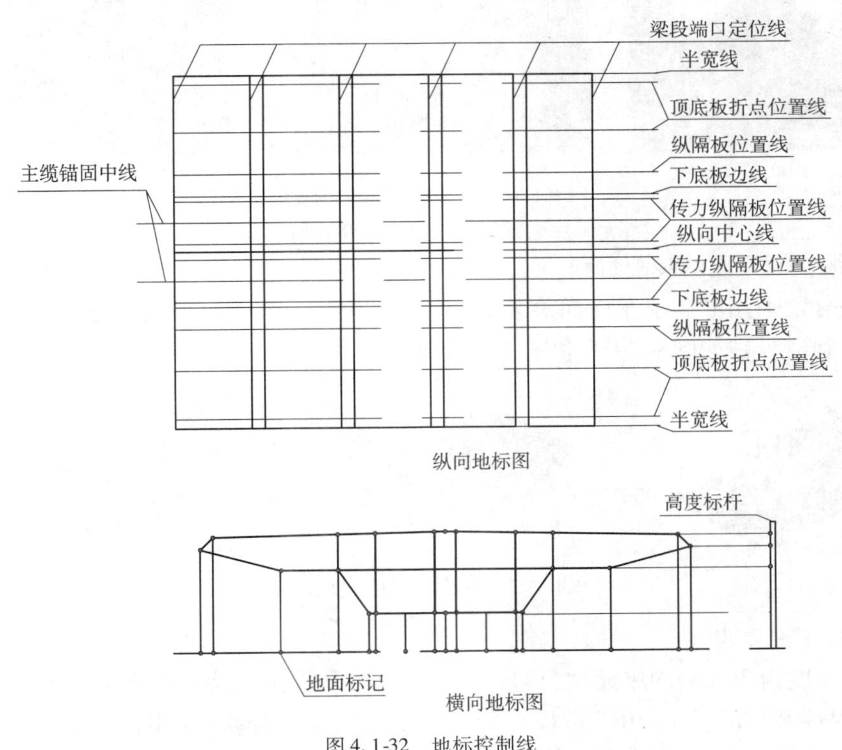

图4.1-32 地标控制线

2)主缆锚固梁段的整体制造

(1)主缆锚固结构的装焊

主缆锚固结构为全桥的重要构件,制造时由板单元组拼成立体单元(图4.1-33),将焊接应力及变形分阶段矫正释放,减少杆件集中总装的焊接应力及变形。

图4.1-33　锚固结构立体单元

为了避免主缆锚固结构立体单元装焊时梯次收缩,使传力纵隔板上下 B 值一致(图4.1-34a),保证作业空间,将主缆锚固结构立体单元上部分水平隔板缓装,其余水平隔板焊接坡口留钝边定位,焊接时清根熔透。缓装的水平隔板随后装配时用衬垫熔透焊接。

(2)主缆锚固结构在分段上的定位装配

在传力纵隔板上开槽、采用精密火焰切割延开槽开制坡口,主缆锚固结构立体单元件的倾角由槽口保证(图4.1-34b);横向位置由激光仪扫中心线对线装配;纵向位置由横隔板对合地标点吊垂线保证(图4.1-34c);高度位置由底板及胎架保证。

a)

b)

c)

图4.1-34　锚固结构单元件的定位

a)传力纵隔板;b)槽口;c)吊垂线

(3)主缆锚固梁段的装配过程

锚固处分段采用液压小车横向滚装装船,江海联运运至桥止吊装。锚固处分段的装配过程及整体制造分别如图4.1-35和图4.1-36所示。

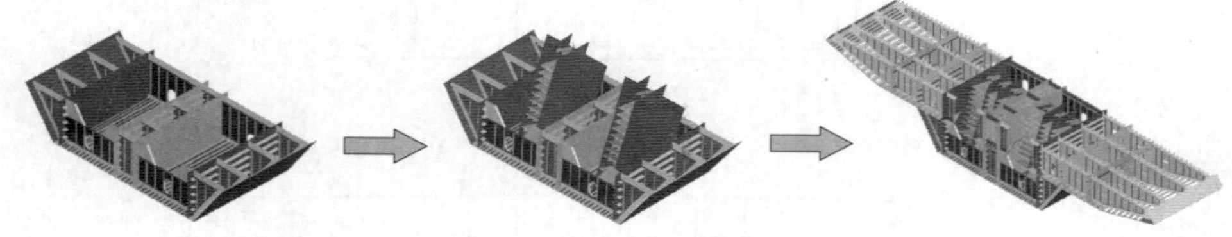

图4.1-35　锚固处分段的装配过程

(4)焊接工艺要点

面底板厚度为30mm的单元件,焊接U肋时采用火焰进行焊前跟踪预热,保证焊前预热温度,防止焊接裂纹的发生;由于拼板焊缝为陶质衬垫单面焊接,采用面底板单元件二拼一工艺,拼板焊缝采用预置80mm高反变形。

选用低氢型焊条和低温冲击韧性特别好的焊丝进行焊接,以减少焊缝金属中扩散氢含

图 4.1-36 锚固处分段的整体制造

量，避免出现裂纹。

对焊缝坡口形式进行优化设计，采用双面坡口对称焊接代替单面坡口非对称焊接。采用窄焊道进行焊接，每层焊缝在保证焊接质量的情况下要求尽量厚一点。尽量使用小电流施焊减小焊接变形。焊接时保持层间温度不低于预热温度，若焊接作业中途停止，再焊接时重新加热，加热温度稍高于预热温度，避免出现裂纹，环境温度较低时采取加热保温措施（图 4.1-37）。

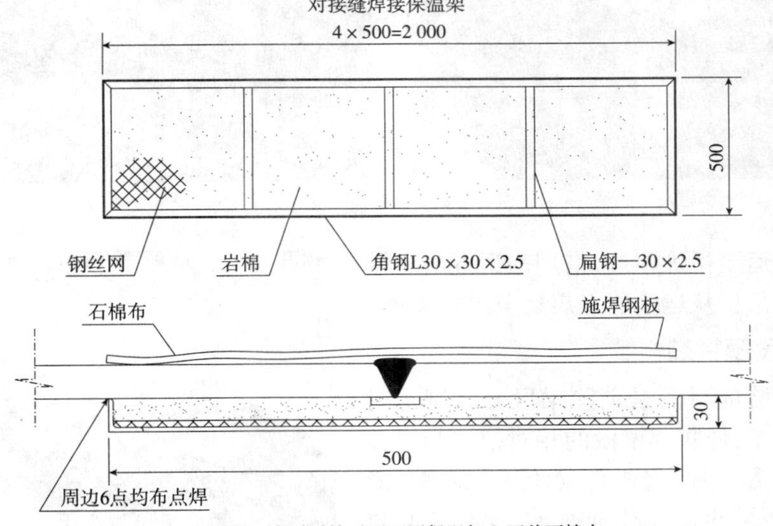

图 4.1-37 加热保温措施

3）锚固区其他梁段的制造

（1）匹配制造涂装工艺分段

根据吊装方案及运输条件对主缆锚固区整体式箱梁的制造分段、吊装分段划分进行了优化调整，将双层梁段转换成单层分段制造；为了能使分段能在室内涂装作业，提高作业的质量，将上层分段分成左右两个涂装工艺分段进行匹配制造（图4.1-38）。

（2）预拼装形成制造分段

上层左右涂装工艺小分段及下层分段在车间涂装后置于预拼装钢墩上分层按线形预

图 4. 1-38　匹配制造涂装工艺分段

拼，并将上层左右涂装工艺小分段组拼焊接成制造分段，如图 4. 1-39 所示。下层分段预拼装如图 4. 1-40 所示。

图 4. 1-39　上层左右涂装工艺小分段组拼

制造分段运至桥址附近，借用吊运混凝土预制构件的提梁吊机从运输船上启运至组拼场地。

图 4. 1-40　下层分段预拼装

4. 1. 9. 3　梁段预拼装

梁段预拼装的目的是消除梁段分段制造时的形状位置误差，使相邻梁段的相对位置与含预拱度的设计线形一致，完成各梁段端口匹配，避免在高空调整，减少高空作业难度，加快吊装速度，确保钢箱梁顺利架设。

1）梁段预拼装的主要施工内容

（1）检查调整钢箱梁长度，修正对接端口

梁段制作时，梁段在长度方向一端留有余量，梁段装焊结束后，解除梁段约束（底板与胎架、临时加强支撑等），梁段的几何尺寸和空间位置已定，此时按标记点用测量钢带确定梁段的长度，划线时预放桥上焊接收缩量和焊接间隙以及顶、底板张口差，采用全位置自动切割机进行端口切割。对端口自由边变形进行矫正，完成端口匹配工作。

（2）装焊 U 肋嵌补段

完成吊装大节段的环缝焊接，经检验合格后装焊 U 肋嵌补段。

（3）匹配件的安装

梁段预拼时已确定了相邻梁段的相对位置，此时，将相邻两梁段的匹配件按图纸规定的位置成对安装在焊缝两侧，先定位、焊接一侧的构件，再焊接另一侧的构件，在高空吊装时只要将匹配件定位连接，即可恢复到预拼装状态。

（4）修正钢箱梁总长度

每轮预拼装预拼及环缝焊接后，测量其总长度，并将该长度与理论长度比较，其差值在下一个预拼装单元加以修正，避免产生积累误差。

（5）梁段标识的制作

在梁段近塔侧横隔板上，装焊梁段钢字编号，以便梁段在存放、吊装过程中易于辨别。

（6）环缝区补涂装

组合成吊装节段的大梁段环缝区补涂装。

2）钢箱梁节段预拼液压小车及专用匹配钢墩

（1）液压小车

100t 液压小车（图 4.1-41）可带动预拼梁段位移，并可顶升。用多台液压小车可初步调整钢箱梁梁段的预拼装位置。

（2）梁段匹配试拼装专用钢墩

梁段匹配试拼装专用钢墩由支撑钢墩、滑动顶板和聚四氟乙烯滑板等组成，并在滑动顶板与钢墩间及横向支撑间设置调整装置，可精准地微调钢箱梁梁段的高度及左右位置（图 4.1-42）。

图 4.1-41　100t 液压小车

图 4.1-42　梁段预拼装专用钢墩

预拼装时通过液压小车及梁段预拼装专用钢墩对钢箱梁梁段的位置进行调整使其线形与钢箱梁梁段吊装时的线形一致。

3）双箱分离式梁段的预拼

梁段采取“6 + 1”的预拼装方式进行预拼装，现场施工如图 4.1-43a）所示。预拼装在专用调节钢墩上进行，其流程如下：

（1）基准梁段定位，预置抽湿设备。将第一个梁段移运到梁段匹配试拼装专用钢墩上（图 4.1-43 b、c），通过专用钢墩上的调整装置对梁段进行调整，使梁段的纵向中心线及端口线与地标线对合。

(2)使第二个梁段段的纵向中心线及端口线与地标线对合,利用钢带测量吊点间距并加放焊接收缩量,按高度尺上的标高调整梁段高程,进行两个梁段端口外形匹配(图4.1-43d)。

(3)后续匹配梁段按上述方式调整定位(图4.1-43e),安装吊装节段之间的临时连接件。完成大节段的环缝焊接,经检验合格后装焊U肋嵌补。

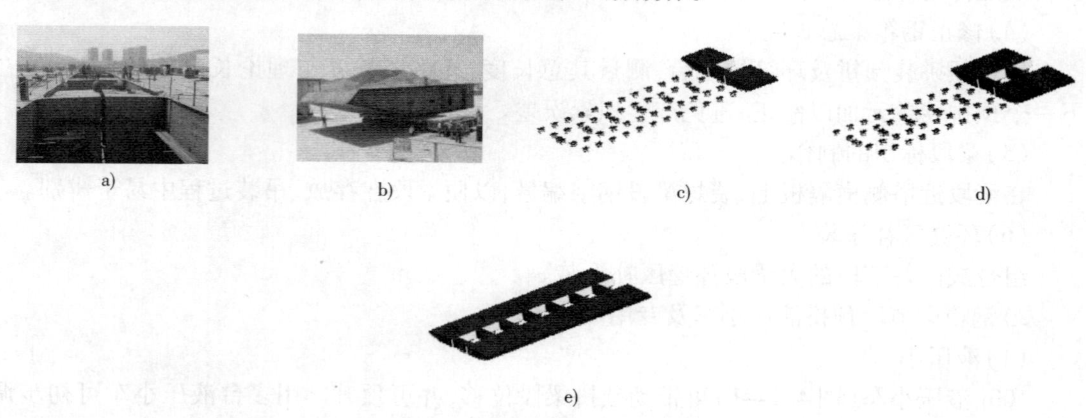

图4.1-43 双箱分离式梁段的预拼

a)现场施工;b)、c)第一个梁段移运;d)两个梁段端口外形匹配阶段;e)后续匹配梁段定位

梁段预拼装检测合格后,采用激光经纬仪、钢带等仪器工具,复核、修正梁段纵向中心线、安装临时吊点、刻划端口横向检查线及梁段桥上吊装时标高测量点等各类标记。在梁段端部两横隔板上焊接钢字编号作为分段识别标识。

4)锚固区单箱整体式梁段的预拼

(1)制造分段运至桥址附近,借用吊运混凝土预制构件的提梁吊机从运输船上启运至组拼场地(图4.1-44和图4.1-45)。

(2)设置专用钢墩并在钢墩上置液压小车,液压小车与专用钢墩接触面间置聚四氟乙烯板并涂抹黄油。

(3)提梁吊机将制造分段置于专用钢墩上(图4.1-46),通过千斤顶调整各分段与其中基准分段的相对位置,使其满足线形要求,进行上下层对接及小分段对拼,形成吊装大分段(图4.1-47)。

(4)吊装大分段采用提梁吊机装船运至桥址处吊装。

图4.1-44 提梁吊机卸船

图4.1-45 提梁吊机移运

图 4.1-46　制造分段置于专用墩上

图 4.1-47　制造分段组拼成吊装分段

4.1.10　大节段的装船与转运

本桥最大的吊装节段达 72m，吊重超过 1000t，采取了潮汐环境下接力滚装装船工艺。原施工组织设计采用数字集控（图 4.1-48）船台小车装船，因数字集控小车不能在海上作业环境下运行，实施装船时进行了工艺变更。

图 4.1-48　数字集控船台小车

按照变更后的潮汐环境下接力滚装装船工艺，分别进行了绞车牵引试验、陆上行走试验、大悬臂支撑状态下的行走试验、船舶压载水调节浮态试验、预架设试验。通过对上述试验的总结、分析后将装船方案改为船上绞车牵引、用船舶压载水调节浮态，控制潮汐的影响，达到了安全平稳装船。通过实践验证，潮汐环境下接力滚装装船工艺圆满成功（图 4.1-49），为类似节段的装船提供了经验。

4.1.11　桥上装焊

节段在临时支墩上调整分步进行，第一步依据四角检测点使高程调整到位；第二步使纵向中心线调整到位；第三步测量远塔端纵向里程误差，采用控制远塔端检测点的方法，依据里程误差、环缝间隙，综合考虑焊缝间隙、切割端口的余量，最后使纵向里程调整到位（图 4.1-50）。使梁段高程、里程达到设计要求后，结合温差影响、焊接收缩量等各项因素，控制梁段安装间隙，调平板件错边，焊接定位码板。将双箱分离式节段向单箱整体式节段过渡的两个单箱分离节段作为嵌补段看待，将此节段两端环缝焊接后再装焊各连接横梁。

图 4.1-49 克服潮汐影响接力滚装装船

图 4.1-50 桥上装焊

焊接顺序：梁段顶、底板及斜底板的对接→纵腹板对接→连接横梁对接→U 形肋及加劲肋的嵌补对接→嵌补的 U 形肋及加劲肋与底板间的角接。

1）工地环缝的对接

工地环缝对接，原则上采用从下至上，从中间向两端，分散对称的焊接顺序进行。梁段底板由 10 名焊工同时施工，进行焊接，顶板由 8 名焊工同时施工，进行打底和填充焊接，盖面层采用一台埋弧自动焊机进行焊接。焊接方向和工位布置如图 4.1-51 所示。

2）梁段腹板对接

工地纵腹板纵腹板对接采用 CO_2 气体保护焊进行焊接，反面贴陶质衬垫，单面焊双面成型。

3）U 形肋的嵌补焊

工地 U 形肋的嵌补对接采用 CO_2 气体保护焊进行焊接，反面钢衬垫，单面焊双面成型。工地 U 形肋嵌补段可以同时施工，先焊接对接缝，后焊接角焊缝。底板上的 U 形肋先焊接立焊部位，后焊接平焊部位。

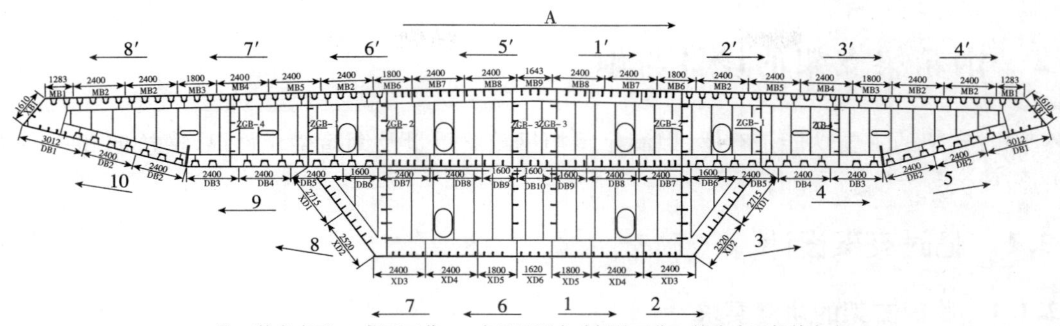

注：数字表示CO₂焊工工位，A表示埋弧自动焊的工位，箭头表示焊接方向。

图 4.1-51　焊接方向和工位布置图

4）加劲肋的嵌补焊

加劲肋的嵌对接采用 CO_2 气体保护焊进行焊接，反面贴陶质衬垫，单面焊双面成型，先焊接加劲肋的对接，后焊接加劲肋与底板的角焊缝。

5）预拼装线形与架设

本桥吊装大节段预拼装线形按全支点无应力线形预拼，架设时在临时支墩上简支，制造时端口与制造小节段垂直，在吊装大节处于全支点无应力状态下节段面板两端端口间长度与桥位临时支墩简支时面板两端端口间长度有较大差别（图 4.1-52），在类似吊装大节段制造中应引起重视。

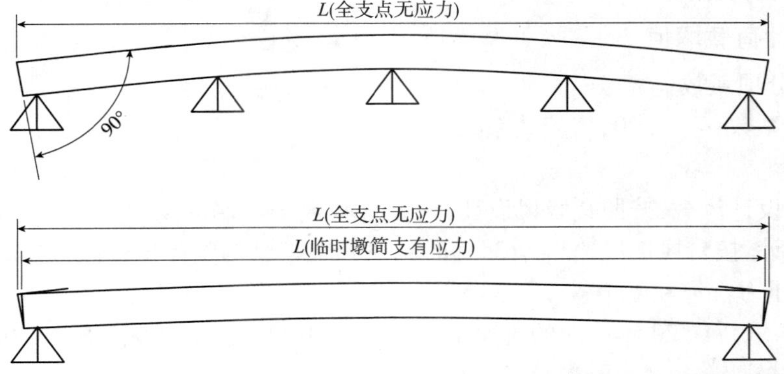

图 4.1-52　全支点无应力状态下节段与临时支墩简支时面板两端端口间长度区别

经验告诉我们，在类似桥梁的制造中除应给出预拼线形外，还应给出节段两端转角对节段两端端口间长度的影响量，其理想的解决办法是应使临时支墩的布置更合理，即支点之间的下挠引起的梁端转角与悬伸端引起的梁端转角相抵消（图 4.1-53），这在环缝焊接及保证架设线形减少附加应力上会很有意义。

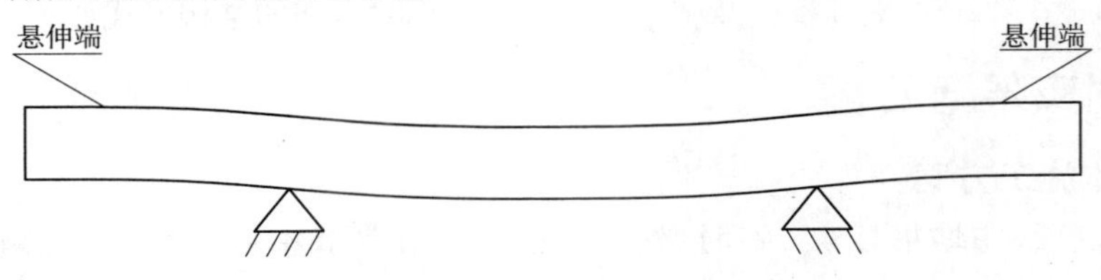

图 4.1-53　梁端转角相抵消

4.2 钢箱梁支架的设计与施工

临时支架的主要功能是存梁,以满足承担钢箱梁重量及钢箱梁块件纵、横桥向和线性调整的需要。

4.2.1 临时支架设计

4.2.1.1 临时支架的功能要求

临时支架的设计必须满足以下功能:

(1)支撑梁段重量,且具有足够的刚度;

(2)能实现梁段纵、横、竖三向的精确调位;

(3)能实现梁段纵、横、竖三向的临时约束。

4.2.1.2 临时支架设计条件

(1)设计荷载:钢箱梁自重荷载、结构自重、钢箱梁纠偏水平力,风荷载、流水荷载以及荷载冲击系数、超载系数以及偏载系数等。

(2)横梁:临时支架的横梁必须满足钢箱梁临时支撑及微调的要求。

(3)临时支架高程:临时支架的设计顶面与钢箱梁的成桥线形一致,同时还须考虑各种变形引起的挠度变化。

4.2.1.3 设计荷载取值

(1)设计分项系数

动载冲击系数:$\alpha = 1.20$; 偏载系数:$\gamma_p = 1.15$;

(2)风载

支架结构设计风载:按照9级风设计,最大风速 $v_{10} = 24.4\text{m/s}$;

稳定性设计:按台风期风速 $v_{10} = 34.8\text{m/s}$,进行支架结构整体稳定性验算。

(3)水流压力

水流速度:取桥区20年一遇的流速1.38m/s。20年一遇设计波高取2.19m。

(4)海床冲刷

桥位处考虑一般冲刷后的河床高程为-4.5m。

4.2.1.4 临时支架结构

根据大节段箱梁的位置,支架分为主塔区钢箱梁支架、锚固区钢箱梁支架、标准区临时墩支架三种结构形式。其支架主要由 $\phi1000 \times 16\text{mm}$、$\phi1000 \times 12\text{mm}$、$\phi820 \times 10\text{mm}$ 的钢管立柱、双36a槽钢平联、双20a槽钢斜撑、墩顶横梁及调整系统组成。临时支架的结构形式如图4.2-1所示。

4.2.2 临时支架施工

4.2.2.1 总体施工方案

辅助墩区支架、主墩区支架、临时墩支架采用塔吊单节单块拼装,总体施工流程如图4.2-2所示。

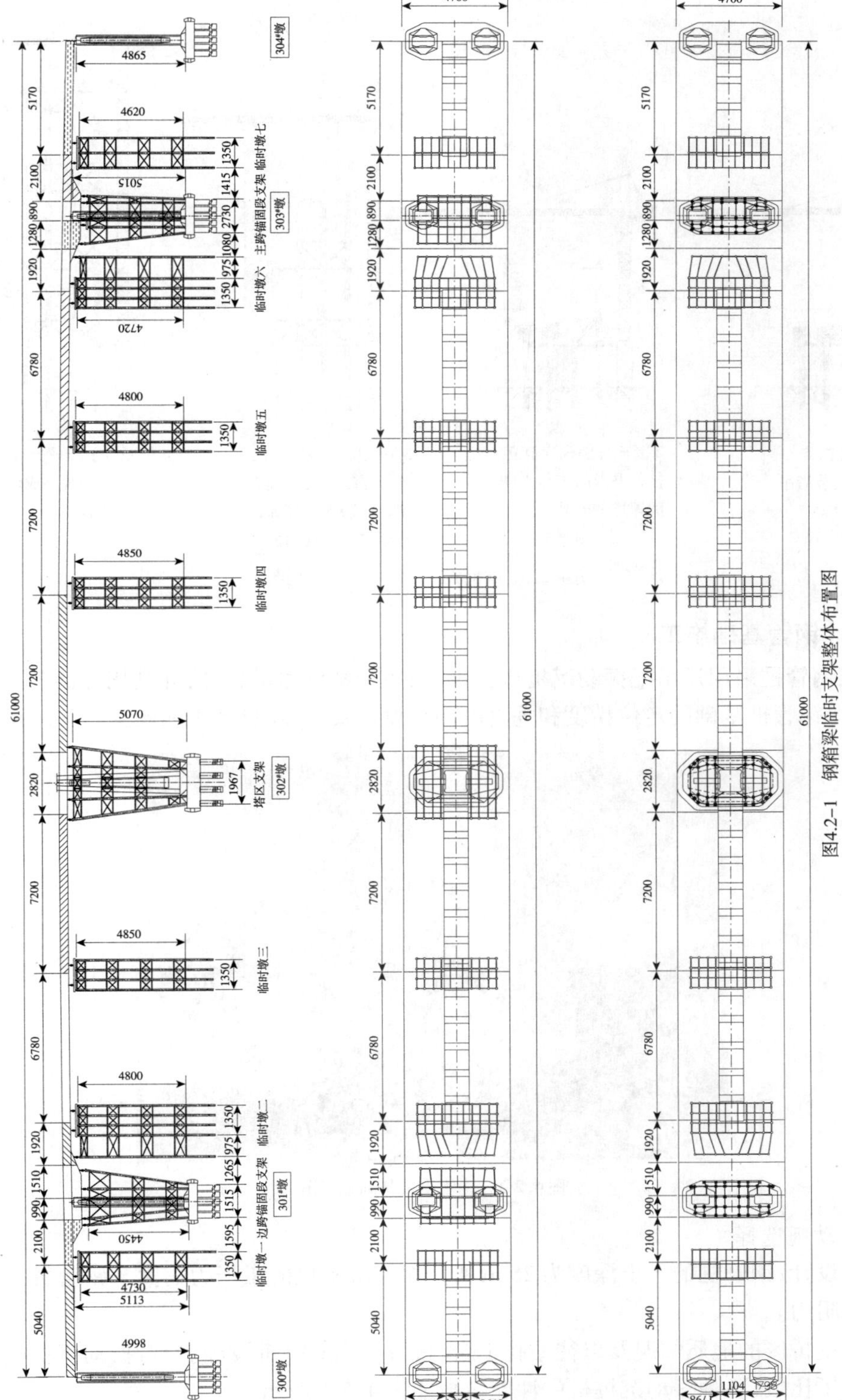

图4.2-1 钢箱梁临时支架整体布置图

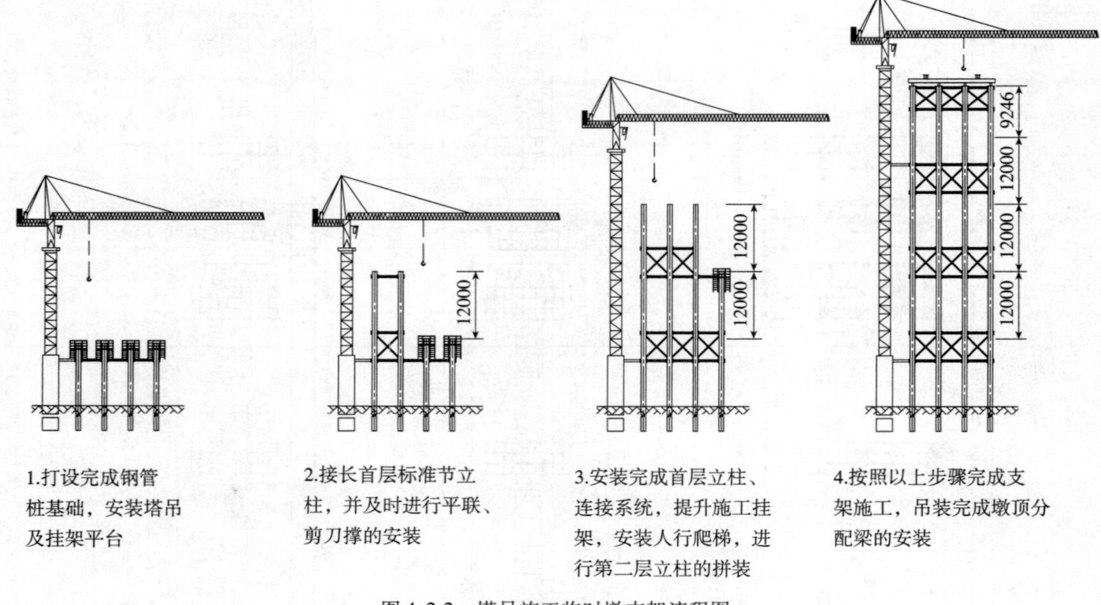

图 4. 2-2　塔吊施工临时墩支架流程图

4. 2. 2. 2　钢管基础施工

基础钢管桩采用浮吊配振动沉桩机打设，采用全站仪测量放样，并利用导向架进行辅助下沉，确保钢管桩基础的定位精度和垂直度满足设计要求，现场施工如图 4. 2-3 所示。

图 4. 2-3　钢管支架基础施工图

1）振动锤选择

根据设计，钢管桩的入土深度为 25m，所选振动沉桩机的激振力需大于钢管桩下沉时与河床的摩阻力。

根据主桥区的地质情况及以往钻孔平台、栈桥的钢管桩沉设经验，对振动沉桩机的施工性能进行了比较，各种振动沉桩机的性能参数如表 4. 2-1 所示。

震动沉桩机性能参数比较　　表4.2-1

项　目	电机功率	激振力	允许拔桩力	转速	偏心力矩	钢管夹头范围	质　量
单位	kW	kN	kN	r/min	N·m	mm	kg
DZJ90	90	0～547	254	1100	0～404	ϕ500～ϕ1200	6500
DZJ135	135	0～843	392	1000	0～754	ϕ600～ϕ1200	8900
DZ180SA	90×2	901	400	800	1260	ϕ600～ϕ2500	12050

振动锤在选择时，其振动力 F_V 应能克服桩在震动下沉中土的摩擦力 F_R：根据《桥涵》第六章沉入桩基础中公式 $F_V > F_R$。

(1)覆盖层内桩机摩阻力计算

根据支架的设计计算结果，钢管桩需入土25m才能满足桩基承载力的要求，按照此入土深度计算钢管桩的摩阻力。

$F_R = fUL = (4.7\times10 + 8.4\times20 + 0.8\times45 + 2\times55 + 3.7\times60 + 1\times50 + 1.5\times80 + 4\times90)\times0.82\times3.14 = 2866\text{kN}$

式中，f、L 的值根据桥位处各覆盖层的厚度及摩擦系数取值，U 为钢管桩周长。

(2)振动锤的振动力计算

对沉桩机 DZJ135 的振动力计算：

$$F_V = 0.04n^2M = 0.04\times16.67^2\times(754/2) = 4190\text{kN}$$

对沉桩机 DZ180SA 的振动力计算：

$$F_V = 0.04n^2M = 0.04\times13.33^2\times(1260/2) = 4478\ \text{kN}$$

式中：n——振动转速；

M——振动偏心力矩，此处取最大力矩的一半进行计算。

计算结果表明：$F_V > F_R$

因此，为确保钢管桩基础的承载力，且防止钢管桩底部发生变形，选用 DZJ135D 型沉桩机，以 DZJ－135 打桩锤打桩能力为准，直到打不动为止。

2)施工注意事项

(1)浮吊需经过精确测量定位，保证导向架就位后其平面位置偏差小于5cm，垂直度偏差小于1/200，以确保钢管基础的沉设精度。

(2)首节钢管基础入床时应选择在平潮期，即每天水流速度最小时进行。

(3)为保证施工安全及定位精度，风力大于6级时应停止钢管基础下沉作业。

3)支架立柱接长

钢管立柱采用钢管对接接长结构形式，钢管均采用坡口焊接，并均匀布置8块加劲板，钢管接长如图4.2-4所示。

钢管支架采用塔吊由下向上逐节分层进行安装，为保证施工安全，每施工完成一层支架后紧跟着完成相应的平联、剪刀撑的施工。钢管立柱接长时采用全站仪测量定位，确保垂直度误差控制在1/200以内。塔吊布置如图4.2-5所示。

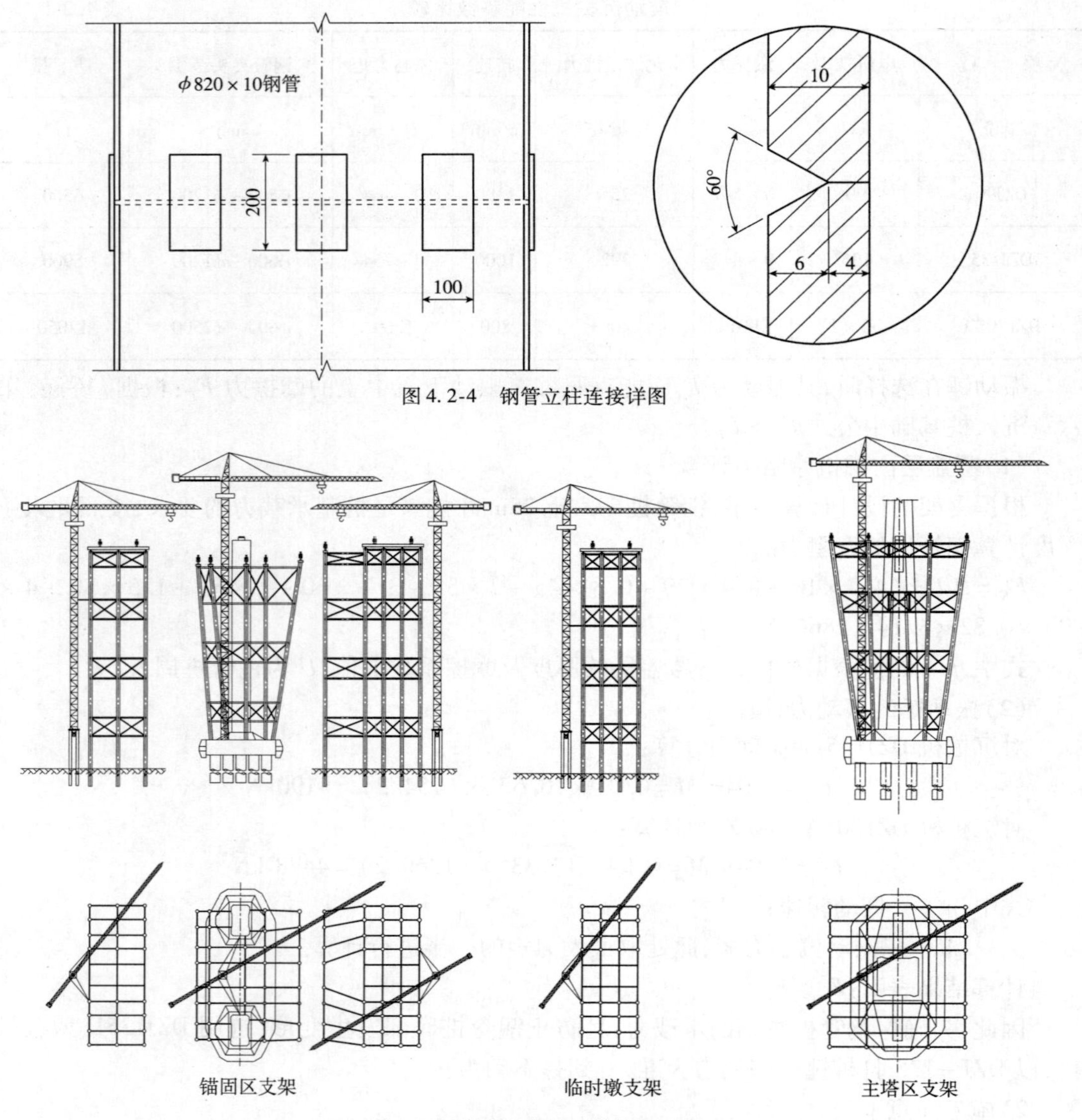

图 4.2-4 钢管立柱连接详图

图 4.2-5 箱梁支架施工塔吊布置图

临时墩施工塔吊基础采用 1 根直径 $\phi2850\times16$mm 钢管桩，同临时墩钢管桩基础一并施工，并采用平联相互连接固定。

支架时为确保安全，采用提升挂篮作为施工平台。首节钢管立柱焊接完成后，在钢管立柱顶安放挂篮。提升挂篮施工如图 4.2-6 所示。

4）平联、斜撑安装

水平平联安装时，施工人员站在挂篮上辅助进行平联的就位及焊接。

5）施工通道安装

钢管支架施工的同时，在上下平联间设置供人员上下的爬梯，爬梯由型钢和花纹钢板组成，旁边设有扶手，在每一层的平联之间设置人行通道，确保施工中通道畅通，人员安全。

图 4.2-6　提升挂篮施工图

6)墩顶操作平台

为了给大块梁段安装时提供操作平台,在临时墩顶部梁系安装时,同步安装操作平台。

7)支撑、调位系统安装

采用塔吊进行箱梁临时支座及箱梁调位系统的安装,并固定。

8)支架搭设功效分析

对于辅助墩旁的钢管支架,采取与墩身平行作业,主塔处的墩旁支架采取与主塔平行作业施工,其余的 3 个临时墩支架采取流水作业,现以单个临时墩施工为例进行功效分析,见表 4.2-2。

单个临时墩功效分析　　表 4.2-2

序　号	施工项目	作业时间(天)	备　　注
1	钢管基础沉设	6	每天以定位沉设 4 根计,共 24 根
2	塔吊安装	3	起步段顶升及大梁吊装
3	第一层立柱、平联、斜撑施工	8	包括立柱的定位、接高,平联、斜撑的焊接
4	第二人层立柱、平联、斜撑施工	8	包括立柱的定位、接高,平联、斜撑的焊接
5	第三层立柱、平联、斜撑施工	9	包括立柱的定位、接高,平联、斜撑的焊接
6	第四层立柱、平联、斜撑施工	9	包括立柱的定位、接高,平联、斜撑的焊接
7	顶层分配梁及箱梁支撑、顶升系统安装	8	分配梁及箱梁支撑、顶升系统的吊装、定位、固定
8	不可预见性影响	4	雨天、大风天气
9	合计	55	

4.3　钢箱梁节段的运输

4.3.1　箱梁装船加固

箱梁采用一艘 3000t 方驳(75 ×20m,吃水 3.5m)装载,每次装载一片箱梁。箱梁在方驳上采用两端简支安放,支座预先焊接在船甲板上,支座上设橡胶缓冲垫,减缓箱梁座落时的冲力。箱梁装驳后须进行加固,以防止运输过程中箱梁移位,加固方法为:支座两侧高出箱梁底面,与箱梁间预留空隙,待箱梁座落在支座上后,与支座的空隙处用木枋楔实,将箱梁夹紧。箱梁装驳并封仓加固完成后,用拖轮拖出码头。

4.3.2 箱梁海上拖运

采用“粤工拖 36”拖带装梁方驳,从四方港区箱梁加工厂出运码头到海湾大桥箱梁安装区段,拖带方式主要采取傍拖的形式,如图 4.3-1 所示。

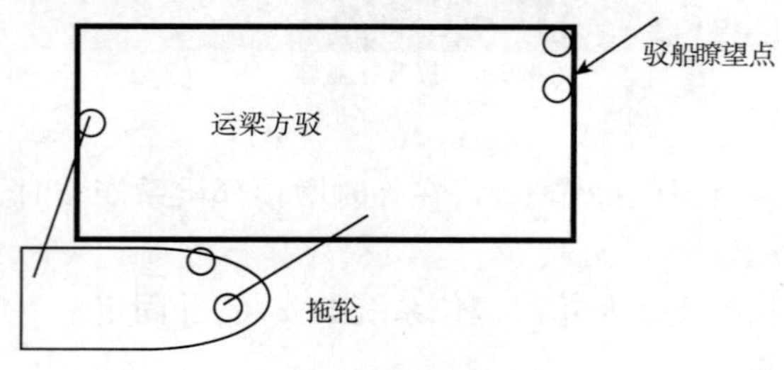

图 4.3-1 拖轮拖带方式

4.3.3 拖带航行安全措施

(1)开航前,要熟悉本船的各种设备的性能(导航、机械),检查各设备、驳船上装载的构件及压载水的调配应达到适航状态;根据气象的具体情况及船舶状况,拖轮船长有权决定是否适航;

(2)遵守当地海事部门有关规定,办理有关手续,按有关规定进行申报,守候 VHF 06 频道及时与海事部门联系,以便得到海事部门指引和帮助,确保安全;

(3)在拖航过程中要严格遵守《国际海上避碰规则》航行,拖轮保持正规瞭望,在驳船与拖轮所靠边的异侧设置瞭望点,由驳船船长和拖轮指派的一名船员全程瞭望,并通过高频与拖轮保持联系,此外注意与其他航经船舶的联系,协调做好避让工作;

(4)在过临时航道前尤其要加强瞭望员与拖轮驾驶员的沟通交流,将瞭望的情况用对讲机及时向船长汇报,以便船长做出调整,拖轮船长及时向海事部门和指挥部报告船舶方位和航向,请求通过;

(5)拖带过程中准备好一门应急锚,遇到紧急情况可以抛下应急锚避碰;

(6)要严格遵守当地港航部门及大桥工程建设指挥部有关规定,按章显示或挂号灯或号旗;

(7)拖带过程中要注意环境因素对船组的影响,根据当时水域水文情况(流向、流压、风向、风压的影响),结合本船的具体情况采取相应的技术措施,运用良好操纵技能,确保控制船舶安全地航行在计划航线上;

(8)在离开预制厂码头前,要及时通知施工现场,把预计到达的时间通知施工现场调度,提前把影响安装施工水域的船舶调离,确保拖航抛锚就位安全操作;

(9)拖航过程中要保持船组、项目部之间通信畅通,拖轮与被拖轮之间要随时保持通信联系,以便协调统一操作步骤。

4.4 钢箱梁的大块吊装施工

4.4.1 钢箱梁施工方案

4.4.1.1 钢箱梁施工概述

钢箱梁采用临时支架配浮吊吊装施工工艺，除主缆锚固区的箱梁采取整箱节段吊装外，其余分离式双箱节段采取单幅箱梁大块吊装，左右幅精确调整就位后利用汽车吊进行两幅之间横向连接箱的安装，以确保左右幅箱梁的整体稳定性。

梁段由工厂加工完成，专用运梁驳船运至桥位处，采用“奋进号”2600t 浮吊吊装，并摆放在临时支架上梁段的设计位置。梁段吊装摆放就位后，进行梁段精确调整及梁段之间的焊接工作。全桥焊接完成后，进行锚固区及主塔区箱梁的压重施工。钢箱梁施工工艺流程如图 4.4-1 所示。

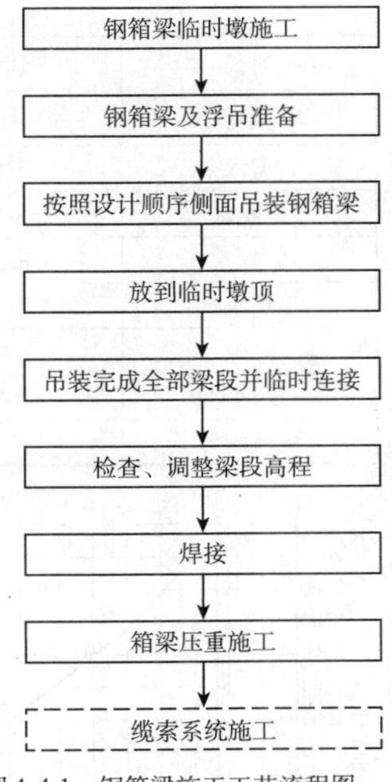

图 4.4-1 钢箱梁施工工艺流程图

4.4.1.2 钢箱梁施工存在的特点与难点

1)施工特点

(1)桥位处海床高程 -3.20 ~ -3.60m，无法满足“奋进”号吃水要求，需要疏浚；

(2)箱梁吊装高度达 60m(平潮，水位标高 +0.000m)；

(3)梁段块段类型多(12 种)，吊具设计复杂；

(4)受大风、台风、大雾、低温等不良气候影响，有效工作时间短、工效低；

(5)环保要求高。

2)施工难点

(1)支架高度高，对设计及施工要求高；

(2)对浮吊性能要求高(吊高、吊幅控制)；

(3)箱梁最大块段跨度 72m，平面位置尤其是转角精调难度大；

(4)锚固区梁高达 8m，整幅吊装难度大。

4.4.1.3 浮吊的选型

1)浮吊的选择

根据箱梁的节段划分及吊重(吊装节段最大尺寸为：标准梁段为 72m × (18 +3)m，最大重量 1020t)、吊高大于 60m 的需要，大块箱梁选用“奋进号”2600t 大型浮吊吊装施工。2600t 固定式双臂杆起重船为钢质单甲板非自航箱型船，船长 100m，船宽 41m，形深 7.6m，最大吃水 6m，最大起重量为 2600t，最大吊高可达 80m，两座臂杆既可分别起吊，也可同步起吊。

“奋进号”运架船技术参数及施工照片分别见表 4.4-1、图 4.4-2 和图 4.4-3。

"奋进号"运架船技术参数　　表 4.4-1

船长	100m	主钩起重量	650t×4
型宽	41m	副钩起重量	100t×2
型深	7.6m	起吊高度	主钩 80m
艏吃水	2.6/6.5m		副钩 93m
艉吃水	5.8/3.1m	起吊跨度	主钩 32m/2600t
平均吃水	4.2/4.8m		副钩 40.6m/100t
总吨	9403	起升速度	主钩 0～1.2m/min
过桥高度	40m		副钩 0～6m/min
抗风能力	工作 6 级	变幅范围	30°～67°约 60min

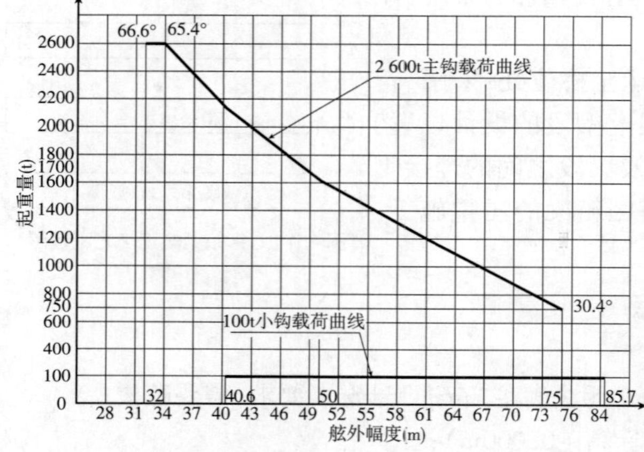

图 4.4-2 "奋进号"起重船主钩和小钩载荷曲线图

图 4.4-3 奋进号运架船照片

2)吊高及吊重核算

(1)锚固区整幅梁段吊装分析

锚固区的梁段采用左右幅整体吊装方案，最大梁段尺寸为 21m×47m，最大吊重 957.4t，考虑箱梁宽度与浮吊起重臂之间的位置影响，锚固区梁段的吊高是其安装时的控制因素。经过模拟，满足此吊装要求的浮吊工作角度为 57.7°，此时最大吊装高度为 72.7m，吊钩舷外距离为 48.5m，吊重 1650t。取吊装作业时的水位为 +1m，钢箱梁最大安装高度为 61.63m（钢箱梁底面距墩顶保留 1m 的安装高度），因此，吊索总高度在不大于 11m 时可满足锚固区梁段的吊装要求，且此时钢箱梁不碰起重臂（其间距为 1.75m）。锚固段吊高核算如图 4.4-4 所示。

(2)标准区单幅梁段吊装分析

标准区的钢箱梁段采用左右幅分离吊装方案，最大梁段尺寸为 21m×72m，最大吊重 1020t，由于钢箱梁的宽度较小，可不考虑箱梁宽度与浮吊臂杆的位置影响，因此，吊高与吊重是其梁段吊装的控制因素。吊装模拟具体如图 4.4-5 所示。

安装主塔区钢箱梁的吊装高度最大，取此时的吊装高度进行验算。取吊装时的水位为 +1m，钢箱梁最大安装高度为 +59.14m（钢箱梁底板与底板的设计高程保留 1m 的吊装安装高度），小于锚固区钢箱梁的吊装高度，吊索总高不大于 20m 时，起重船满足钢箱梁的吊装安装要求，且钢箱梁不碰其臂杆。外海侧箱梁吊高核算示意图如图 4.4-6 所示。

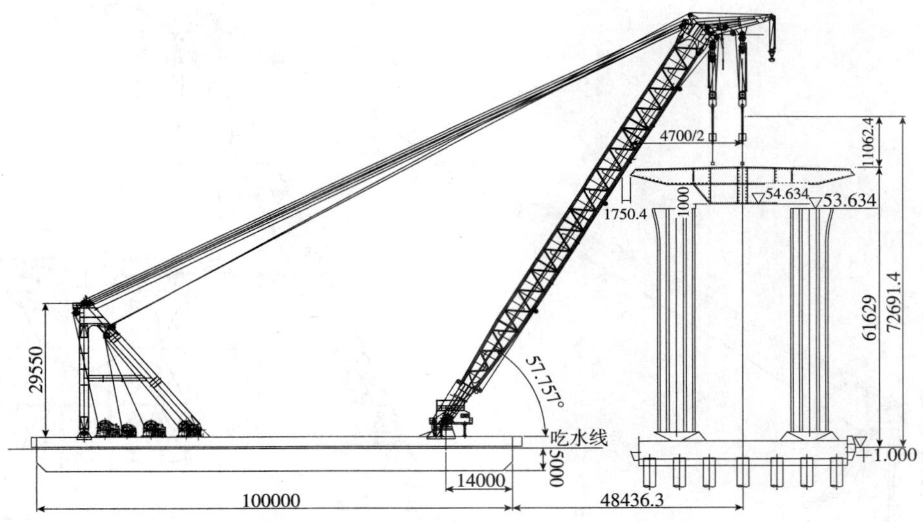

图4.4-4　锚固段吊高核算示意图(尺寸单位:mm)

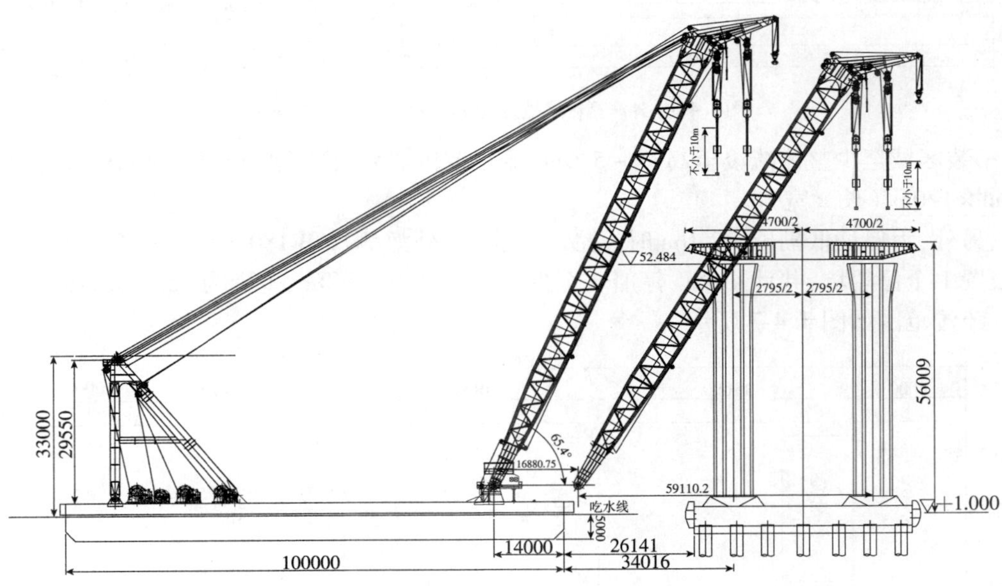

图4.4-5　标准断梁吊高核算示意图(尺寸单位:mm)

4.4.1.4　疏浚施工

1)疏浚范围

“奋进”号2600t浮吊空载吃水深度为4.2~4.8m,通过水箱调整可达到平均吃水4.3m,箱梁起吊阶段平均吃水深度为5.0m。而桥位所在水域处的海床高程为-3.2~-3.6m,如不疏浚,浮吊只有在水位潮至+1.1m以上时才可以驶向吊装区域,水位+2.0m以上时才可以进行钢箱梁施工,通过潮位时间分析,满足此水深要求的潮水时间很短,在很短的时间内要完成浮吊驶进、驶出、定位、钢箱梁起吊、就位等工作显然很困难,所以,必须对起吊范围进行疏浚。

通过对吊装技术及潮位分析研究,确定箱梁的安装水位为+0.8m,为满足箱梁的施工要

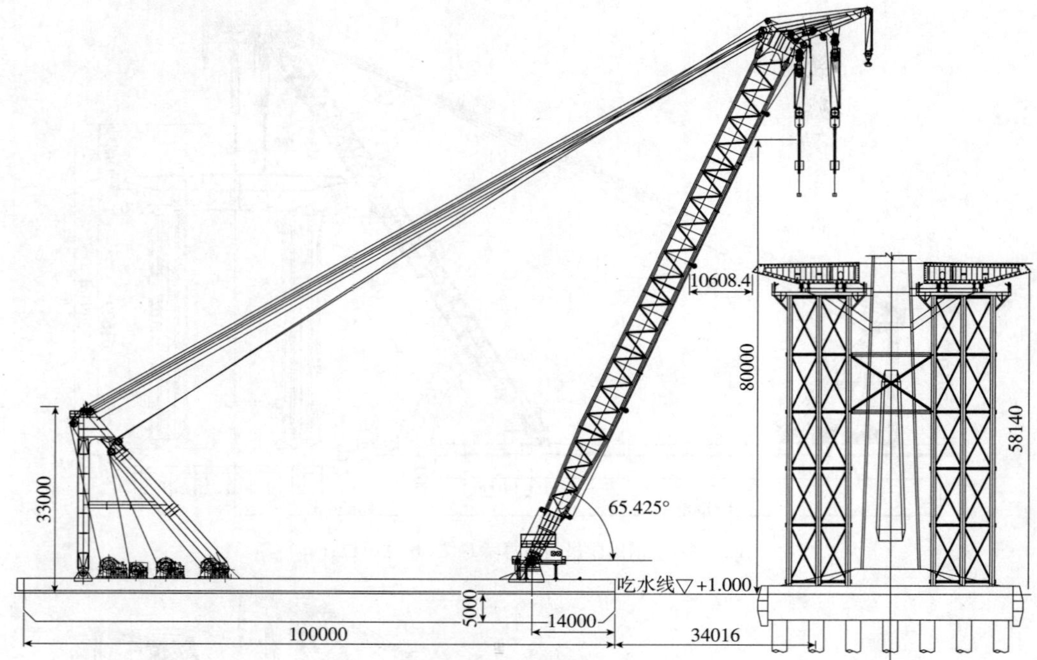

图 4. 4-6　外海侧箱梁吊高核算示意图(尺寸单位:mm)

求,吊装区域至少整体疏浚至高程 -5.0m,疏浚范围确定外海侧为 630m×170m,内海侧为 120m×170m(长×宽)。

另外,为保证低潮位 -2.0m 时浮吊的安全,在外海侧每隔 180m 设置一个停船坑,内海侧设置 1 个停船坑,共计 4 个。停船坑至少疏浚至高程 -7.0m,范围为 120m×50m。

疏浚范围如图 4.4-7 所示。

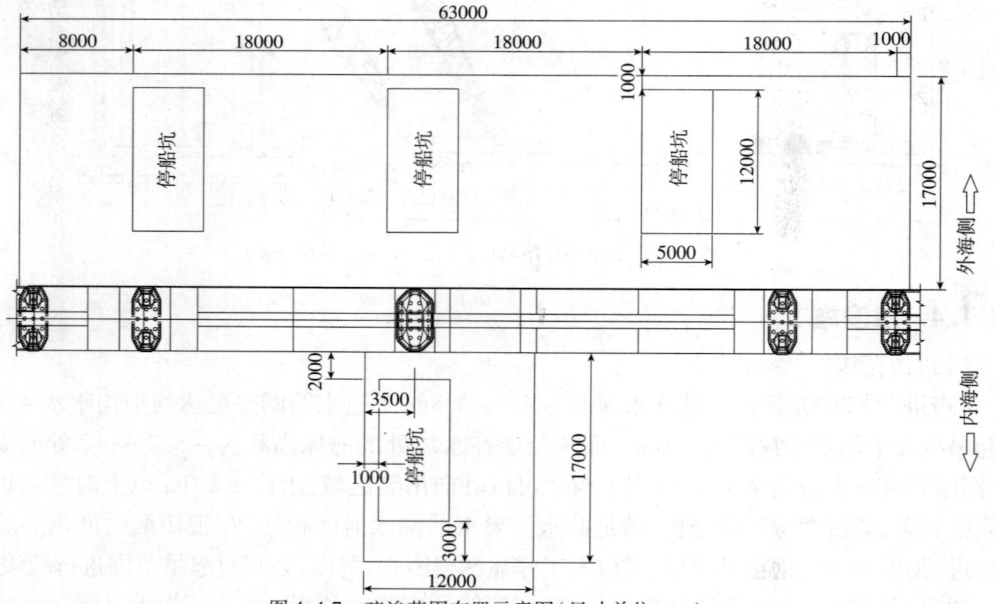

图 4. 4-7　疏浚范围布置示意图(尺寸单位:mm)

起重船不作业时泊在停船坑内，停船坑的尺寸布置为：120m × 50m，边坡按 1∶4 布置，面积为 $6000m^2$。

2）挖泥施工

根据本工程挖泥区域土质情况，基本土质为流泥、淤泥，卸泥区运距较远，拟选择 2 艘 $4m^3$ 抓斗船配合 4 艘 $800m^3$ 泥驳用于本工程挖泥施工。

3）回淤监测

为确保浮吊吊装施工，在施工期间对疏浚范围内的海床高程进行实时监测，以便对回淤的部位及时清淤。

4.4.2 钢箱梁架设施工工艺

4.4.2.1 起吊系统设计与施工

1）吊点设置

（1）吊点布置

根据钢箱梁的结构形式及浮吊各结构的性能，吊点布置时应充分考虑以下要求：

①吊点必须布置在钢箱梁的隔板上，箱梁横隔板间距为 3m；

②吊点布置需综合考虑浮吊吊钩的间距，四个吊钩的间距为 19 × 6m；

③吊点布置需考虑钢箱梁的偏心问题，尽量使各吊点受力均匀；

④单个吊点采用双吊耳结构。

通过综合模拟计算后确定大块钢箱梁的吊点布置形式，如图 4.4-8 ~ 图 4.4-10 所示。

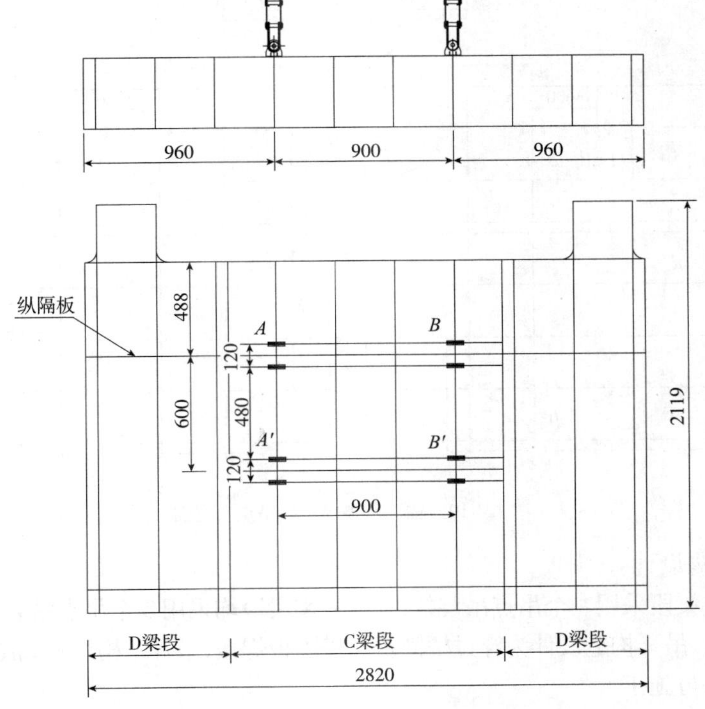

图 4.4-8 塔区 1#、2#梁段吊点布置图

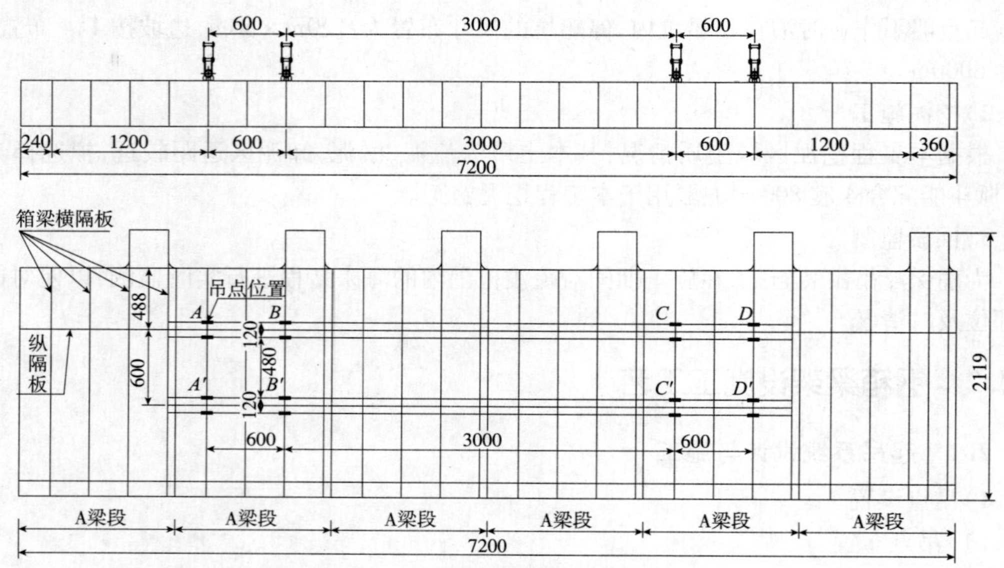

图 4.4-9 72m 分幅大块梁段吊点布置图

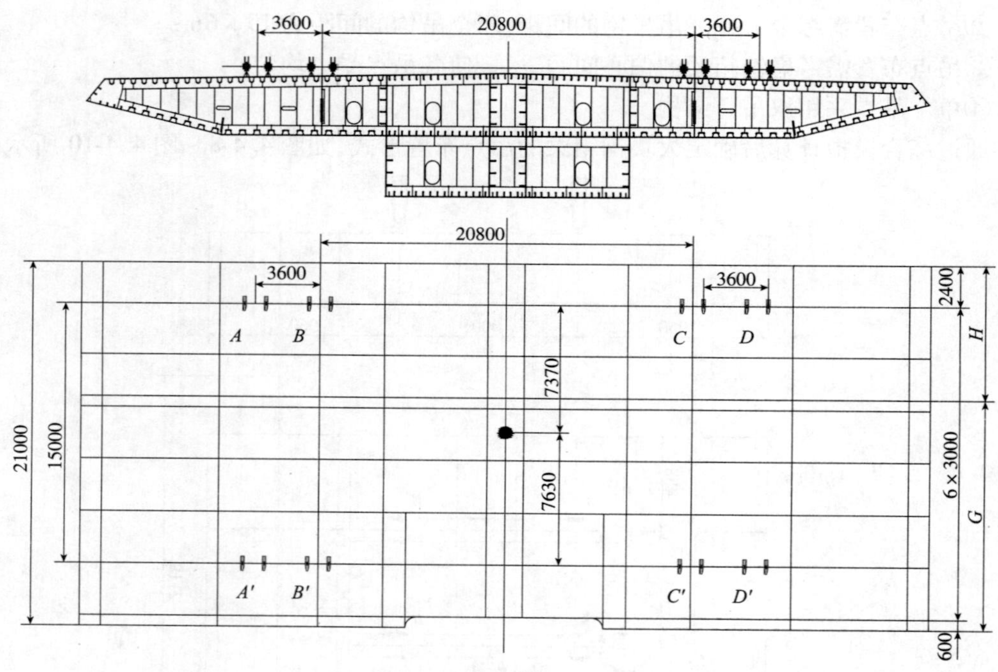

图 4.4-10 锚固区整幅梁段吊点布置图

(2)吊点结构设计

除 1#、2#安装梁段采用 4 个吊点吊装外,其余安装梁段均采用 8 个吊点吊装,每个吊点均采用双吊耳结构形式。吊耳构造设计为穿过桥面板与横隔板焊接,吊耳结构形式如图 4.4-11 所示。

2)吊具设计与施工

大沽河航道桥钢箱梁分为分幅大节段及锚固区整幅大节段两种类型,综合考虑大块钢

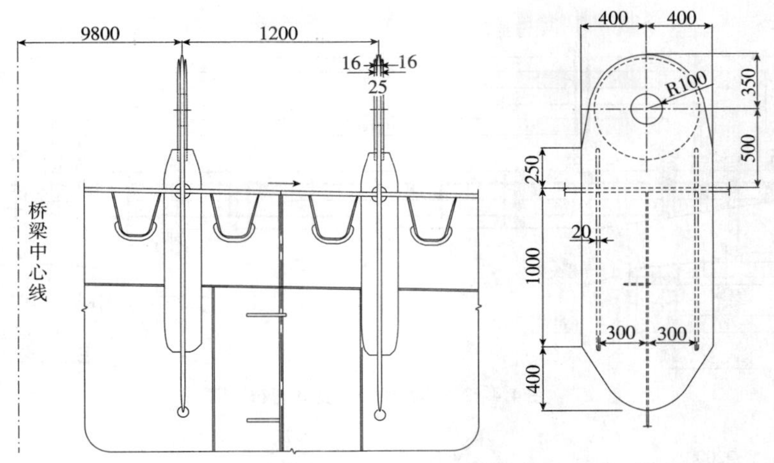

图 4.4-11 吊耳结构图(尺寸单位:mm)

箱梁的分段特点及浮吊本身构造特点,其分幅大块钢箱梁及整幅大块钢箱梁分别采用不同的吊具进行吊装。

(1)分幅梁段吊具设计

分幅梁段吊具设计,应充分考虑以下限制条件与难点:

①吊点只能受竖向力;

②吊钩到箱梁顶的最大距离不超过 17m;

③单钩吊重不超过 600t;

④钢箱梁纵横方向偏心对吊具的影响。

经过多方案比选和计算,最终确定采用梁索结合的结构型式。其吊具主要由吊挂梁、主吊梁、扁担梁、分配梁、吊索及吊耳板组成,吊挂梁与主吊梁之间采用销轴连接。

主吊梁与扁担梁通过高强螺栓连成整体,通过调整扁担梁在主梁上的固定位置,来满足不同长度梁段的吊装要求。

吊索分为主吊索和次吊索,吊架与吊钩连接的为主吊索,吊架与钢箱梁连接的为次吊索,主、次吊索与吊架及钢箱梁均采用销轴连接。

(2)不同梁段的吊具组装图

①分幅梁段吊具组装

分幅大块梁段采用 8 点吊装,最大梁段长 72m,重 1020t,采用浮吊的四钩吊装。吊具主梁与扁担梁之间通过法兰连接,在主梁上的不同位置设置相应的法兰结构,以便调整扁担梁的位置,以适应其他分幅梁段的吊装要求。其吊具结构布置如图 4.4-12 和图 4.4-13 所示。

②塔区梁段吊装

塔区 1、2 号梁段最先起吊,长度为 28.2m,单块重量 420t。由于此位置处受施工栈桥的影响,浮吊只能布置在黄岛侧顺桥向进行 1#梁段的吊装,为避免主塔位置与浮吊臂杆冲突,1#梁段采用浮吊单臂杆单吊钩吊装。吊装时吊具考虑采用分幅梁吊具的部分构件进行组装,其吊具的结构布置如图 4.4-14 所示。

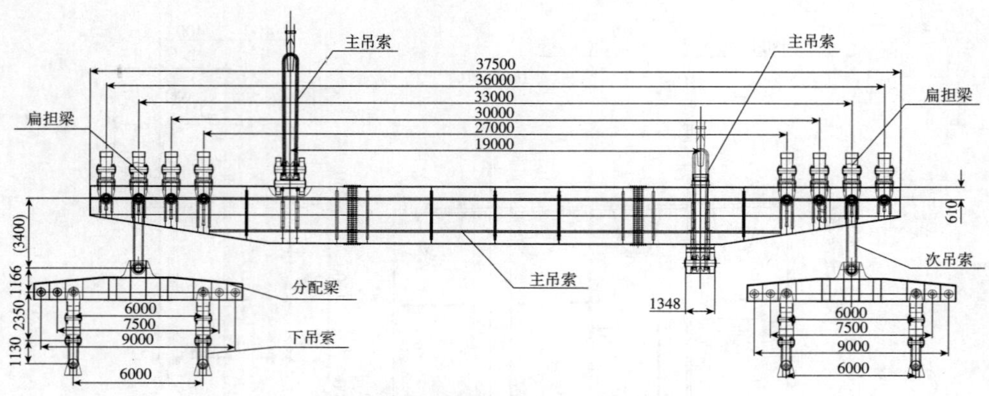

图 4.4-12　分幅梁段吊具立面布置图

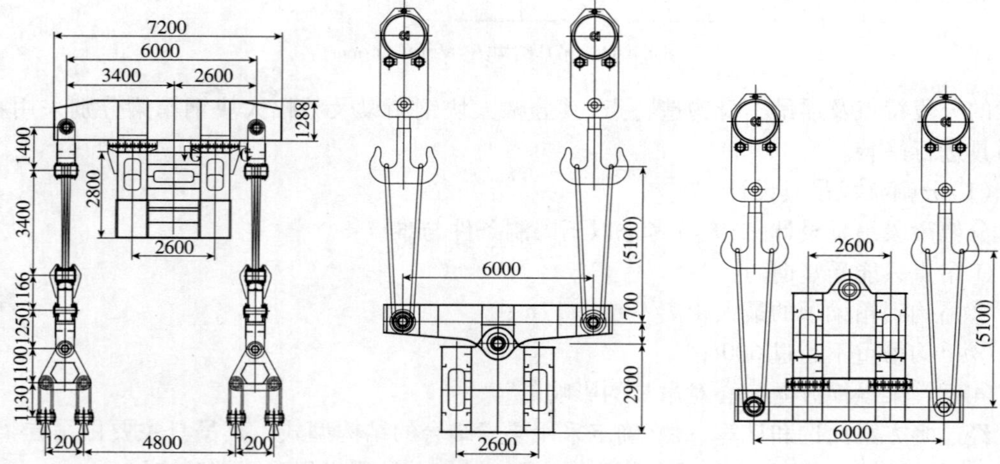

图 4.4-13　分幅梁段吊具侧面布置图

(3)锚固区整幅梁段吊具设计

整幅梁段吊具设计具有以下限制条件与难点：

①吊点只能受竖向力；

②吊钩到箱梁顶的最大距离不超过 10m；

③吊具必须满足采用浮吊两臂杆的前钩进行钢箱梁吊装的要求 ；

④考虑钢箱梁纵桥向偏心对吊具结构的影响。

经过方案比选，整幅梁吊具采用梁索相结合的结构型式。吊具主要有受弯的主梁、扁担梁、分配梁组成。吊索由主吊索、次吊索组成。吊具总体结构满足整幅梁段采用 8 点吊装，采用浮吊的 2 钩吊装的要求，其吊具结构布置如图 4.4-15 和图 4.4-16 所示。

(4)吊具加工制造

吊架选择有经验的专业钢结构加工厂进行加工，并严格过程控制，加强检测。完成的吊架拟在加工厂进行预拼装。

吊索选择在专业索具厂进行，为确保加工质量，拟采取以下措施：

①所有钢丝绳制作、接头制作及浇铸均按国家及行业现行标准进行；

②吊索制作前编制制作大纲及作业指导书，经批准后严格执行；

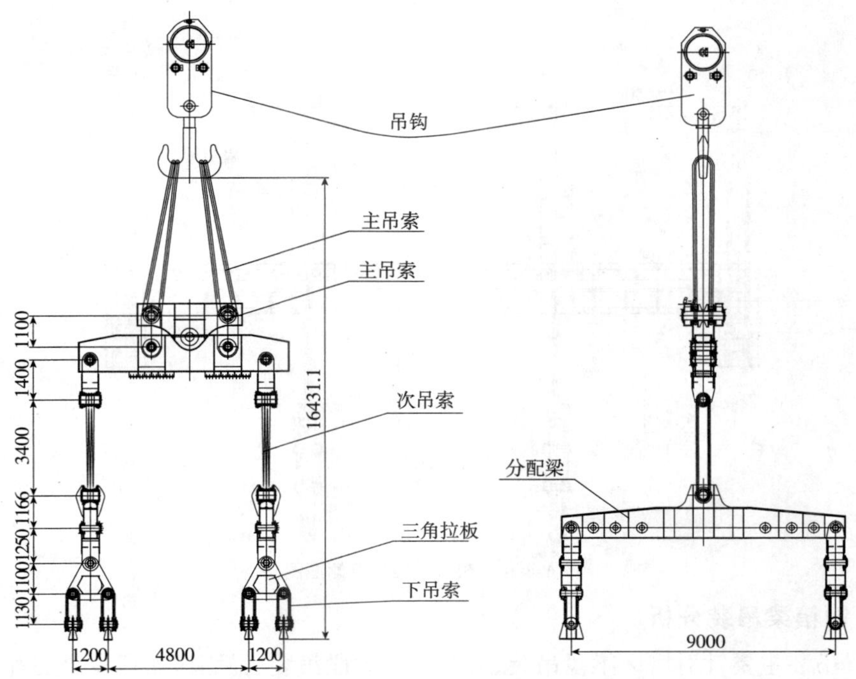

图 4.4-14　塔区梁段吊具结构布置图

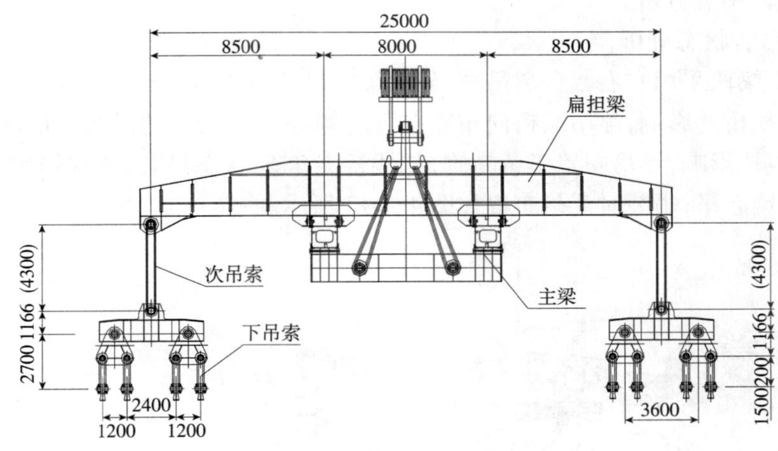

图 4.4-15　整幅梁段吊具布置图

③制作用的钢丝表面不能有裂纹、竹节、起刺、锈蚀和伤痕等缺陷；

④钢丝绳捻股时必须使用后变形器，捻绳时必须使用预变形器、后变形器、定径器；

⑤接头制作必须进行 100% 超声波探伤，探伤级别 B 级，评定级别Ⅱ级；

⑥钢丝绳下料前必须进行预张拉，预张拉力为钢丝绳破断拉力的 40%，卸载到 5% 时进行下料，以保证吊索制造精度；

⑦吊索出厂前必须进行试拉，试拉力为吊索额定荷载的 2 倍。

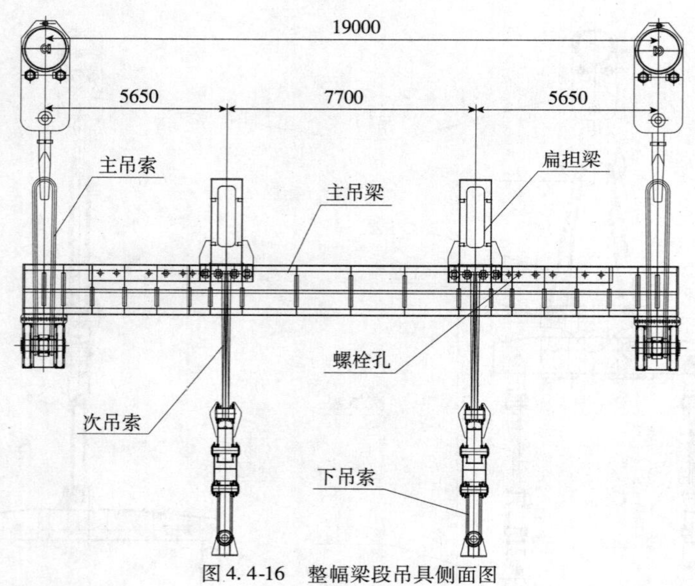

图 4.4-16 整幅梁段吊具侧面图

4.4.2.2 钢箱梁吊装分析

钢箱梁吊装主要针对塔区梁段吊装、大块分幅梁段吊装、锚固区梁段吊装三个特征区域内的梁段吊装进行分析：

1）塔区梁段吊装分析

（1）浮吊吊装状态分析

塔区 1#、2#梁段采用左右幅分离吊装，最大梁段尺寸为 21m × 28.2m，最大吊重 420t。由于主塔及施工栈桥的影响，浮吊顺桥向布置在黄岛侧进行 1#梁段的吊装。塔区 1#梁段最先起吊，受施工栈桥影响，浮吊布置于黄岛侧，与栈桥夹角 5°状态吊装；塔柱影响，采用外海侧臂杆的单个吊钩起吊，吊装时浮吊布置如图 4.4-17 所示。

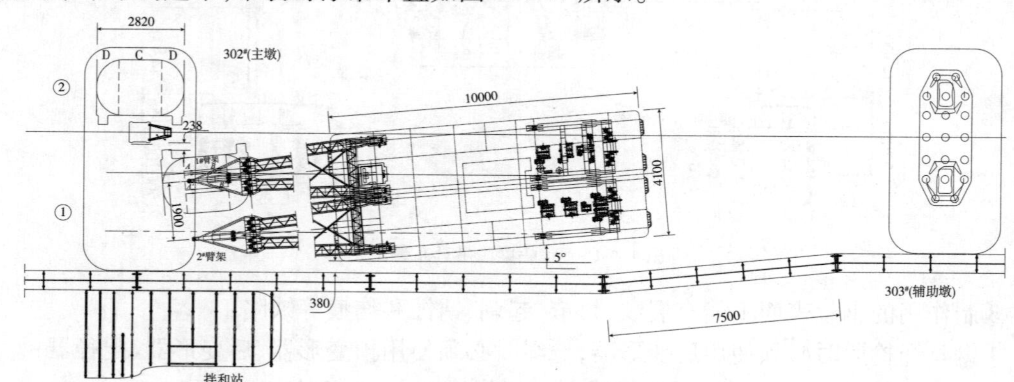

图 4.4-17 塔区 1#梁段吊装就位后浮吊布置图

由分析可知，在上述状态下吊装 1#梁段时，浮吊与栈桥、塔柱之间的安全距离分别为 3.8m、2.4m。

（2）吊高及吊重分析

根据现场实际情况，取浮吊臂杆工作角度为 64°时进行模拟，依据浮吊工作性能曲线，此时浮吊最大吊装高度为78m,单个吊钩的吊重为620t,船舷到吊钩的距离为34.78m,船头到套箱有19.4m的安全距离。

取吊装作业时的水位为+1.0m,钢箱梁最大吊装高度为59.4m(钢箱梁底板与支架临时支座顶部确保1m的安全吊装高度),吊具总高16.5m,余2.1m的安全吊装高度。箱梁加吊具加吊耳及支点加强材料的总吊重为550t,吊重富余70t,经分析,此状态满足1#梁段的吊装要求。吊装模拟及浮吊布置具体见图4.4-18。

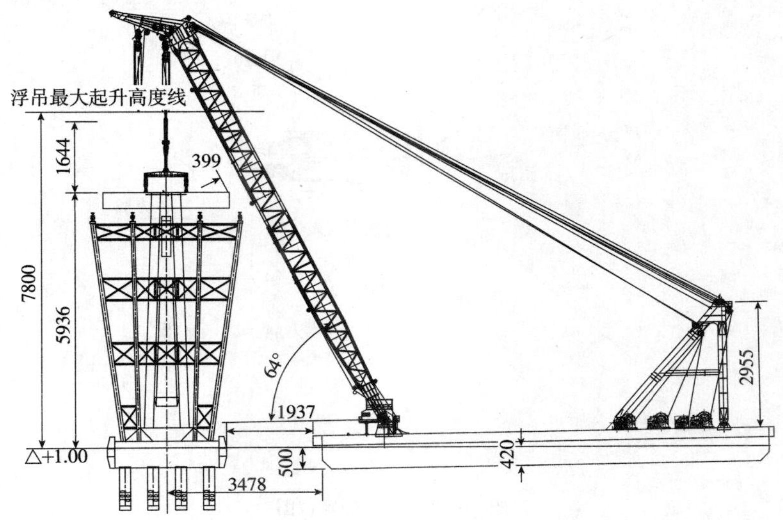

图4.4-18　塔区1#、2#梁段吊装模拟

(3)吊装作业流程

综合考虑停船坑、运梁船定位、浮吊定位移位等因素,1#梁段按照以下流程吊装:

第一步:浮吊布置在停船坑内,在潮位达到钢箱梁吊装要求之前进行浮吊及定位驳船的抛锚定位。如图4.4-19所示。

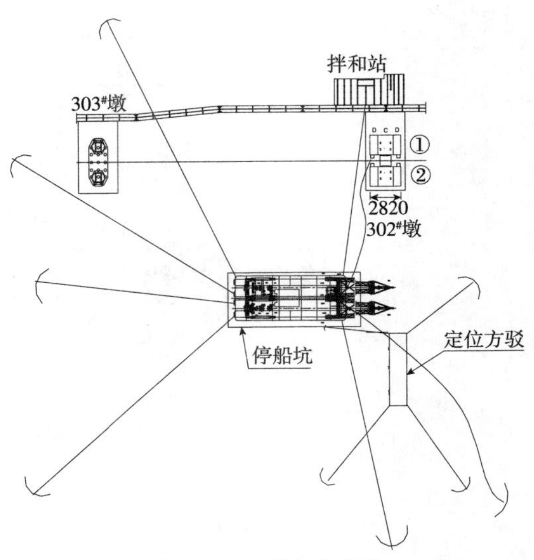

图4.4-19　设备定位图

第二步:移动运输吊具的驳船,浮吊挂设吊具。同时,当达到箱梁的运输水位时,将钢箱梁运输至吊装桥位处,并依靠定位驳进行运梁船的定位。如图 4.4-20 所示。

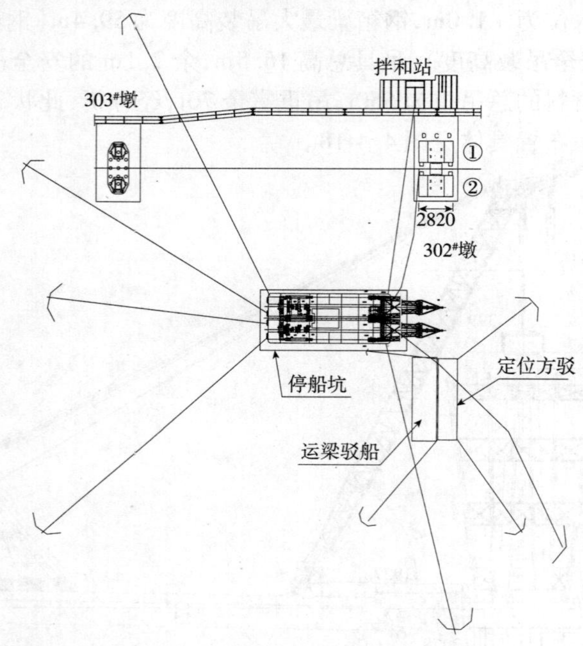

图 4.4-20 运梁船定位图

第三步:起重船移船,进行钢箱梁的架设,如图 4.4-21 所示。

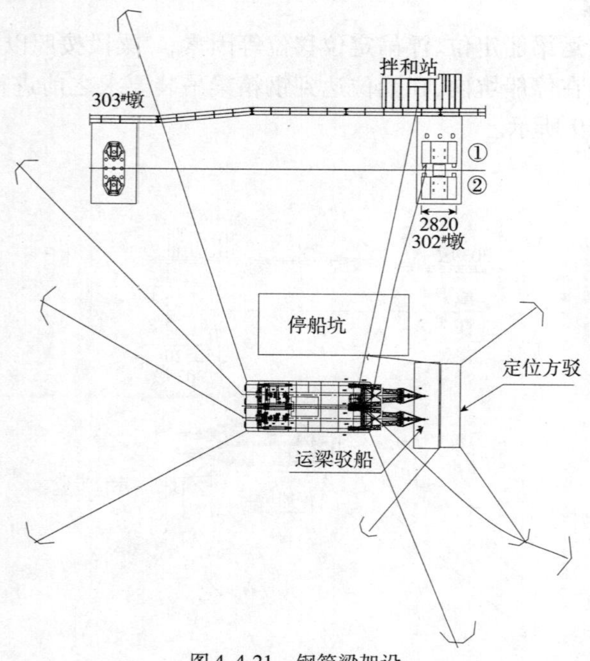

图 4.4-21 钢箱梁架设

第四步:起重船按照预先设计的轨道移船到钢箱梁的安装位置,进行钢箱梁的安装,如图4.4-22所示。

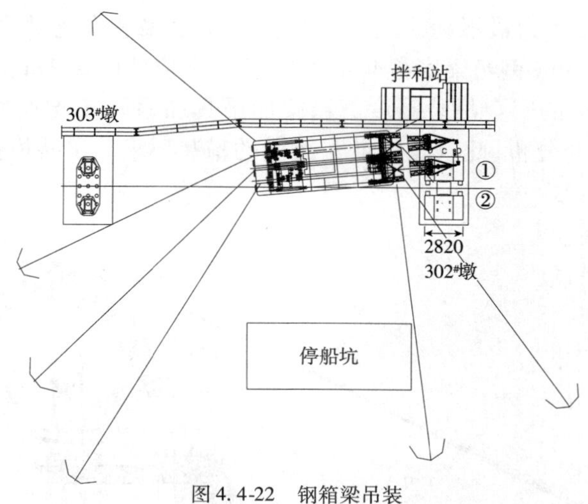

图4.4-22 钢箱梁吊装

2)标准区单幅梁段吊装分析

除塔区外分幅梁段共14个大节段,以吊高及吊重最不利的3#、4#梁段吊装为例进行吊装可行性分析。

(1)吊装状态布置

由于施工栈桥的影响,浮吊横桥向布置在外海侧进行钢箱梁吊装作业,按照先内海侧后外海侧的顺序作业。3#、4#梁段尺寸为72m×21m,重1020t。如图4.4-23所示。

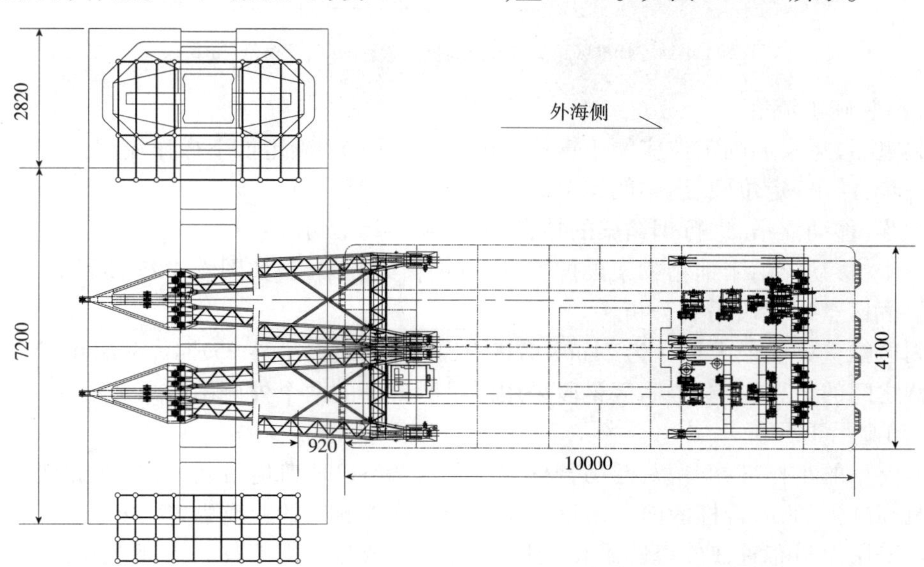

图4.4-23 浮吊吊装布置图

(2)吊高吊重分析

根据现场实际情况,取浮吊臂杆工作角度为60°时进行模拟,依据浮吊工作性能曲线,此时浮吊最大吊装高度为75.5m,浮吊四钩吊装的总吊重为1960t,舷外距离为42.4m,船头到支架有7.7m的安全距离。

取吊装内海侧梁段时为最不利的控制因素进行模拟,吊装作业时的水位为+1.0m,钢箱梁最大吊装高度为59.3m(钢箱梁底板与支架临时支座顶部确保1m的安全吊装高度),吊具总高14.5m,余1.7m的安全吊装高度。箱梁加吊具加吊耳及支点加强材料的总吊重为1250t,吊重富余710t,经分析,此状态满足1#梁段的吊装要求。吊装模拟及浮吊布置具体如图4.4-24所示。

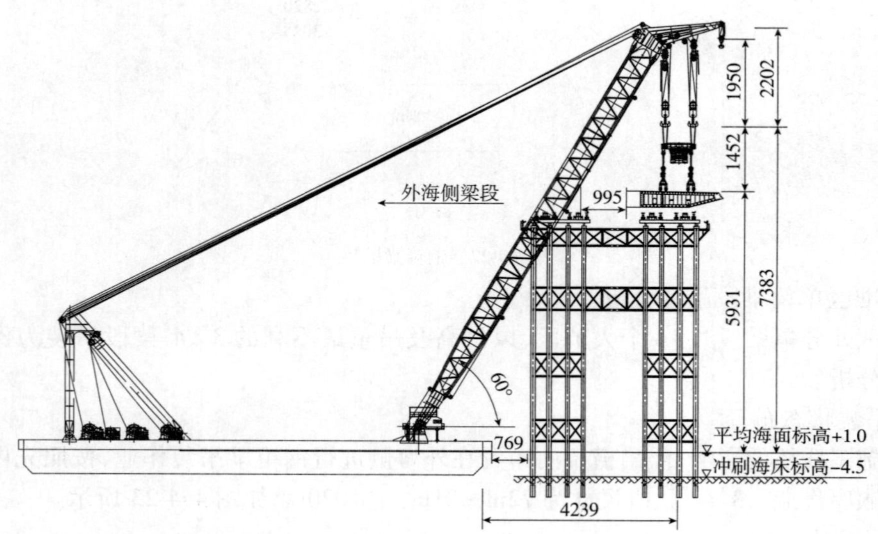

图4.4-24 标准区单幅梁段吊高核算示意图(尺寸单位:cm)

(3)吊装施工流程

以起重船、运梁船的定位应便于钢箱梁的架设的原则,确定如下操作流程:

第一步:浮吊、定位驳、运梁船抛锚定位,如图4.4-25所示。

第二步:移动浮吊、进行钢箱梁的挂设,如图4.4-26所示。

第三步:移动浮吊于钢箱梁架设位置,进行钢箱梁的架设,如图4.4-27所示。

3)锚固区整幅梁段吊装分析

锚固区幅整梁段最大尺寸为21m×47m(长×宽),最大吊重957.4t,考虑箱梁宽度与浮吊起重臂之间的位置影响,锚固区梁段采用浮吊两臂杆的两个外侧吊钩吊装。

(1)吊高吊重分析

根据浮吊的工作性能参数,浮吊臂杆工作角度为64°时满足吊装要求,在此状态下浮吊最大吊装高度为78m,臂杆两前钩吊重1230t,船舷到外侧钩的距离为39.3m。

梁段采用浮吊布置在外海侧吊装,钢箱梁底部需要越过支架临时支座,临时支座顶的高程为54.69m,为确保吊装安全,钢箱梁底部超过临时支座顶有0.5m的安全高度。吊装过程中,为确保臂杆与钢箱梁的位置不冲突,取吊装作业时的水位为+1m,此时,将钢箱梁底起升到标高54.2m,然后待潮水位达到+2m时,钢箱梁底高程升到55.2m,高出临时支座0.5m,搅锚前移浮吊进行钢箱梁的安装。吊装流程模拟具体如图4.4-28所示。

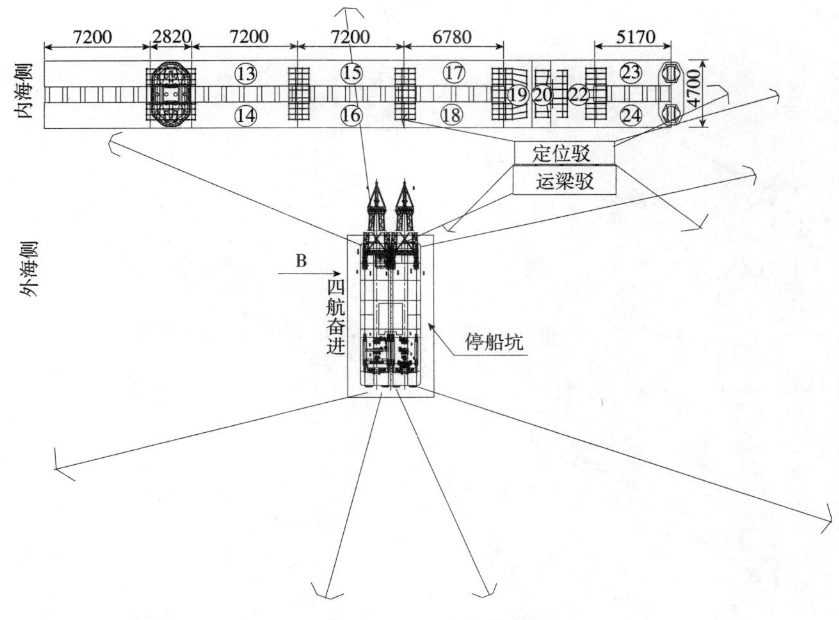

图 4. 4-25　运梁船抛锚定位

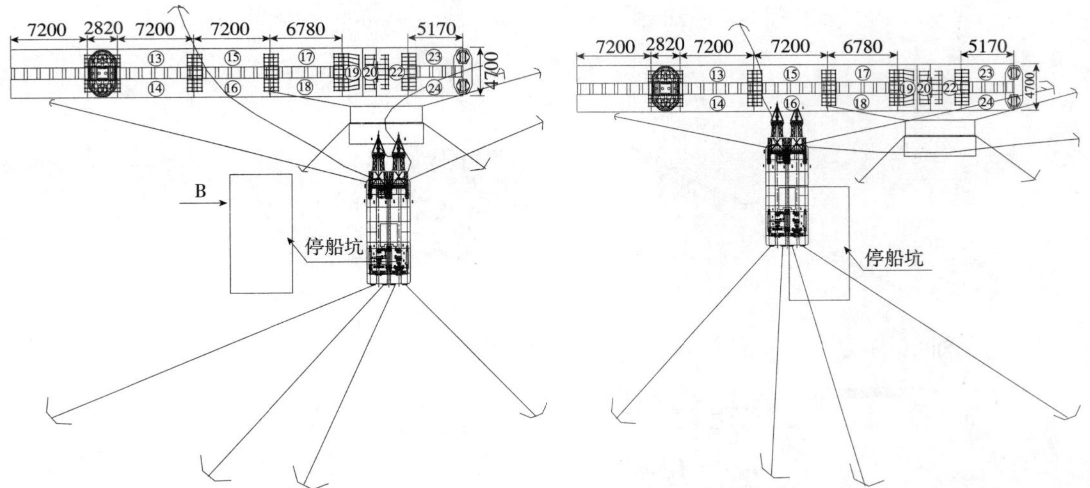

图 4. 4-26　移动浮吊，进行钢箱梁的挂设

图 4. 4-27　移动浮吊于钢箱梁架设位置，进行钢箱梁的架设

(2)吊装作业流程

由于锚固区整幅梁段的宽度较大，其梁段在运梁船上的放置形式尤为重要，且应便于钢箱梁的挂设、移位、吊装。

第一步：浮吊、定位驳抛锚定位，如图 4. 4-29 所示 。

第二步：移动浮吊，进行钢箱梁的挂设。如图 4. 4-30 所示。

第三步：移动浮吊，进行梁段的架设。如图 4. 4-31 所示。

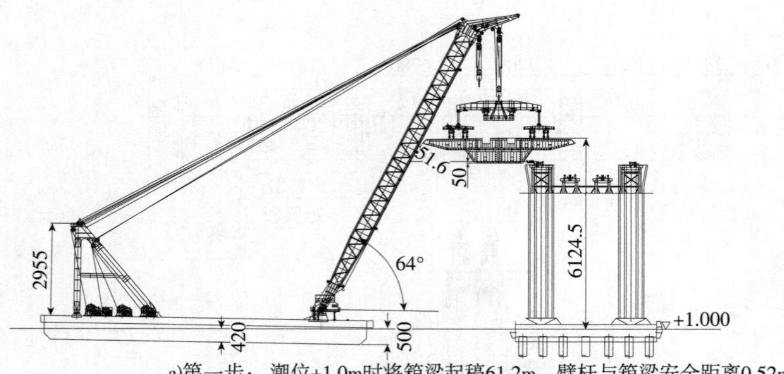

a)第一步：潮位+1.0m时将箱梁起稿61.2m，臂杆与箱梁安全距离0.52m

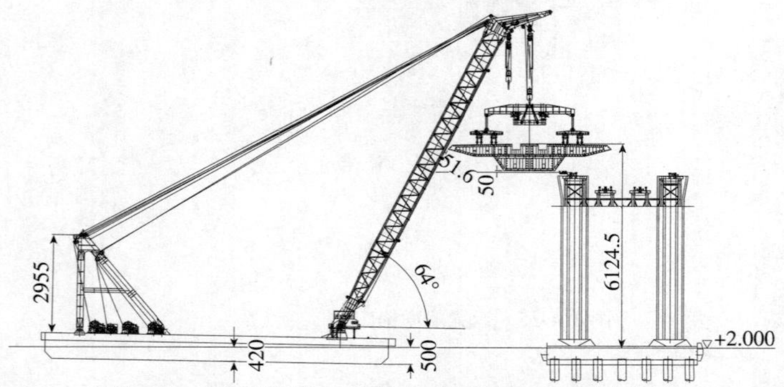

b)第二步：等待潮位到+2.0m及以上时箱梁底高于临时支座不小于0.5m时，开始前移浮吊

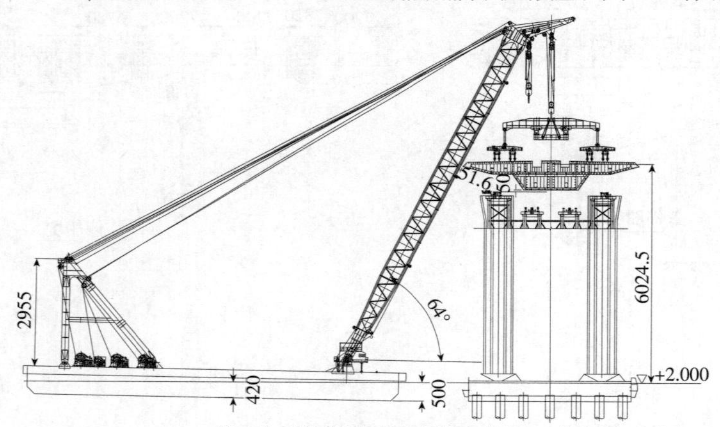

c)第三步:利用高潮位将钢箱梁平移到位，并进行初定位

图 4.4-28　锚固区梁段吊装流程图(尺寸单位:cm)

4.4.2.3　钢箱梁吊装

1)施工准备工作

(1)永久支座安装

在过渡墩、辅助墩墩顶放样永久支座锚固螺栓孔位置,绑扎钢筋、立模浇筑支座垫石混凝土,利用塔吊吊装永久支座。

支座垫石施工时,严格控制其表面高程(宁低勿高)及平整度。

当大块梁段安装完成后,调整永久支座位置,对螺栓孔及支座底与垫石间灌无收缩水泥

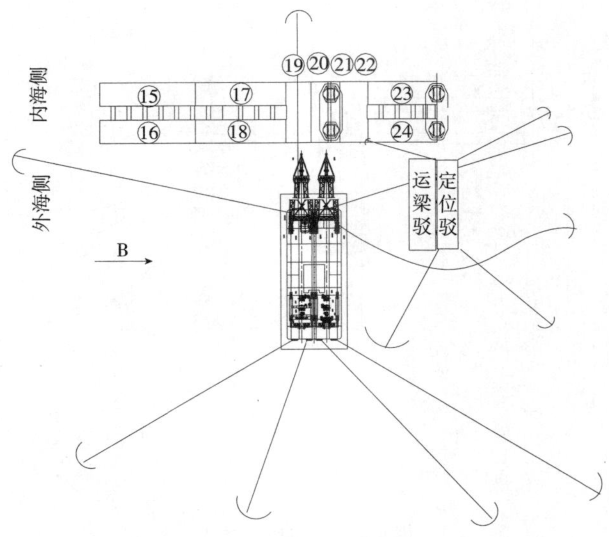

图 4.4-29 抛锚定位

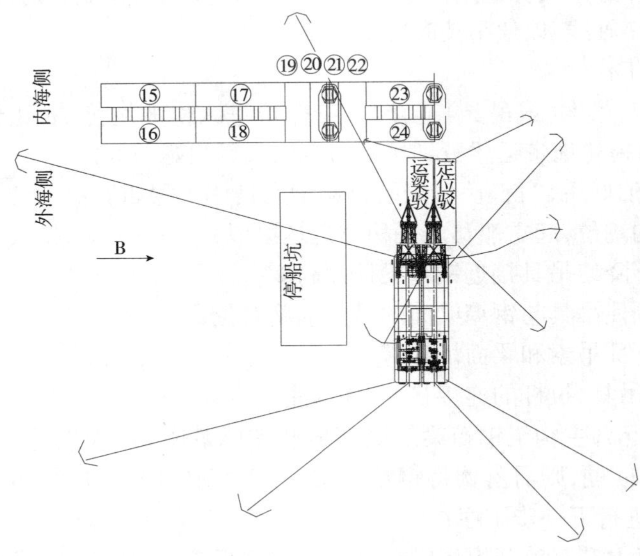

图 4.4-30 移动浮吊

浆，完成永久支座的安装。

(2)潮位及流速预测预报

在大块件梁段吊装前 5 天进行潮位及流速的测量，根据每天测量到的最高、最低潮位时间和整个时段中的潮位变化与潮汐表中预测潮位进行对照分析，以确定梁段的吊装时间。根据测量到的流速以确认起重船及运梁船抛锚定位的可靠性。

(3)测量、复核

每块梁段吊装前，测量复核每个临时支座的顶高程，并根据每块梁段安装的平面位置，复核临时支座上的对位基准线的位置是否正确，如有偏差，则进行调整，将调整后正确的线

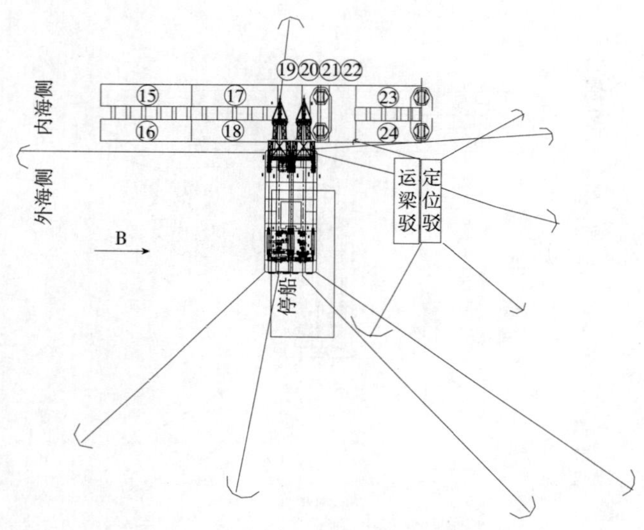

图 4.4-31　梁段的架设

段引向支座侧面并作好永久标记及记录。待大块梁段进场后，根据临时支座的位置，在钢箱梁相应部位勘划十字轴线，以便吊装时准确对位。

2）钢箱梁吊装工作

"奋进"号浮吊与吊索（或吊具）连接后，移船位进入停船坑停泊，让位以便运输吊具的船舶离开。然后，由拖轮拖带运梁驳到桥址与定位驳靠泊好。

运梁驳（船）靠泊好后，"奋进"号安装钢箱梁的具体步骤如下：

（1）选择适当的潮位，起重船移船平稳靠近运梁驳；

（2）同时吊钩下降使吊具接近钢箱梁顶面高度；

（3）起重船微调使吊具与钢箱梁面的吊点准确对位；

（4）连接吊具下部吊索和梁面吊耳；

（5）检查吊索、吊具、拉杆的连接状况，并预紧；

（6）如无异常，起升主钩至钢箱梁最底部离开支撑墩座 2m 左右停止，进行吊具等各构件的全面检查，如有问题，则需落钩将钢箱梁重新放置到驳船上，进行构件的调整，起钩、检查，直到无异常后，进行下一步工序；

（7）起重船继续上升至离开甲板墩台足够的安全距离后开始移船平稳离开运梁驳；

（8）起重船移向安装点，同时主钩上升，使钢箱梁高出墩顶；

（9）起重船采用渐进的方法移船定位，并结合变幅的方法将钢箱梁平稳地吊至安装位置正上方；

（10）根据起重指挥的指令，主钩缓慢下降，使箱梁底面距临时支座 30cm 左右→检查箱梁的轴线和端边线的偏位；

（11）微调起重船船位使钢箱梁最终初定位，主钩缓慢下降，使钢箱梁与临时支座顶面接触，逐步下降主钩使钢箱梁的重量全部转移到临时支墩上；

（12）检查钢箱梁位置，记录初定位安装数据；

（13）卸开吊具与梁面吊耳的连接，使吊具与钢箱梁的连接完全脱离；

(14)起重船起升主钩至合适的安全距离,移动船位进入停船坑停泊,等候下一件钢箱梁的安装。

运梁方驳在起重船吊起钢箱梁离开方驳后,方驳由拖轮傍拖回预制场出运码头继续装驳、出运箱梁。

大块梁段吊装步骤如图4.4-32所示。

第一步:起重船、运梁驳船抛锚定位,连接吊耳与吊具(图4.4-32a);

第二步:起吊钢箱梁,运梁驳船退出箱梁吊装区域(图4.4-32b);

第三步:起重船铰锚前移,按先内海侧后外海侧吊装箱梁,并初定位(图4.4-32c);

第四步:采用千斤顶、临时支座对箱梁精确定位(图4.4-32d);

第五步:对箱梁节段匹配、焊接(图4.4-32e);

第六步:按照以上施工顺序完成箱梁的定位拼装(图4.4-32f)。

图4.4-32 大块梁段吊装施工流程图

4.4.2.4　钢箱梁调位施工技术

根据施工阶段的不同，箱梁的定位施工分为吊装初定位和梁段精确定位，其定位系统主要包括梁段初定位系统及精确调位系统。

1）大块梁段初定位施工

为了使大块梁段吊装时能比较准确地初步定位，应选择风力较小的天气进行钢箱梁吊装。钢箱梁在吊装过程中，进行测量对位，采用通过微移浮吊的方式将钢箱梁底部的标识线与支座上的对位标识线对齐，确保钢箱梁安装的初定位精度控制在10cm以内。

（1）梁段初定位系统

为了使大块梁段在吊装时能比较准确地初步定位，减小精确调位的工作量，根据实际施工情况增设临时引导调整设施，主要包括手拉葫芦、卸扣和钢丝绳等。

箱梁吊装就位前，将临时引导调整设施放置在支架顶部的操作平台上，以根据钢箱梁架设过程中的初定位需要，随时安装，以确保初定位精度。临时引导调整设施布置示意图如图4.4-33所示。

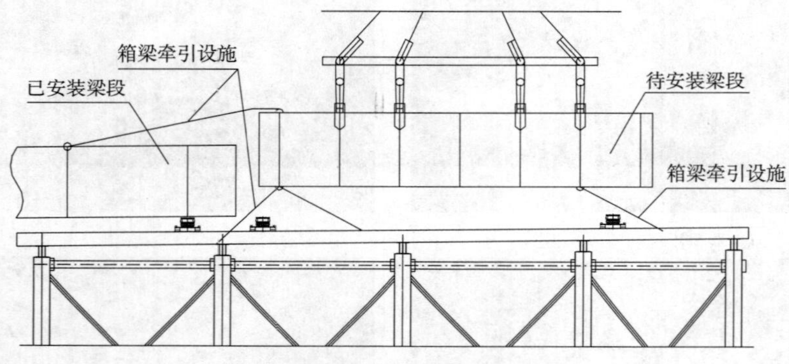

图4.4-33　临时引导设施布置示意图

（2）钢箱梁牵引和初步定位

钢箱梁起吊后，浮吊移动到位下放钢箱梁，当梁段落至离墩顶支座0.3m左右时，检查钢箱梁底部的定位十字线与临时支座顶的对位十字线的偏位情况，采用微移浮吊的措施进行偏位调整，若偏位情况不能满足要求则及时安装临时引导设施，进行偏位调整，然后将钢箱梁平稳地落于墩顶支座或临时支座上。

2）大块梁段精确调位施工

当每期大块段梁段吊装及初定位完成后，即开始进行梁段的精确调位工作。大块梁段调位主要工作内容包括：纵坡调整（高程调整）、横向调位、纵向调位、梁段匹配等。梁段精确定位系统主要由临时支座、钢垫块及千斤顶组成。

（1）梁段调位顺序

由于钢箱梁架设时，临时支座需要垫高（已达到梁段以水平状态放置在临时支座上），最大高度达1m多，为确保钢箱梁精确调位过程中的安全，确定大块梁段的精确调位按照先调整高程，再调整平面位置的顺序逐步调整。梁段精确调位的过程是一个渐近的过程，因此需反复调整方可达到设计要求。

（2）纵坡调整

大块梁段吊装时是以水平状态搁置在钢管支架上的临时支座上，由于桥面线形具有2.5%的纵坡，因此需对大块梁段进行纵坡调整，其调整方法是：以一端临时支座为转点，采用4台液压千斤同步顶起大块梁段需调整的一端，同时移走临时支座上一层钢垫块，慢慢卸落千斤顶，完成一个行程的调整，循环进行，直至将梁段调整成设计纵坡。

为确保梁段下落安全，抽出一层HW150×150钢垫块后，在钢垫块上平面放置14块70cm×70cm厚1cm的垫板置换，共计14cm高，将垫板顶面到钢箱梁底面的距离控制在2cm以内，以控制千斤顶每次下落行程，起到保险作用。

为适应梁段从水平到倾斜的变化，保护钢箱梁避免因局部应力集中而发生变形，在临时支座与梁段之间设置单向转动铰。

钢箱梁纵坡调整施工流程见图4.4-34。钢箱梁纵坡调整流程分以下三步进行。

第一步：进行千斤顶、钢垫块等设备的布置。

第二步：用千斤顶将箱梁顶起1cm，移走临时支座上一层HW150×150钢垫块，并放置14层1cm的钢板（图4.4-35a）。

第三步：每移走一层1cm钢板垫板，千斤顶紧随着慢慢下放2cm，依次循环使梁端逐步下降，直到梁端下降到设计位置（图4.4-35b）。

图4.4-34 钢箱梁纵坡调整施工流程

由于纵坡的存在，各梁段在调位过程中必然产生纵向水平荷载，为保证钢箱梁在调位过程中不突然下滑，对临时支座进行限位，钢箱梁纵坡调整时用钢垫块填塞临时支座与反力块之间空隙，两侧水平千斤顶各提供15t预压力，具体措施如图4.4-36所示。

3）梁段平面位置精确调整

当钢箱梁纵坡及高程调整完毕后，临时支座与箱梁之间用钢板垫实，拧紧转动铰连接螺栓，使临时支座与钢箱梁固定牢固，竖向千斤顶卸载。

平面位置通过水平千斤顶顶推临时支座进行调整，临时支座带动钢箱梁进行移位，考虑钢箱梁各临时支点与底座摩擦力有所不同，为避免在水平调位时顶偏钢箱梁，在临时支座调整方向两侧设置限位钢块，保证箱梁沿预定方向位移。钢箱梁平面调整时临时支座水平千斤顶布置示意见图4.4-37。

由于箱梁高、安装纵坡较大且定位精度要求高，箱梁的平面位置调整与高程调整总是相互影响，须反复多次才能使其里程、轴向位置及高程、高差满足要求。

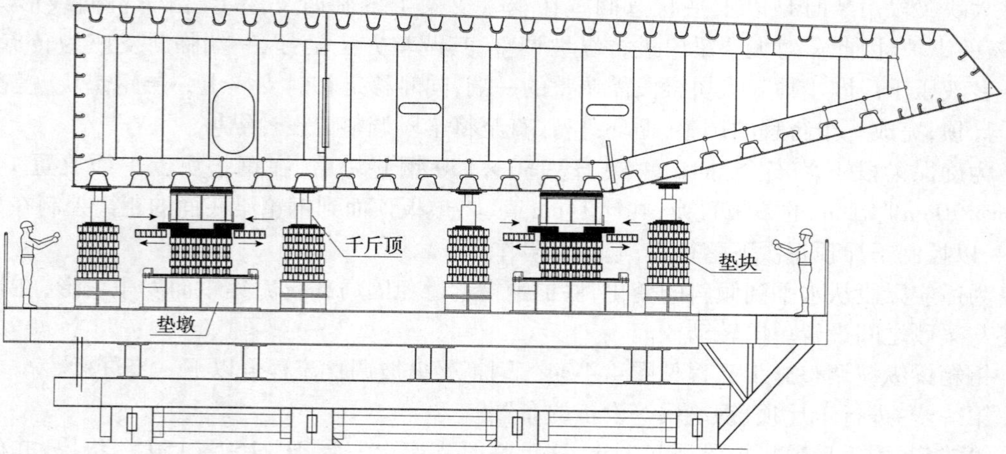

a)

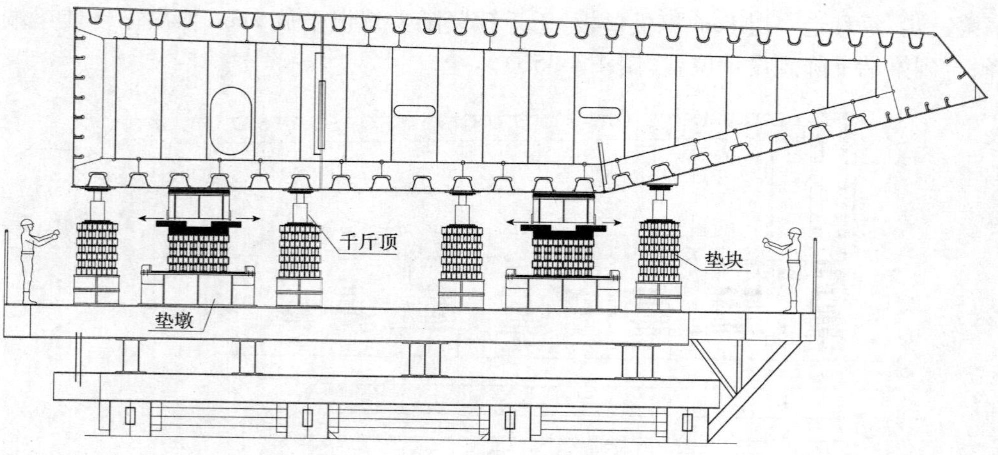

b)

图 4.4-35　钢箱梁纵坡调整流程

4)各特征梁段精确调整施工

(1)塔区 1#、2#梁段调整

1#、2#块梁段位于索塔两侧,考虑索塔空间限制,浮吊就位于顺桥向黄岛侧吊装;1#、2#块梁段底面中心位置处设置有竖向永久支座,为避免永久支座在钢箱梁吊装就位过程中受到冲击荷载影响,需预抬高临时支座顶面高程。三角撑永久支座顶高程 +55.62m,在永久支座对应梁底位置设置有一块 7cm 厚加强钢板,即钢箱梁在吊装阶段底板高程需控制在 +55.69m 以上,将临时支座顶面高程控制在 +55.69m,另外,临时支点位置处设置一块 3cm 厚加强钢板,即箱梁底高程为 +55.72m,满足梁段预抬高要求。1#、2#块梁段临时支座高度较低,可先进行梁段平面位置调整,保证永久支座与箱梁对应位置精确对位,然后调整钢箱梁的高程,通过竖向千斤顶及抽换垫板的方式将钢箱梁调整至设计位置。1#、2#梁段吊装高程控制见图 4.4-38,梁段临时支点布置见图 4.4-39。

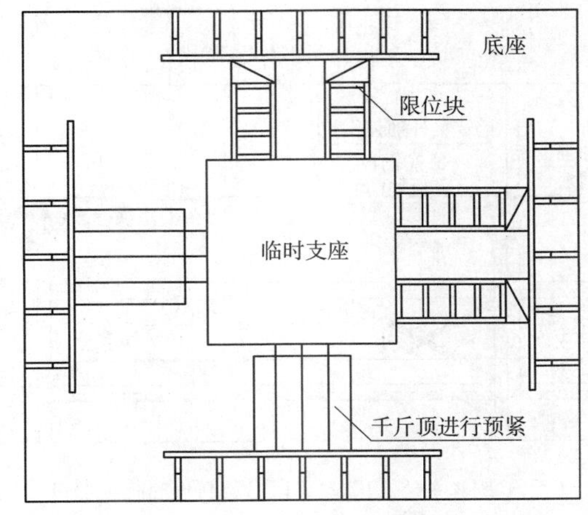

图4.4-36 钢箱梁纵坡调整临时支座限位装置

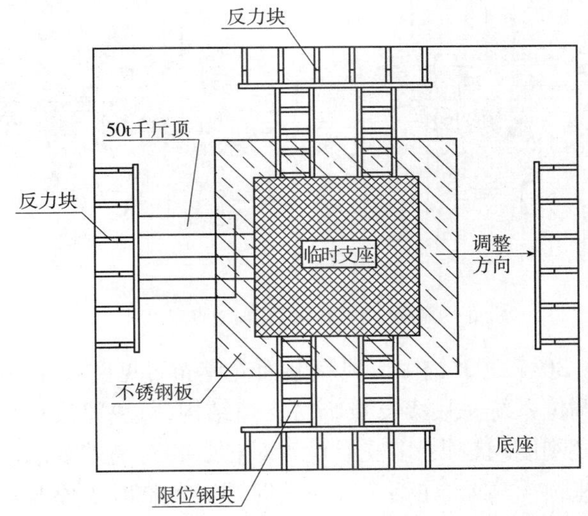

图4.4-37 平面调位千斤顶布置图

(2)锚固区梁段调整

锚固区均为整幅梁段,包括边跨301锚固区7#、8#、9#、10#梁段,主跨303锚固区19#、20#、21#、22#梁段,梁段最大尺寸:21m×47m,梁段最大重量:957.4t;考虑落架要求在锚固区均设置砂箱型临时支座,梁段纵坡最大调整高差0.17m;最大纵向荷载143kN;9#、21#梁段底部对应301、303锚固区竖向永久支座,为避免永久支座在钢箱梁吊装就在过程中受到冲击荷载影响,需预抬高临时支座顶面标高,301永久支座顶高程+54.478m,303永久支座顶高程+53.494m,在永久支座对应梁底位置各设置一块6cm厚加强钢板,另考虑临时支点对应梁段位置处有一块3cm厚加强钢板,则301锚固区9#块对应锚箱部分临时支座顶面高程控制在+50.265m,翼缘部分临时支座顶面高程控制在+54.555m,303锚固区21#块对应锚箱部分临时支座顶面高程控制在+49.290m,翼缘部分临时支座顶面高程控制在+53.580m,

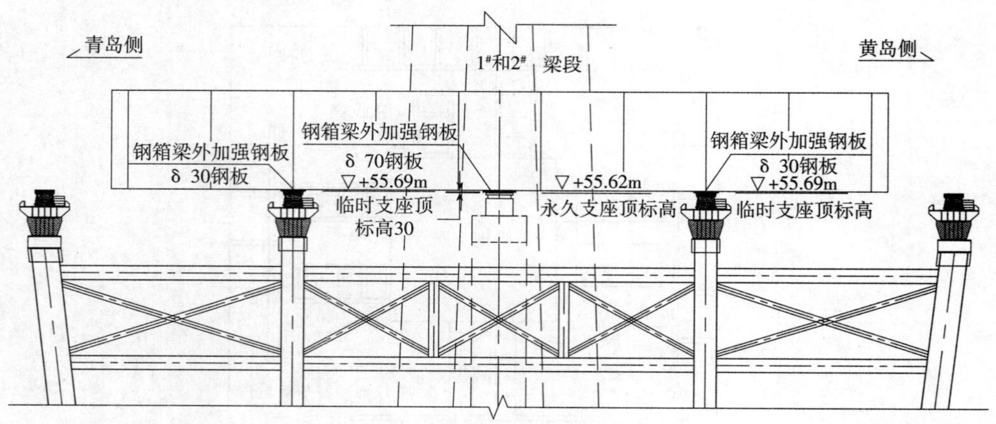

图 4.4-38 1#、2#梁段吊装高程控制示意图

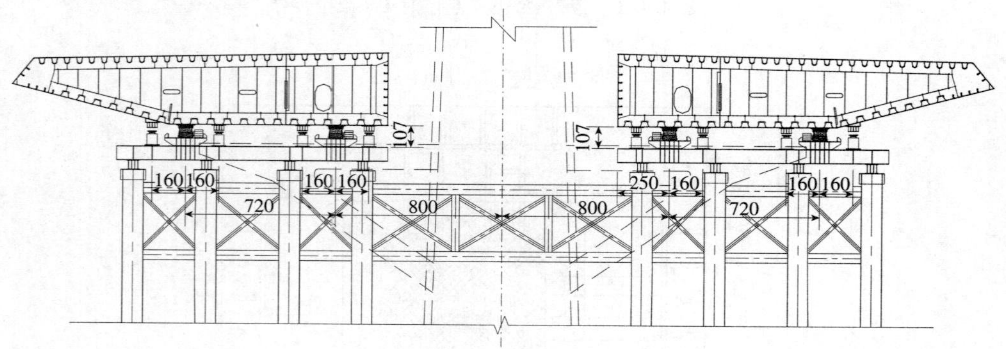

图 4.4-39 1#、2#梁段临时支点布置图

满足梁段预抬高要求。301#、303#锚固区典型断面支座布置见图 4.4-40、图 4.4-41。

锚固区梁段精确调位系统采用多支点临时支撑结构，每块梁段设置八点临时支座，由于临时支座及钢箱梁截面刚度均较大，多支点设置对各点相对高差要求较高，因此在钢箱梁吊装前需严格复测各支座顶面高差，在钢箱梁吊装时观察各临时支座与箱梁底板的接触情况，以保证各临时支点共同受力。

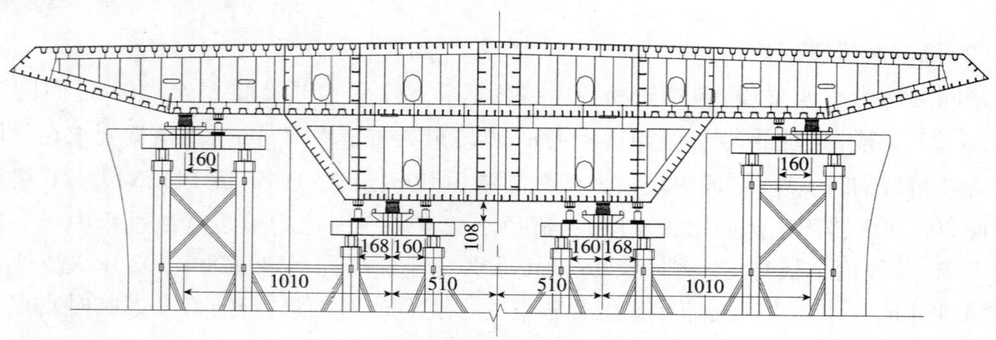

图 4.4-40 301#锚固区典型断面支座布置图

301 锚固区 7#、8#梁段及 303 锚固区 19#、20#梁段部分临时支座支撑在锚箱变截面段，为满足钢箱梁临时支撑及精确调位的需要，在变截面段设置加强楔块结构（图 4.4-42），临时

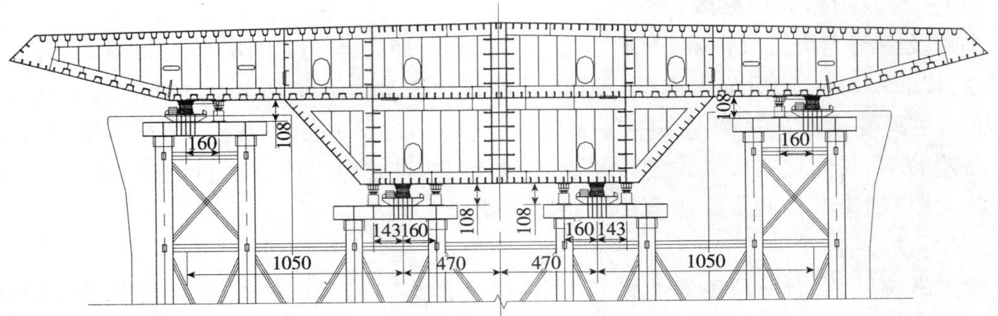

图 4.4-41 303#锚固区典型断面支座布置图

支座加强楔块需在钢箱梁吊装前焊接到位。由于加强楔块位于锚箱变截面段上，加强楔块的加工精度及焊接平面位置直接决定对应支架临时支座高程控制值，因此在加强楔块焊接到位后需量测箱梁底面各支点的相对高差，以此数据来控制对应各临时支座顶高程，加强楔块加工要求及焊接要求参见《大沽河航道桥钢箱梁调位系统施工图设计》。加强楔块布置如图 4.4-43 所示。

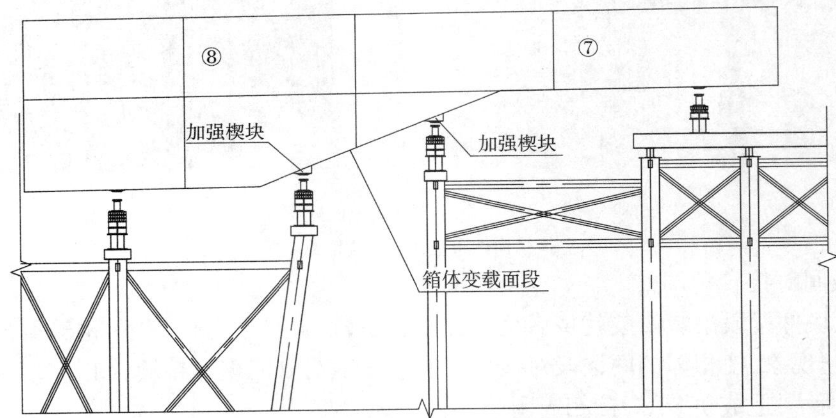

图 4.4-42 301#锚固区锚箱加强楔块示意图

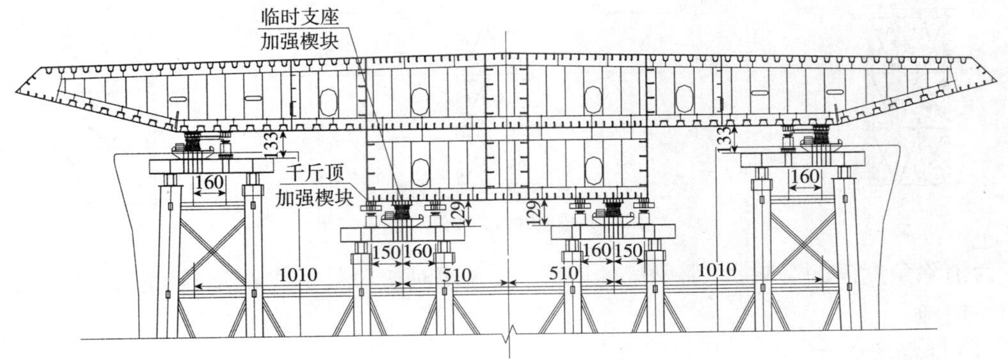

图 4.4-43 301#锚固区锚箱加强楔块布置图

(3)主跨及边跨大块梁段调整

主跨及边跨大块梁段包括3#、4#、5#、6#、13#、14#、15#、16#、17#、18#十块分幅梁段,梁段最大尺寸:72m× 21m,梁段最大重量:1020t;边跨侧梁段最大调整高差0.442m,最大纵向滑移力73kN,主跨侧梁段最大调整高差0.685m,最大纵向滑移力112.3kN。根据落架方式、纵坡调整高差的不同,大块梁段共设置砂箱型及钢箱型两种临时支座,砂箱型临时支座主要用于边跨各梁段,钢箱型临时支座主要用于主跨各梁段。

5)梁段匹配连接

梁段就位后,在合龙段钢箱梁纵向两端,以及合龙口两侧已安装主梁端部设置临时栓接加强件,加强合龙段与两侧钢箱梁的匹配性;而后将两端加劲梁段连接并环缝施焊,完成箱梁的合龙施工。梁段匹配加强件布置如图4.4-44所示:

a)

b)

图4.4-44 箱梁节段定位匹配图片

a)拴接构件布置;b)定位钢板布置

6)梁段间对接转角调整

由于大块件梁段吊装安装就位后呈简支梁状态,在自身重力作用下,钢箱梁出现中间下挠,两边上翘现象,使相邻的两梁段对接口处产生角度为θ的楔形接缝,如图4.4-45(图中挠度为示意)所示,造成拼装、焊接相当困难。

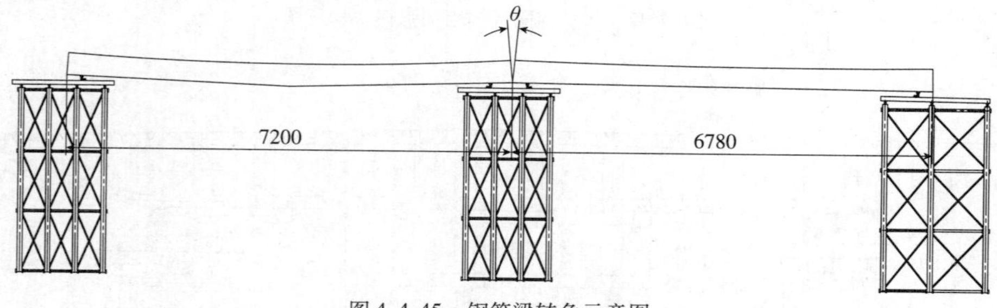

图4.4-45 钢箱梁转角示意图

为消除角度θ的影响,加强梁段的匹配性,方便对接口处的焊缝连接,施工时拟采取如下调整措施:

(1)设置预拱度

在大块件梁段组拼时,根据大块件梁段的长度、重量参数,按施工控制要求,设置相应的预拱度值,以减少梁段吊装后的挠度,使相邻两梁段对接口转角减小。

(2)调位千斤顶调整

用调位千斤顶将梁段的外端微微顶起 ΔX,使待定位梁段绕其另一端端向上微转,使角度为 θ 的楔形接缝消除,当两榀梁段接头位置上下接口的缝隙宽度大致相等,且接缝宽度满足设计要求后,进行匹配件安装,纵向调整完成后进行焊接梁段接头,然后松掉调位千斤顶,使梁外端下放 ΔX 的距离至设计高程,完成两块大块梁段的拼装施工。梁端转角调整如图4.4-46所示。

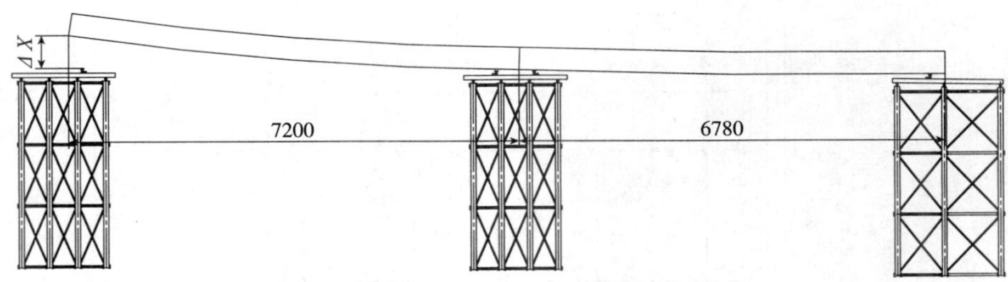

图4.4-46 钢箱梁转角调整示意图

经设计院计算,每节大块梁段的预拱度的设计值如表4.4-2所示。

预拱度设计值 表4.4-2

大块梁编号	大节段长度(m)	大节段跨中预拼预拱度(m)
梁段3、4	50.4	0.022
梁段13、14、19、20	67.8	0.069
梁段15、16、17、18、21、22	72.0	0.088
梁段1、2	51.7	0.025

7)梁段临时固定

当所有的检测项目均符合设计及监控要求后,将梁段临时固结于支架顶的纵梁上。临时固定包括纵、横、竖向三个方向。

竖向落位:在梁段的四个临时支点位置,布置4个临时支座,将四个调位千斤顶卸载,两端落位于4个临时支座上面,支座和钢箱梁之间垫以钢垫板、橡胶垫块。

水平纵横向限位:在临时支撑点附近,利用梁段底板上布置的牛腿,及焊接在支架纵梁上的锚固型钢进行纵横向限位。

为确保左右幅钢箱梁的整体稳定性,当左右幅箱梁对称调整定位完成后,立即进行中间连接箱的施工,加强左右幅钢箱梁的整体稳定性。

4.4.2.5 横向连接箱施工

左右幅箱梁之间采用横向连接箱连接,连接箱是保证左右幅箱梁整体稳定性的重要结构,连接箱共长11.04m,分为三段,长度为3.02m+5.0m+3.02m。其中3.02m长的部分在拼装场地与箱梁拼装成整体,余下的5.0m长的一段采用现场吊装施工。横向连接箱的布置如图4.4-47所示。

横向连接箱通过运输驳船运至施工现场,当横向连接箱两边的大块梁段吊装精确定位后,起吊横向连接箱,横向连接箱现场连接段长5.0m,宽3.0m,重约13t,采用布置在钢箱梁上的龙门吊吊装。连接箱吊装如图 4.4-48 所示。

横向连接箱与相邻梁段进行匹配后临时固定,临时固定措施采用定位钢板。并采用销钉调平错边,待缝宽及定位满足设计要求后进行接缝的焊接工作。连接箱与梁段的连接施工工艺同箱梁节段之间的连接工艺。

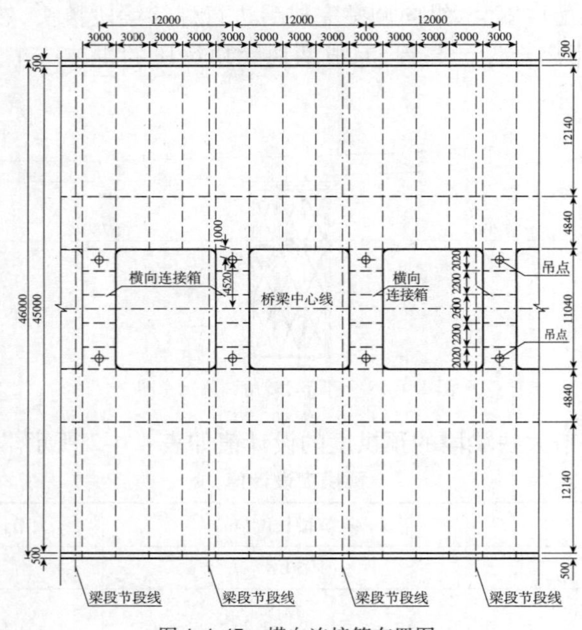

图 4.4-47 横向连接箱布置图

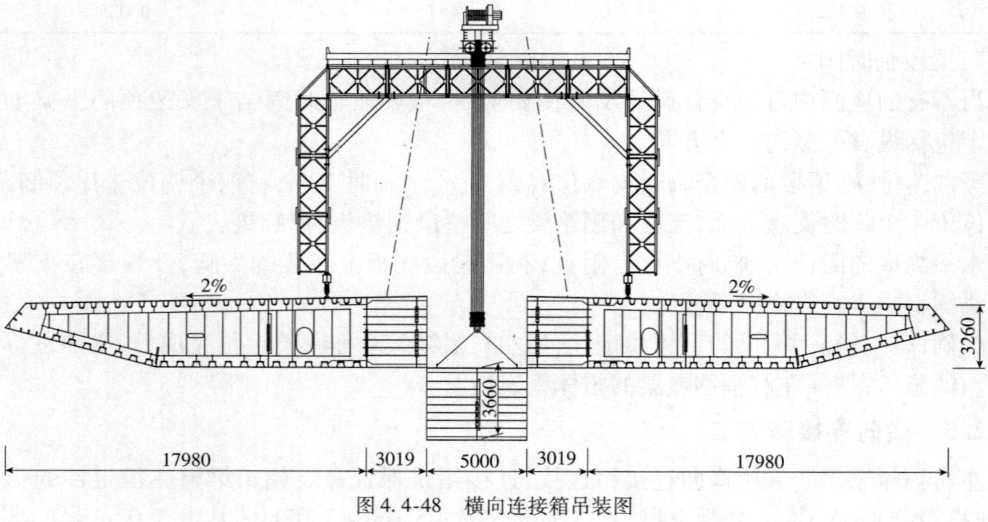

图 4.4-48 横向连接箱吊装图

第 5 章

缆索系统施工

5.1 猫道系统设计与施工

猫道平行于主缆空缆线型布置。猫道作为索股牵引架设、索股调整、主缆紧缆、索夹及吊索安装、主缆缠丝及涂装防护等施工的作业平台，在整个缆索系统施工期间，起着非常重要的作用。其结构的合理性安全环保程度，连同架设方案可操作性的优劣将直接影响缆索系统施工各个主要分项工序的质量和进度。

5.1.1 猫道总体布置

本桥猫道拟采用二跨分离结构，在上、下游对应于每根主缆下方各设一幅猫道，宽度 2.5m。猫道线形取平行于主缆在空缆状态时的中心线，距主缆中心线 1.5m，猫道横桥向中心与主缆轴线偏离 15cm，猫道在塔端的中心间距为 2.5m，在青岛侧梁段中心间距为 7.8m，在黄岛侧中心间距为 6.5m。猫道总体布置见图 5.1-1。

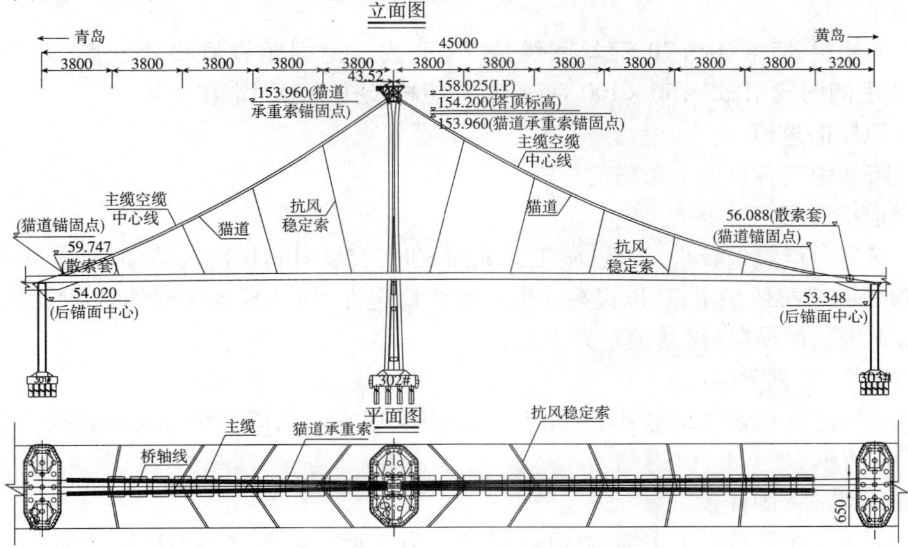

图 5.1-1　猫道总体布置图(尺寸单位:cm)

5.1.2 猫道构成

猫道由猫道承重索、猫道下拉装置、扶手绳、面网、横向通道、锚固体系等组成。锚道标准断面布置如图 5.1-2 所示。

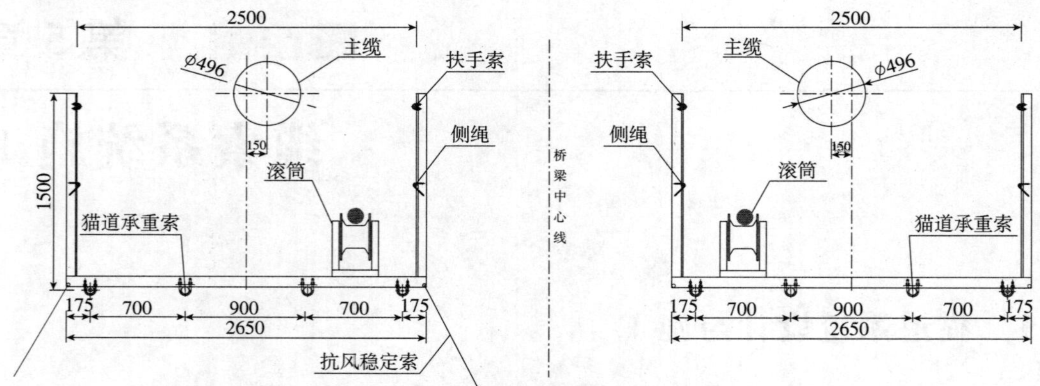

图 5.1-2 猫道断面图布置(尺寸单位:mm)

1)猫道承重索

猫道承重索是猫道结构的主要受力构件。根据上部施工各工况猫道荷载及抗风要求,考虑安全系数要求,每幅猫道由 4 根 $\phi28$ 钢丝绳组成,钢丝绳抗拉强度 1770MPa。

2)扶手绳

扶手绳选用 2 根 $\phi20$ 镀锌钢丝绳。栏杆、侧网用 $\phi16$ 钢丝绳固定在扶手立柱上。

3)横梁

猫道大横梁采用[10 型钢,标准间距为 6m;小横梁采用方钢 50mm×50mm,标准间距为 6m,大小横梁交错布置。

4)猫道面层

猫道面层由 $\phi5\times50\times70$ 钢丝网组成,其上按一定间距设置横梁及踏步方木,见图 5.1-3。扶手侧网选用 $\phi5\times50\times100$ 钢丝网,与栏杆及扶手索固定在一起。

5)猫道横向过道

在边跨和中跨各设置 1 条横向过道。

6)猫道抗风索

由于猫道单位重量较小,人员、施工荷载加入时,容易引起猫道振动,因此猫道纵桥向每隔 38m 设置一道抗风稳定索,以提高猫道的整体稳定性,使其具备足够的抗风能力,抗风稳定索设置在猫道的横梁处,其预紧力为 2t。

7)猫道塔顶锚固装置

本工程猫道承重索张力较小,在塔顶的锚固采用直接锚固在格栅两端外伸的隔板上。如图 5.1-4 所示。

8)猫道梁端锚固体系

猫道承重索在钢箱梁上主缆锚固区的锚固:猫道承重索通过锚固拉杆及锚固横梁与钢箱梁上的耳板相连,如图 5.1-5 所示,现场施工见图 5.1-6。

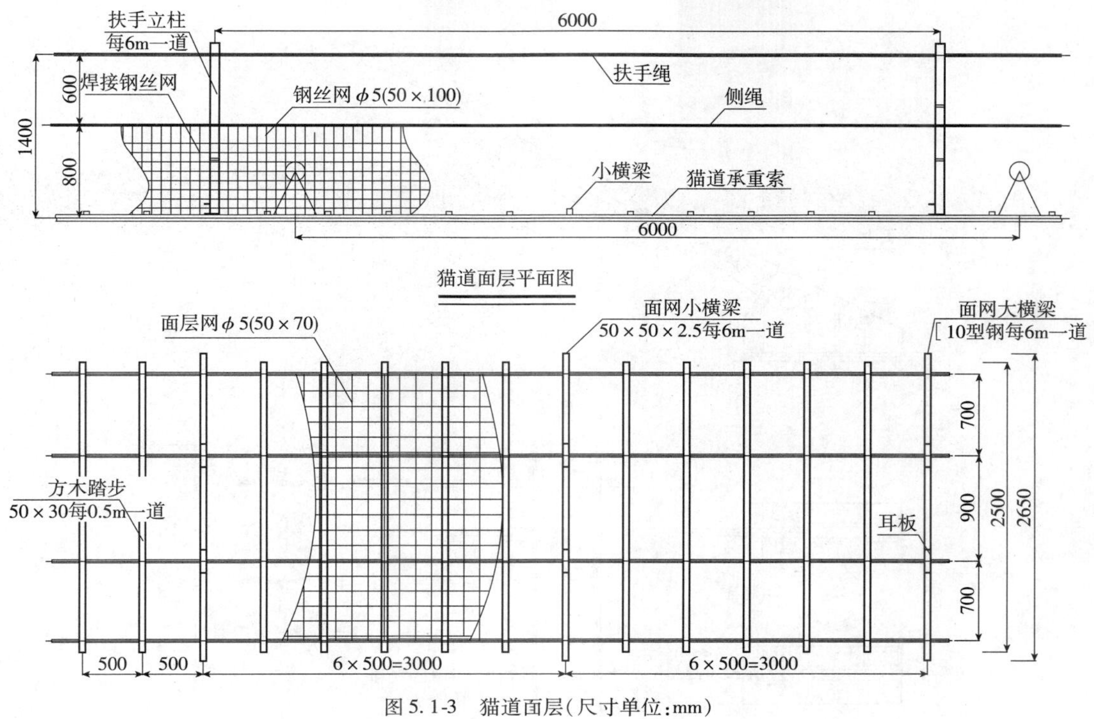

图 5.1-3　猫道面层(尺寸单位:mm)

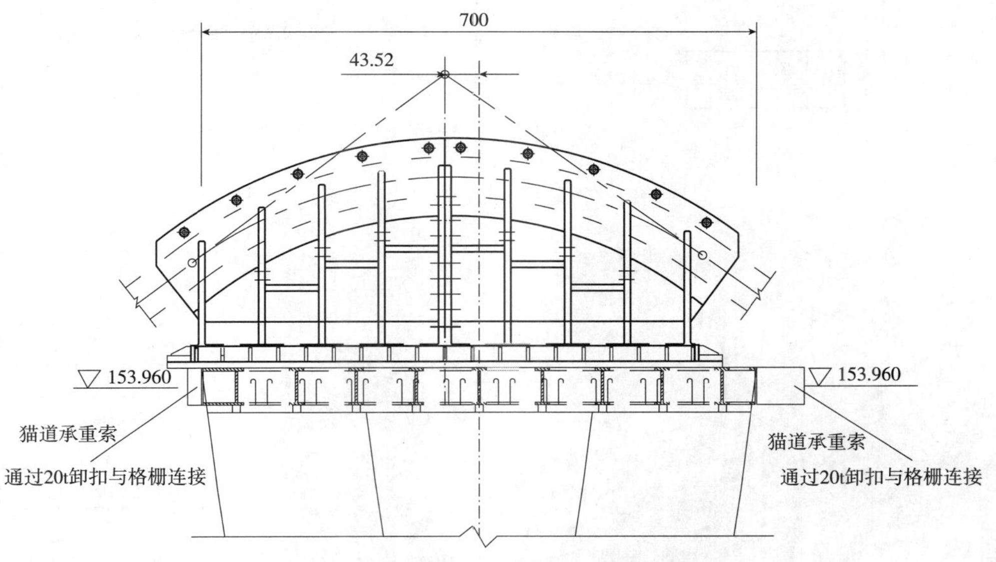

图 5.1-4　猫道塔顶锚固示意图(尺寸单位:cm)

5.1.3　猫道施工流程

猫道承重索采用桥面直接提升法架设,其主要施工内容包括:猫道承重索架设、猫道面层铺设、猫道扶手绳安装、侧网安装、横向过道安装及猫道系统调整等工作,施工流程见图 5.1-7。

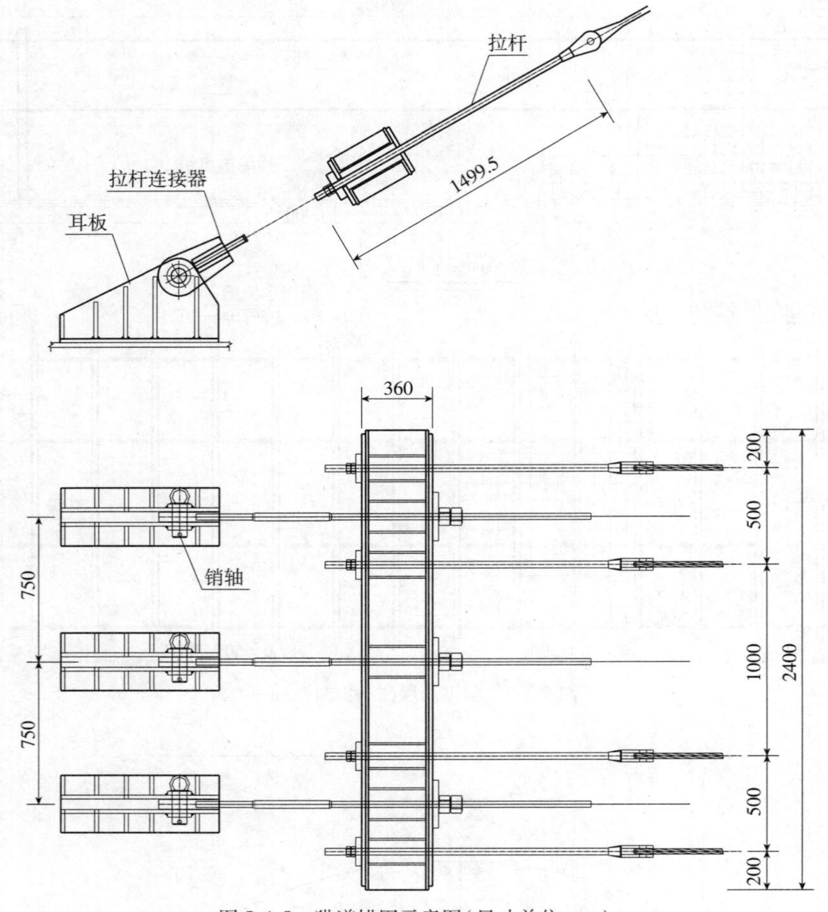

图 5.1-5 猫道锚固示意图(尺寸单位:mm)

图 5.1-6 猫道梁端锚固图片

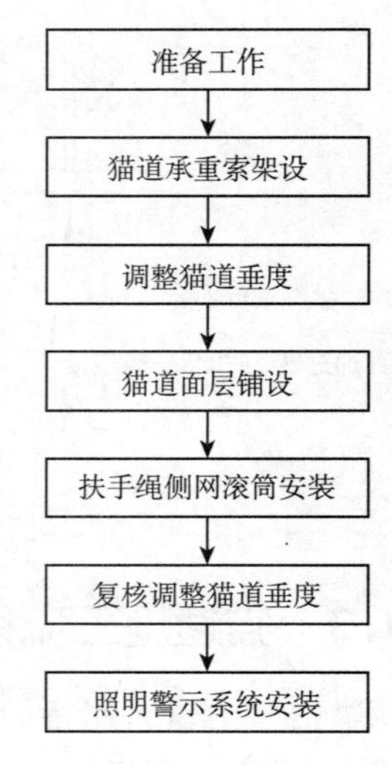

图 5.1-7 猫道架设施工流程图

5.1.4 猫道架设

1)猫道承重索架设

猫道承重索挂设时应采取上下游、青岛侧黄岛侧对称架设方式。

成圈包装的承重索运输到现场以后,用龙门吊或汽车吊提升到桥面上,放在锚固区处的钢箱梁顶面的放索盘内,用卷扬机或人工将承重索沿桥面牵拉至主塔附近,采用塔吊提升至塔顶,与布置在格栅上的卸扣连接;然后采用布设在主缆锚固区后的卷扬机滑车组将猫道承重索的后锚头回牵至锚固位置与拉杆系统销结。全部猫道承重索架设完成后,用拉杆系统粗调承重索垂度。

2)猫道面层铺设

猫道面层采用上滑铺设法。在铺设猫道面层之前,在猫道承重索钢箱梁锚固位置处搭设猫道工作平台,用来存放猫道面层。在钢箱梁上将组成猫道面层的各种材料,如防滑木条,面层网,按设计位置绑扎好,用汽车吊及人工将面层、面层铺设所用的槽钢、U 型螺栓等放到工作平台上。人工在工作平台处将猫道面层与猫道承重索利用 U 型螺栓进行连接,用塔顶卷扬机向塔顶方向牵引,逐步铺设牵拉。待面网铺装到塔顶时,紧固 U 型螺栓,固定面层。锚道铺设如图 5.1-8 所示。

图 5.1-8 猫道铺设完成图

猫道面层上滑铺设时,同时将猫道滚筒放在面层上并捆绑好,装上扶手立柱、侧面网,并向内倒置在面层网上,同面层一起上滑。猫道面层铺装、紧固完成后,先将扶手立柱上翻,并紧固扶手立柱与面层上型钢的螺栓,初步形成可行走猫道。在铺设猫道面层时进行对称铺设,尽量使面网铺设速度保持一致。

3)扶手索、抗风稳定索的安装

借助牵引系统逐根架设猫道扶手索,用 U 型螺栓把上扶手索与扶手立柱相连结、下扶手索卡在圆钢钩内,猫道扶手索牵拉到位后分别锚固于塔顶门架以及钢箱梁吊耳上,并用链条葫芦收紧,用铁丝把侧面网与下扶手索连接。

抗风稳定索一端与猫道大横梁[10 型钢固定、另一端固定在钢箱梁上,并施加 2t 的预紧力。

4)猫道垂度调整

猫道距主缆空缆中心线距离为 1.5m,猫道与主缆空缆线形垂跨比相同,从而确定猫道垂度及标高。

猫道承重索架设完毕后依据猫道承重索垂度设计值,进行垂度调整。垂度调整通过梁端拉杆的长度进行调整,直至垂度满足要求。

5.2 牵引系统架设

牵引系统是悬索桥缆索系统施工的重要组成部分,主要用于猫道和主缆索股的架设。

本桥采用架空索道式牵引系统,单线往复牵引,左右幅各设置一套,布置于主缆轴线正上方。索股在塔顶通过设置在塔顶门架上的手拉葫芦转化、牵引。

5.2.1 牵引系统总体设计

牵引系统主要由主副牵引卷扬机各两台、轨道索锚固系统、轨道索限位系统、散索鞍部的转向导轮、塔顶导轮组、滑轮、手拉葫芦、卸扣、两根轨道索、两根牵引索等组成。

在青岛侧辅助跨钢箱梁上布置两台 10t 副牵引卷扬机,黄岛侧辅助跨钢箱梁上布置两台 10t 主牵引卷扬机,形成左右幅两套单线往复牵引系统,分别用于上下游索股架设。具体布置见图 5.2-1。

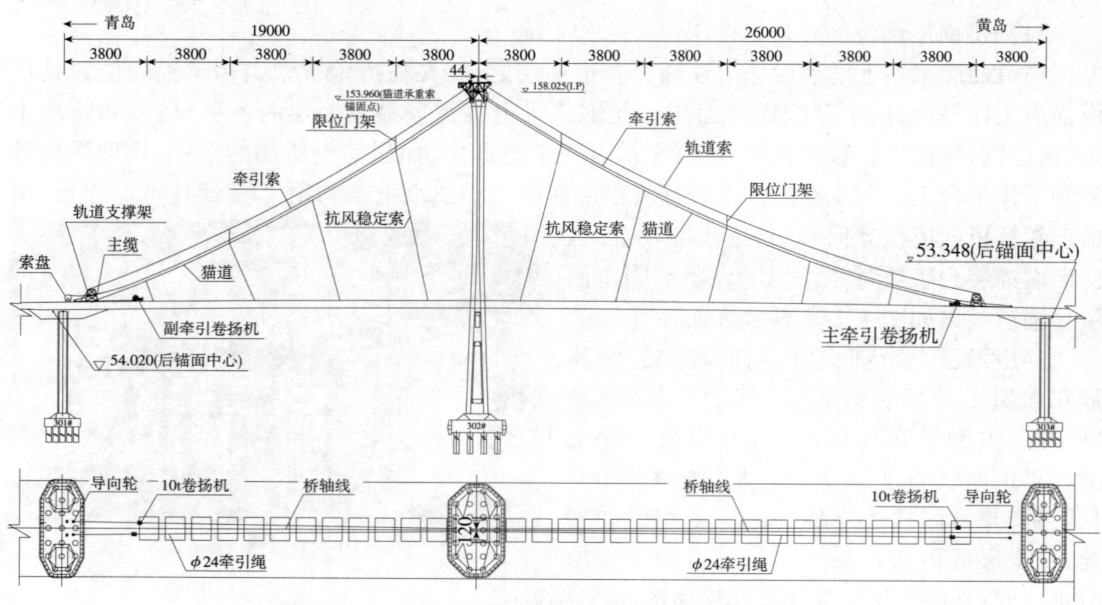

图 5.2-1 牵引系统总体布置图(尺寸单位:cm)

在缆索系统安装施工前钢箱梁已经全部安装完成,牵引系统施工在钢箱梁顶面进行,施工流程见图 5.2-2。

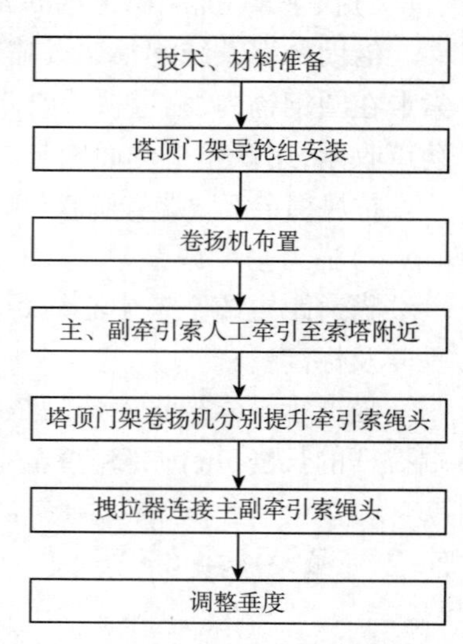

图 5.2-2 牵引系统施工流程图

5.2.2 牵引系统施工

5.2.2.1 施工步骤

牵引系统施工在钢箱梁顶面进行,具体步骤如下:

(1)塔顶主索鞍吊装完成后,在塔顶门架上安装导向轮组。

(2)主卷扬机绕 600mϕ24 的主牵引索,副卷扬机绕 600mϕ24 副牵引索,安放在钢箱梁上设计位置,与钢箱梁临时固定。

(3)人工将主副牵引索绳头牵至塔底钢箱梁顶面,塔顶门架上的卷扬机分别提升主副牵引索绳头至塔顶临时锚固。

(4)主副卷扬机收放牵引索调整垂度,牵引系统形成。

5.2.2.2 轨道索限位门架

为控制轨道索的垂度,设置轨道索限位门架,限位门架与猫道横梁连接固定,其立柱采用2双10槽钢焊接而成,其构造见图5.2-3。

5.2.2.3 轨道索固定支架

轨道索在梁端采用落地式支架固定,支架高6m、宽6m,采用$\phi325\times6$mm的钢管及[20a的型钢焊接而成。固定支架顺桥向布置2排立柱,横桥向布置3排立柱,在支架顶部布置3道2[20a的型钢作为刚性支撑,并在型钢后端利用千斤头连接支架,拉设支架锚碇钢丝绳,支架构造见图5.2-4。

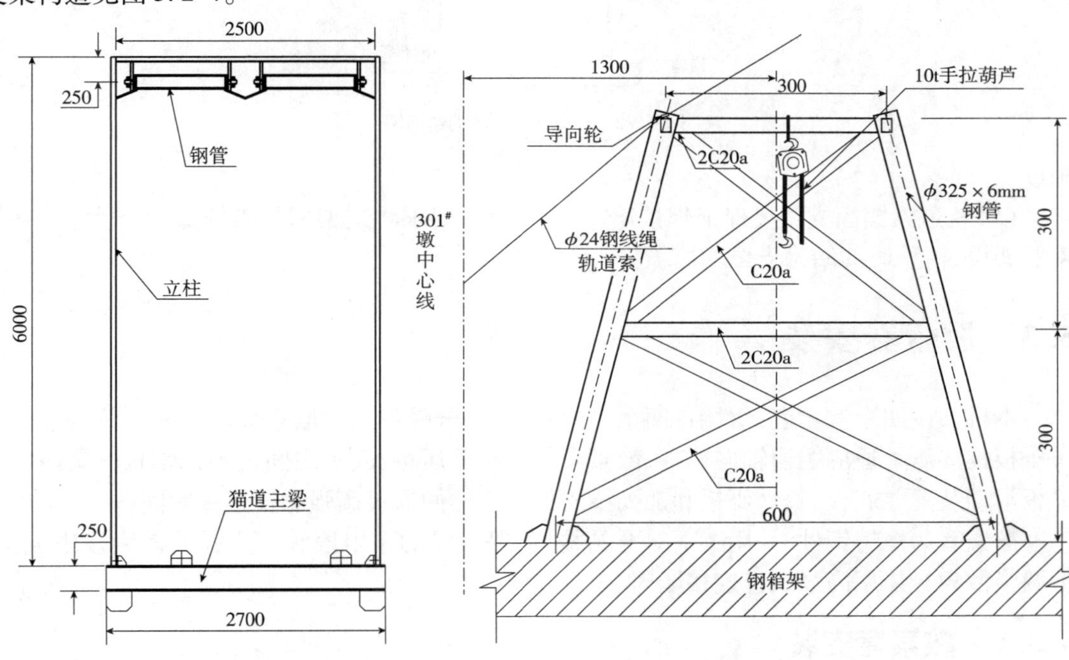

图5.2-3 限位门架结构图(尺寸单位:mm)

图5.2-4 固定支架结构图(尺寸单位:cm)

5.2.2.4 牵引系统塔端锚固

牵引系统在塔端锚固在塔顶门架上,见图5.2-5。

5.2.3 施工要点

牵引系统施工时注意以下施工要点:

(1)轨道索以线型控制为主,内力控制为辅。

(2)轨道索在锚固支架上采用手拉葫芦调整垂度,垂度调整并将预紧力施加到位完成后,分别在塔顶门架和锚固支架上固定,防止索股牵引过程中滑动。

(3)在索股架设前,进行牵引系统的试运行,试运行配重为500kg,观察重物与猫道滚筒之间的距离,根据试运行情况适当调整轨道索垂度,确保索股架设顺利。

(4)轨道索锚固支架施工时应使用测量仪器精确定位,特别是需保证立柱平面位置的精

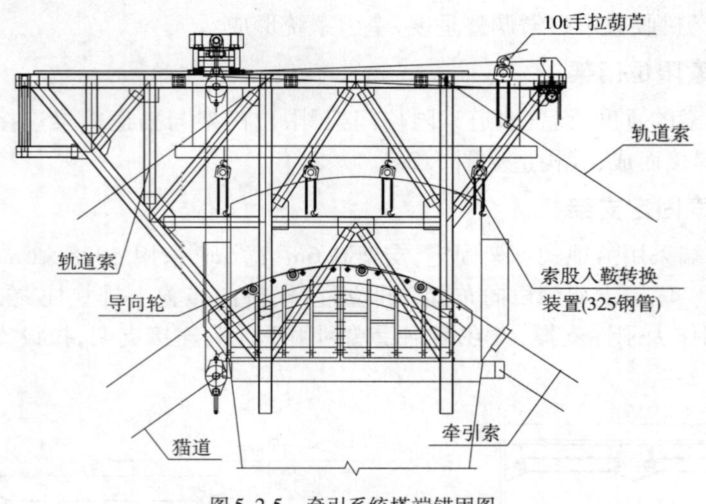

图 5.2-5　牵引系统塔端锚固图

确度。

(5)轨道索锚固支架要保证焊接质量,并按设计要求将支架斜拉索施加 2t 预紧力,确保索股架设、横移时的结构安全。

5.3　散索套安装

本桥共设四个散索套,每端各两个,均位于中央分隔带内。散索套由散索套体、底座、长短压板构成。为适应主缆轴向位移,散索套体与长短压板、底板之间设不锈钢板—聚四氟乙烯板滑动装置。底板、长短压板和加劲梁支撑构造之间通过高强螺栓连接紧固。

散索套为全铸钢件,采用上下对合结构,由等直径的摩阻段和变直径的散索段组成,上下两半散索套体用高强螺杆连接紧固。

5.3.1　散索套安装

主缆索股安装时,在散索套设计位置处设置临时散索鞍和临时索夹,对索股架设过程中的索股散开进行限位,待全部索股安装就位(调索并张拉完毕)后,进行散索套的置换安装,对散索套连接螺栓施以初拧,确定安装位置正确后,对连接螺栓实施终拧,然后拆除临时散索鞍。

其具体安装步骤如下:

(1)将散索套运至桥位施工附近,用设置在桥面的龙门吊将散索鞍提到桥面上。

(2)精确测量并放线,确定底座板中心位置及高程,并清洁底座板下钢支架表面。

(3)利用简易门架、导链滑车调整底座板并精确对位,将底座板用 M30 高强螺栓同钢支架栓接锚固。

(4)清洁底座板并粘贴 3mm 聚四氟乙烯板,聚四氟乙烯板上预留相应储油槽,清洁下鞍体底面并粘贴 8mm 不锈钢板。

(5)用同样方法安装散索套的下半体,根据施工控制要求设置预偏量并临时锚固。

(6)安装临时索鞍,进行索股架设,吊索张拉。

(7)安装散索套的上半体,拆除临时索鞍,完成散索套的置换。

5.3.2 散索套安装精度要求

纵横向偏位:纵向 ±10mm,横向 ±3 mm

高　　　程: ±2mm

角　　　度:符合设计要求

5.4 主缆索股架设

5.4.1 概述

本桥主缆为空间线型,全桥两根主缆,主缆在塔顶横桥向间距 2.5m,主缆后锚面中心间距在主跨侧为 7.8m,边跨侧为 6.5m。

主缆由高强镀锌平行钢丝索股(PPWS)组成,每根主缆共有 61 根索股组成,每根索股含 127 根直径为 5.1mm 的钢丝。主缆在架设时竖向排列成尖顶的近似正六边形,紧缆后主缆为圆形。

索股(图 5.4-1a)两端设索股锚头,索股锚头(图 5.4-1c)采用热铸锚,在锚杯内浇注锌铜合金,使主缆钢丝与锚杯相连。锚具经过楔形叉形垫板支撑于加劲梁锚板上,并于锚头端面垂直。61 束索股经过紧缆而形成主缆结构,见图 5.4-1b)。

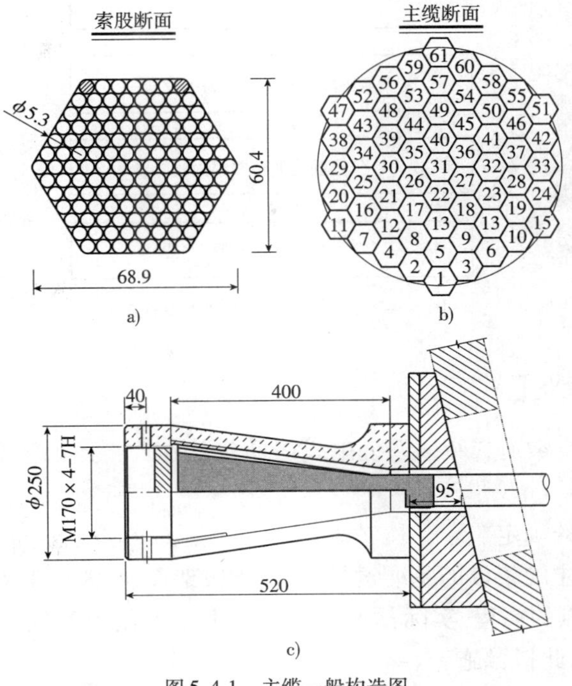

图 5.4-1　主缆一般构造图

a) 索股;b) 主缆结构; c)索股锚头

5.4.2 施工流程

主缆架设施工流程见图5.4-2。

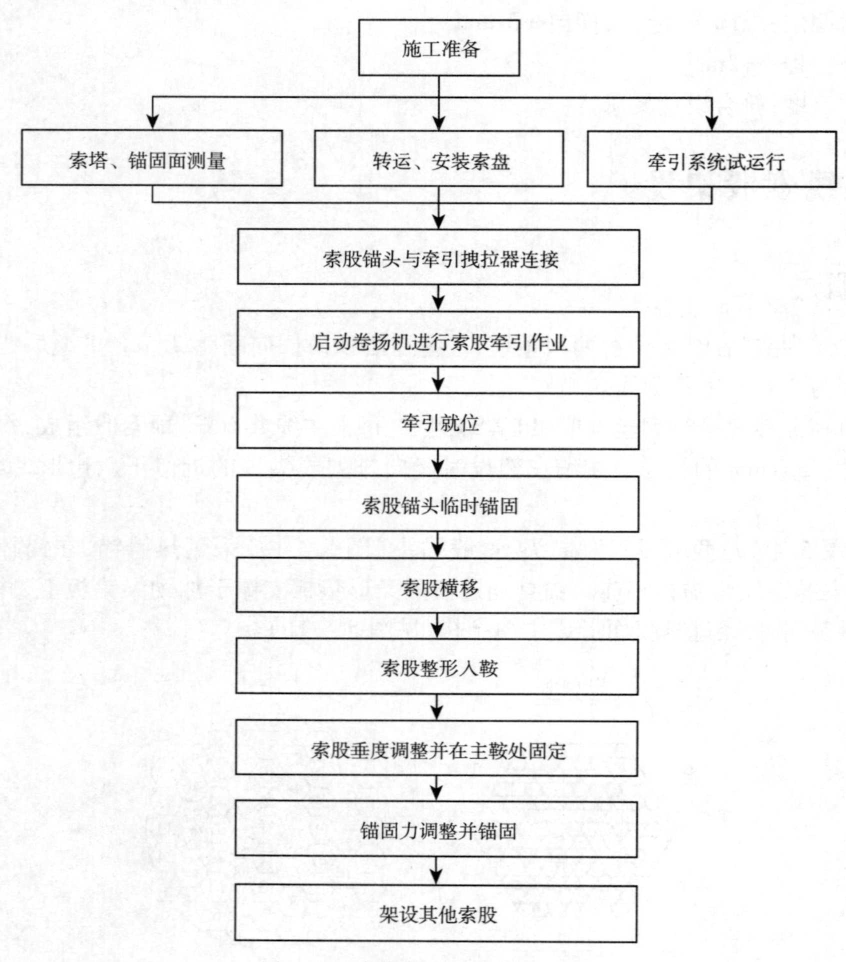

图5.4-2 主缆索股架设施工流程图

5.4.3 主缆架设施工

主缆架设采用架空索道式牵引系统单线往复牵引施工。上下游各布置一套牵引系统进行主缆索股架设。

1)基准索股线形的确定

将1#索股确定为主缆架设的基准索股,主缆索股架设前,测量索塔、锚固面平面位置、高程、跨径,主、散索IP点的高程,实际预偏位置等。由施工监控单位结合主缆索股弹性模量等计算主缆线型,并据此指导施工。

2)索股牵引

(1)青岛侧辅助跨钢箱梁上设置索股、索盘和索架,索股运至桥位,由龙门吊机提升到桥面上，临时存放，架设时再安装到放索盘支架上。

(2)将索盘的外侧锚头拖出，与索股牵引系统连接，启动牵引卷扬机，索股沿猫道滚筒前进，牵引过程中要严格控制索股的扭转。

(3)索股的牵引进行速度控制在5～10m/min，在鞍座等曲线变化处，运行速度应适当降低。

(4)架设顺序一般可按索号为序进行，遇特殊情况需要调整架设顺序时，需经研究确定。

(5)架设完成的索股在气温稳定的夜间进行测量、调整。

(6)上下游的索股对称牵引架设。

索股牵引如图5.4-3所示。

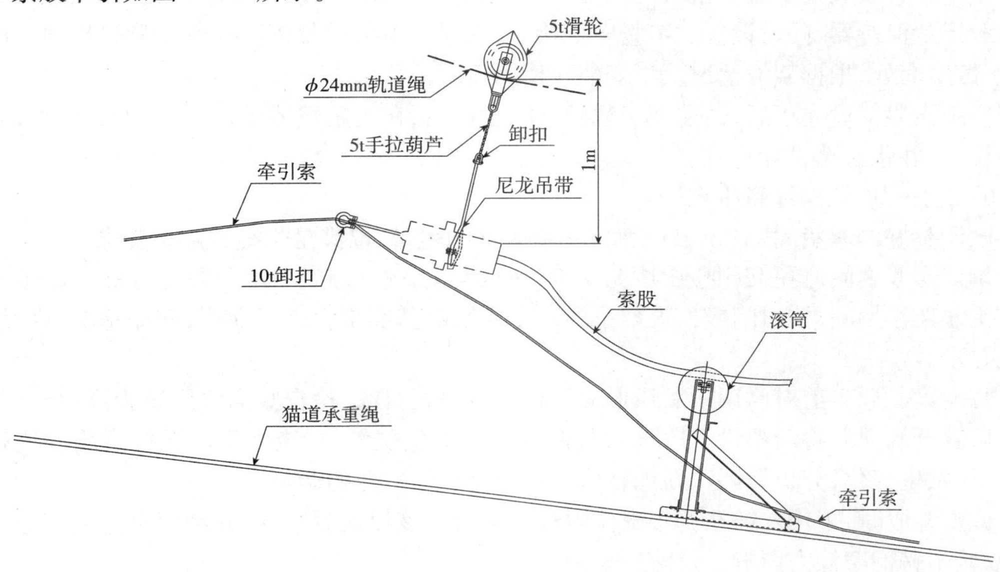

图5.4-3　索股牵引示意图

3)索股上提、横移整形入鞍

当索股牵拉到位后，塔顶门架卷扬机、握索器进行索股的上提、横移、整形入鞍工作。由于索鞍的鞍槽为矩形，而索股断面为六边形，入鞍前须将该部分索股断面整形为矩形。

整形前，应确定着色丝位置，如发现扭转应及时进行矫正。待索股整形完毕后，按照由青岛侧向黄岛侧的顺序放入鞍槽内。入鞍时应确保索股无扭转。索股入鞍后，调整索股上的标记点与设计位置基本吻合。索股整形入鞍如图5.4-4所示。

图5.4-4　主缆索股整形入鞍施工照片

4)索股垂度调整顺序

索股调整的顺序为先黄岛侧后青岛侧。先将索股标记点与主索鞍标记点对准后固定，调整主跨垂度至符合要求，再调整边跨的垂度；最后调整锚跨张力。

5)索股垂度调整

根据监控单位提供的最终架设线型进行索股垂度的调整。

确定1#索股为基准索,基准索股垂度采用绝对高程法调整,利用在索股上悬挂反光棱镜测出基准索股跨中点实际高程,并与理论高程进行比较,计算出索股需移动调整长度来进行垂度调整。基准索股的垂度测定与调整在夜间气温稳定且风速较小无雨无雾时进行。

基准索股线形调整完成后,连续观察三个晚上,确认线形稳定后才能进行一般索股的架设与调整。主缆架设期间,对基准索股进行检测,确保基准索股线型满足要求。

一般索股的调整采用相对高程法,新架设索股预抬高20cm,以免垂压、缠交其下面的索股。使待调整索股与已调整索股之间处于若即若离状态。当索股架设一定数量后,设置V型索股形状保持器,同时设置主缆竖向保持器,以使主缆各索股按设计断面形状排列。同时在主、散索套处,根据架设情况及时安装鞍槽隔板。

主缆索股架设完毕后,经监理工程师验收合格后,在主索鞍填压锌填块,安装盖板,装上紧固拉杆,并张拉至设计吨位。

6)索股垂度调整注意事项

已调整好的索股间隔3m及时割除索股表面缠包带,以满足主缆空隙率要求。

调好索股之间避免互相叠压情况发生,一旦发生,须立即查明原因并进行妥当处理。

主缆架设期间,按时间或架设数量分阶段定期对基准索股进行观测,确保基准索股线型满足要求。

每晚索股调整前对已调索股线形应检查索股是否打绞,检查竖向索股是否产生挤压,检查完后解开麻绳并将新架设索股放入竖向保持器对应位置,检查上次已调好索股位置是否变化,如发生变化,分析原因重新调整后方可进行后续索股的调整。

调整索股时,采用木锤在调整部位附近反复敲打该根索股钢丝,并利用链条葫芦适当上提,以减小鞍槽摩擦力影响。

7)锚跨张力调整

本桥锚具的结构形式采用套筒式,锚跨张力调整方法见图5.4-5。

8)主缆索股架设误差

基准索股高程	≤+13mm、-13mm
一般索股高程	≤0mm、+5mm(相对于基准索股)
基准索股上下游高差	≤10.0mm
主缆直径不圆度	≤±2%
主缆直径孔隙率	≤±2%

9)索股质量保证措施

(1)索股牵引过程中作业人员跟踪检查以防止索股扭转、弯曲及松散变形,并间隔200m设置防扭转鱼雷夹。

(2)索股牵引过程中绑扎带连续两处断裂时,停止牵引,重新整形为六边形后包缠绑扎带。

(3)索股入锚前对索股进行梳理,梳出锚跨鼓丝段。

(4)采用被动放索装置,确保牵引与放索速度匹配,防止散丝、呼啦圈现象发生。

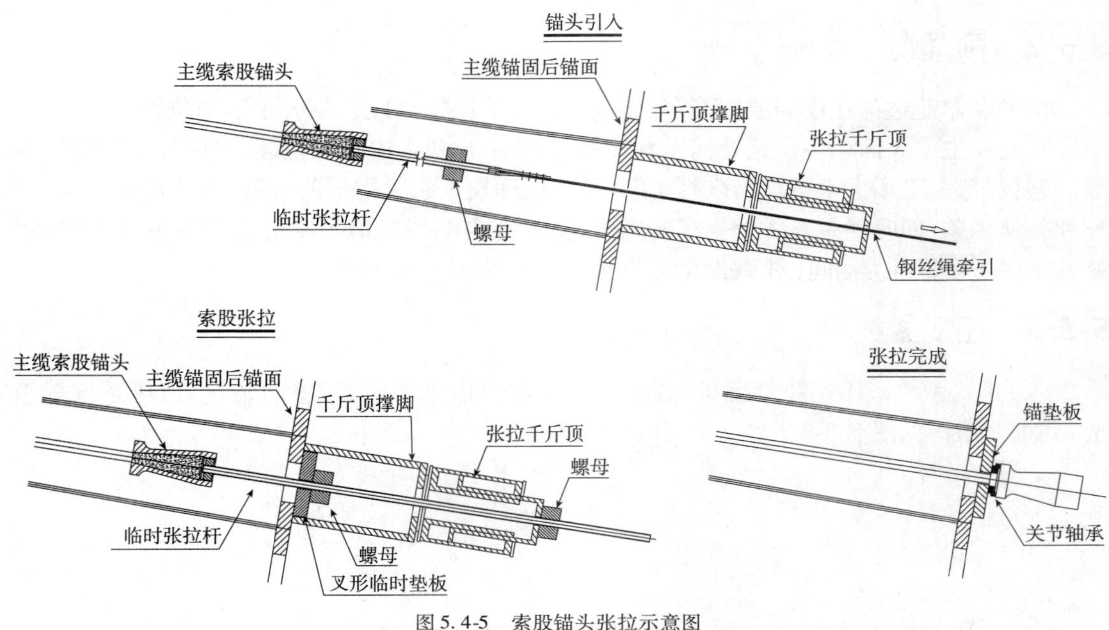

图 5. 4-5 索股锚头张拉示意图

5. 5 主缆紧缆

主缆 61 束索股构成正六边形,紧缆后主缆为圆形。紧缆作业在索股架设完成后进行,分为预紧缆和正式紧缆两部分。正式紧缆采用专用紧缆机施工,每根主缆各布置一台紧缆机,紧缆顺序为:青岛侧→黄岛侧。

5. 5. 1 施工流程

主缆架设施工流程见图 5. 5-1。

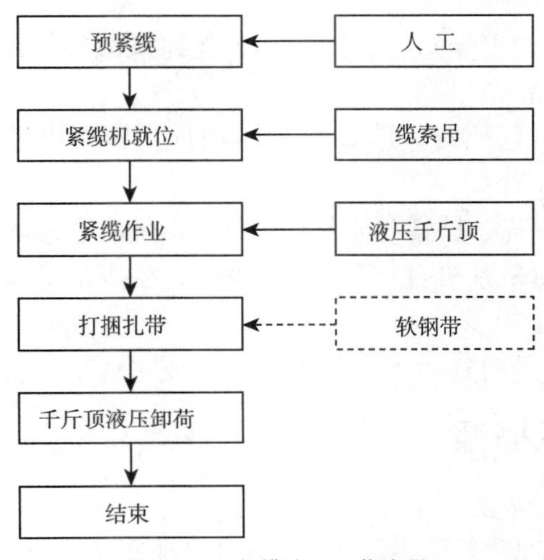

图 5. 5-1 紧缆施工工艺流程

5.5.2 预紧缆

预紧缆作业选择在夜间温度稳定的时段进行，采用“二分法”划分预紧缆位置。

首先在主缆表面相应位置处铺设麻袋片，利用手拉葫芦边收紧主缆，边拆除主缆外层索股的缠包带，人工用大木锤均匀敲打主缆四周，正确校正索股钢丝的排列，避免出现绞丝、串丝和鼓丝现象，同时测量紧缆处主缆的周长，待主缆空隙率目标控制值在25% ~30%时，用软钢带将主缆捆扎紧，使主缆截面接近为圆形。

5.5.3 正式紧缆

(1)正式紧缆采用主缆紧缆机完成，紧缆机主要由紧固装置、移动装置、液压系统等组成，其主要结构见图5.5-2。

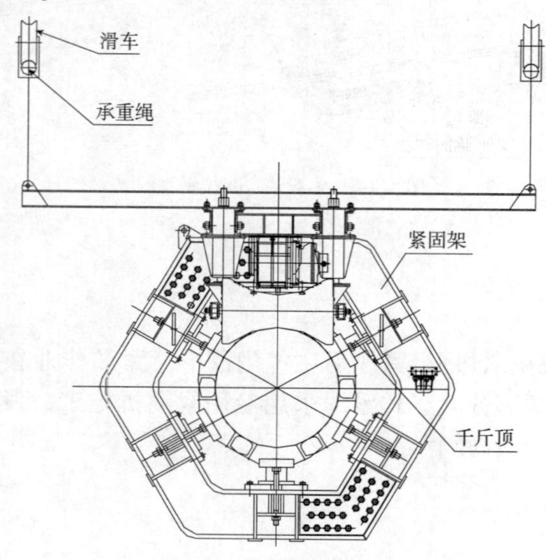

图5.5-2 紧缆机结构图

(2)挤紧机来到之前(约10m)，将整圆捆扎钢丝绳及镀锌钢带拆除，并将可见的钢丝束定型包扎带也拆除。

(3)考虑到挤紧捆扎后直径的回弹增大，挤紧时应适当调小缆径控制值。施紧时要求控制18% ~20%。

(4)挤紧时约1m挤紧一次，挤紧时应及时用镀锌钢带捆紧，其位置应尽可能靠近挤紧处。

(5)缆径的测定应避免挤紧机自重引起的影响，应在挤紧机离开5m以上再进行横向和竖向直径以及周长的测定。

(6)主缆平均直径=(竖向直径+横向直径)/2，或主缆平均直径=主缆周长/π。

5.5.4 质量安全保证措施

(1)做好紧缆前技术安全交底工作。

(2)预紧缆过程中，应理顺外层索股钢丝，不得出现交叉及窜丝现象。

(3)紧缆过程中注意对主缆钢丝镀锌层保护。

(4)做好夜间紧缆施工安全工作。

(5)利用缆索吊安装紧缆机时,使安装紧固蹄部分就位于主缆之上,减小猫道受力。

(6)紧缆过程中,缆索吊吊挂紧缆机,处于受力状况,防止紧缆机失稳侧翻。

(7)紧缆机行走要匀速、平稳,防止侧翻失稳。

5.6 索夹、吊索安装

索夹是传递吊索拉力给主缆的夹持结构,通过吊索将钢箱梁结构重量、桥面及相关设施重量传递给主缆。

本桥为自锚式悬索桥,边跨和主跨设置吊索,吊索采用预制平行钢丝索股,每侧吊点设2根吊索,吊索上端为销接式连接,下端为承压式连接。

吊索上端锚头采用交叉热铸锚,锚头由锚杯与叉形耳板构成;吊索下端锚头采用承压式热铸锚,锚头由锚杯与螺母构成。

全桥索夹共分为安装吊索的索夹、夹紧主缆的紧索夹、安装缆套的锥形索夹,共分为7种,均采用上下对合的结构形式,上下两半索夹用螺杆相连并加紧于主缆上。

5.6.1 施工流程

索夹安装施工流程见图5.6-1。

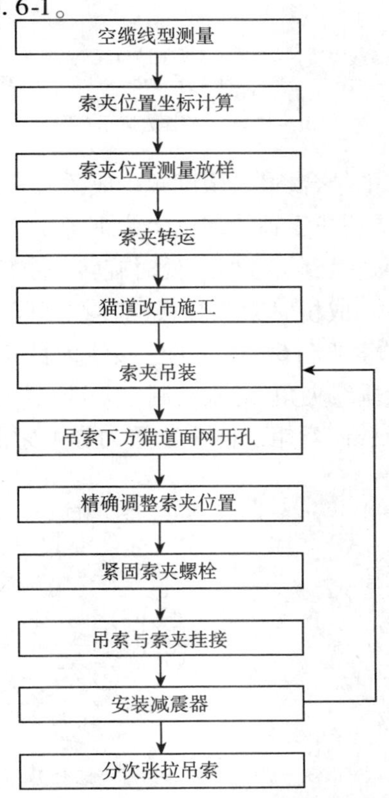

图5.6-1 索夹、吊索与索夹挂接施工流程图

5.6.2 索夹制作要求和放样方法

大沽河航道桥成桥主缆为空间线形，索夹放样安装精度将影响到成桥后主缆、吊索、索夹的受力。索夹制作标记和放样方案简要比较见表5.6-1和见图5.6-2。

索夹制作标记与放样安装方案比较表　　表5.6-1

	索夹放样方案一	索夹放样方案二	索夹放样方案三
主缆放样基准	空缆天顶线		
索夹制造基准	吊耳对称顶点	成桥索夹顶点	吊耳对称顶点与成桥索夹顶点间计算点
安装方法	天顶线与索夹制造基准对齐		
空缆索夹安装后吊耳方向	铅垂面	成桥倾角	成桥倾角与铅垂面间
成桥索夹耳板横向弯矩	较大	较小	小

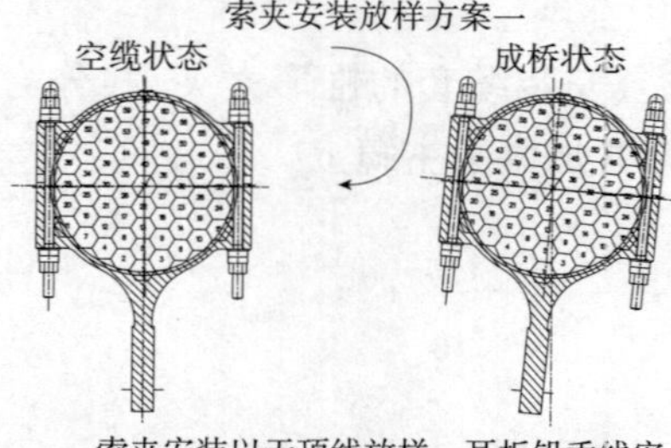

索夹安装以天顶线放样，耳板铅垂线安装。吊索张拉过程中，主缆外移并旋转。

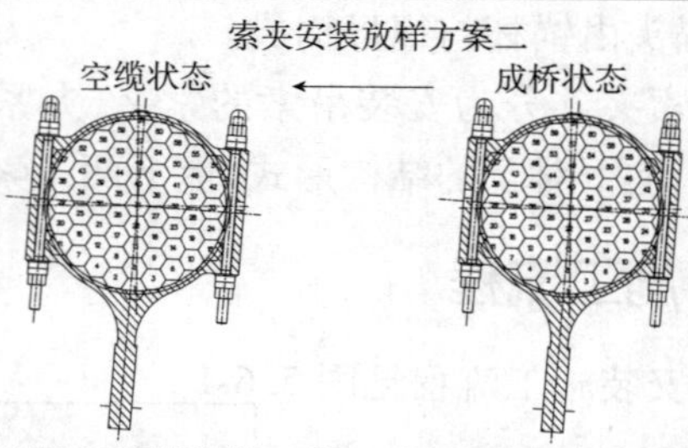

索夹安装以天顶线放样，耳板已成桥倾角安装。吊索张拉过程中，主缆外移，索夹与主缆表面间有少量扭转内力存在。

图5.6-2　索夹放样方案示意图

方案三为方案一和方案二的结合，最大限度减少成桥时索夹耳板横向弯矩。

关于方案三的说明：由于成桥吊索轴线理论上为1#索股和61#中心的连接线，但由于空缆时主缆由锚固处中心铅垂面过渡到塔顶索鞍处时旋转一定角度，放样时61#并不在主缆的天顶线上，因此，方案一和方案二成桥时索夹耳板均存在不同程度的横向弯矩，见图5.6-3；方案三以成桥吊索轴线通过1#索股和61#中心的连接线为目标，按照插值法求得1#和61#索股中心连线与主缆中心实际铅垂线夹角，对索夹制造基准点（与主缆放样对应）予以修正，可最大限度减少成桥时索夹耳板横向弯矩。但由于重力影响索股自身的扭转等因素影响，该方法也不能完全消该横向弯矩。

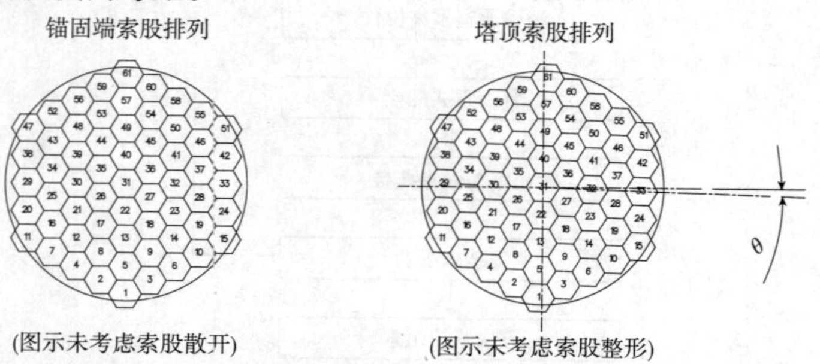

图5.6-3　主缆锚固处、塔顶索鞍处索股排列断面示意图

综合以上分析,成桥时耳板横向弯矩是实际存在的,较为理想索夹安装方法为放样方案三,但设计计算过程复杂,存在一定困难。考虑本桥成桥时索夹转角较小,产生的弯矩较小,推荐采用方案二进行索夹放样安装和索夹制造标记制作。

5.6.3 索夹安装

根据设计要求,索夹由散索套处向塔顶逐只安装。安装过程中分别采用不同的方法:

(1)在靠近塔柱部分索夹可以通过塔吊辅助,直接进行定位安装。

(2)其余各类索夹利用停在箱梁顶面的50t汽车吊进行定位安装。

5.6.3.1 索夹放样

紧缆完成以后,实测主缆的空缆线形,主、散索间的实际里程以及跨径作为索夹施工放样的初始数据,监控单位据此计算索夹坐标和吊索长度。索夹放样在夜间气温相对稳定的时段进行,首先放出天顶线,再采用测距法确定出吊索中心线与主缆天顶线交点位置,同时采用量距的方法确定出索夹两边缘的位置。

5.6.3.2 索夹安装

索夹拆分为上下两部分,索塔附近塔吊直接吊装到位安装,远处索夹由缆索吊纵移到位安装。

主缆索股受自重影响,横竖径不同,直接安装比较困难。如果出现上述问题,拟采用工装夹具对主缆左右面施加一定压力,使得主缆横竖径基本一致,保证索夹能正常顺利安装。

5.6.3.3 螺杆紧固

索夹高强螺杆轴力导入用液压扭矩扳手完成,使用前应进行标定和摩擦面摩擦系数测定。索夹螺杆紧固原则为:中间向两边对称进行。重复紧固直至所有索夹螺杆轴力满足设计要求,并做好紧固力以及紧固顺序的详细施工记录。

张拉同一索夹螺杆时,应考虑后张拉螺杆引起的先张拉螺杆力的损失。在吊索安装张拉完毕及主缆防护前,再经两次张拉,补足螺杆力,同时加强监测,当螺杆力小于设计的70%时应及时予以补足。

5.6.3.4 吊索与索夹挂接

1)吊索的安装采取桥面上垂直吊装,起吊由塔顶卷扬机完成。

2)桥面上人工展放吊索,边展放边提升,同时做好吊索护套保护措施。

3)吊索锚头由纤维绳与提升系统连接,到位后与索夹销接。

4)吊索挂接注意事项:

(1)吊索安装,同一索夹上两根吊索的长度略有差别,安装时应特别注意。安装过程不得损伤吊索。

(2)索夹和吊索安装后,为避免吊索发生扭转和吊索锚头相互撞击,应设置吊索间隔保持器。

5.7 吊索张拉、体系转换

本工程吊索上端与索夹采用销接式结构,下端采用承压式与钢箱梁连接,张拉通过千斤顶张拉到位,由索塔向青岛黄岛侧依次张拉。吊索编号见图5.7-1。

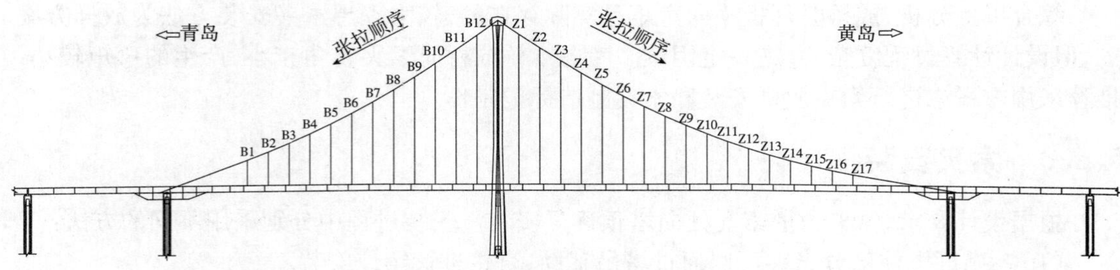

图 5.7-1 大沽河航道桥吊索编号

吊索张拉前先进行猫道改吊作业，以满足吊索张拉时猫道适应主缆线形变化，便于施工作业。

5.7.1 张拉加载顺序考虑因素

由于自锚式悬索桥在荷载的作用下呈现出明显的几何非线性，因此吊索的加载是一个复杂的过程，本工程张拉加载顺序需考虑以下因素：

(1)张拉时钢箱梁附加应力不能超过允许应力；

(2)永久吊索最大允许张拉力；

(3)钢箱梁桥面铺装二期恒载。

5.7.2 吊索安装、张拉施工

(1)由塔侧最长吊索开始向锚固端张拉；

(2)张拉方式为利用固定在钢箱梁上的穿心千斤顶向下张拉设置在吊索下端的锚具，并将吊索与钢箱梁锚固。由于长吊索的张拉形成比较长，需采取分批逐次张拉，以控制张拉力，确保张拉过程安全顺利进行。

(3)吊索安装直接利用汽车吊或塔吊从钢箱梁顶，经猫道开口，垂直提升到索夹下端与吊耳销接完成。起吊前应核对吊索编号，并利用吊车将吊索平顺展开，以减弱在吊索末端离开钢箱梁表面时发生的扭转力。吊索安装过程注意对吊索及其相关构件的保护。

5.7.3 体系转换

吊索安装调整完毕，复测主索线型符合设计要求后，拆除钢箱梁施工临时墩，使钢箱梁重量全部由吊索和主缆承受，复拧索夹螺栓，完成体系转换。

5.8 主缆及钢结构防腐工程

全桥体系转换完成后即可进行主缆防护施工，主缆防护施工主要包括主缆缠丝及防腐涂装两部分。

5.8.1 主缆防护体系

青岛大气环境的腐蚀严酷性等级属于 4 级（按 ISO 9223—1992《金属和合金的耐腐蚀性

大气腐蚀性分类》),属腐蚀严重等级。本桥的安全性会由于主缆的腐蚀而受到损害,这种腐蚀会缩减主缆的有效面积,进而降低主缆的强度,影响桥梁运营安全。本桥主缆防腐采用圆形钢丝缠绕+外涂装层+防护套工艺,防护体系如表5.8-1所示。

主缆防护体系 表5.8-1

部位	涂装用料	涂装道	(干膜)厚度
主缆	清洁处理后刷涂磷化底漆		10μm
	ϕ4 镀锌低碳钢丝	1道	12.5μm
	不干性防护腻子		2500μm
	磷化底漆	1道	10μm
	环氧云铁底漆	2道	2×40μm
	刮涂聚硫密封剂	3道	2000μm
	聚氨酯面漆	2道	2×30μm
	顶部30cm宽范围内复涂聚氨酯面漆防滑涂刷		

5.8.2 施工流程

主缆防护施工流程如图5.8-1所示。

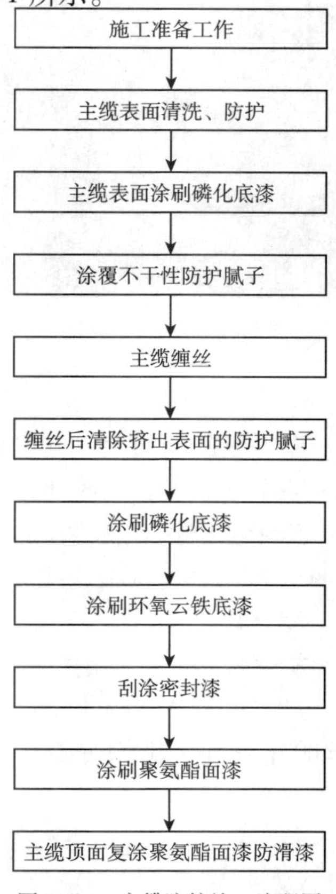

图5.8-1 主缆防护施工流程图

5.8.3 主缆防护施工工艺

5.8.3.1 清洗主缆

主缆的表面在施工过程中，会存在一定的污垢，钢丝表面的镀锌层也可能有个别的刮擦掉漆现象，并附着有锌盐，因此，防护施工前需对其进行清洗，清洗工作从主缆低端开始，首先逐段拆除主缆上的捆扎钢带，采用高压蒸汽附加生化分解清洁剂喷射主缆表面，除去污垢，再用高温高压的淡水冲洗。然后用过滤过的清洁压缩空气将主缆吹干。最后，在涂装前2h之内，用MEK溶剂，将要涂装的表面擦拭干净。经过这样的处理，主缆表面已无油垢、可溶性盐分或其他污垢物，基本上达到清洁的要求。清洗完成后需及时覆盖，待对该处喷涂底漆时再揭开。

5.8.3.2 主缆磷化底漆及防护腻子涂覆

在清洁后的主缆表面刷涂磷化底漆一道，干膜厚度10μm；然后手工涂覆不干性防护腻子（图5.8-2），平均厚度2500μm，要求腻子填满钢丝勾缝并且表面涂抹均匀。

图5.8-2　防护腻子涂覆

5.8.3.3 缠丝施工

主缆缠丝是用专用的缠丝设备以一定的张力使镀锌软钢丝密匝牢固地缠绕在主缆上的作业，用以保护主缆钢丝，保证涂装防护效果。青岛胶州湾大桥大沽河航道桥主缆直径索夹内为ϕ496mm，索夹外为ϕ502mm，设计缠绕钢丝为4mm圆形镀锌低碳钢丝，缠丝拉力为2.3kN，经计算主缆缠丝长度共为807.72延米（两根主缆），缠丝长度由塔顶缆套出口位置至锚固区缆套进口位置并扣除索夹长度计得。

主缆缠丝主要由2台电动缠丝机完成，对于钢箱梁锚固区（由于空间太小）缠丝机无法作业的部位采用手动缠丝机完成。缠丝总体方向由塔侧高端向锚侧低端进行，两个索夹之间则从低到高进行，采用此种缠丝顺序有利于排除主缆孔隙积水并可有效保证缠丝的密实程度。

主缆缠丝在防护腻子固化前进行，缠丝时，首先将钢丝端头固定在索夹上，在索夹外缠丝，然后用特制工具逐圈将钢丝推入索夹端口槽隙中就位（钢丝嵌入索夹槽隙至少三圈），直至缠丝机能到达的位置后，即可进行正常缠丝工作。

主缆缠丝工作主要施工工艺包括：索夹前起始段人工挤压缠丝、索夹间节段机械缠丝(含行走)、缠丝机行走过索夹、缠丝焊接、尾端手动缠丝等操作。施工流程见图5.8-3。

正常缠丝在2个索夹间节段进行，各节段重复相同的作业，索夹和索夹间的1个周期的缠丝过程简述如下：

(1)缠丝机后端紧靠索夹下端面，前后行走架处于缠丝机前后端机架，缠丝机通过葫芦与顶部缆索吊固定。安装储丝轮，后出丝轮出丝在索夹前端开始起始段缠丝。

(2)当缠绕钢丝长度达到1m左右时，焊接钢丝并打磨，将钢丝由后出丝轮转至前出丝轮。

(3)松开前后端机架与主缆之间的夹紧装置，缠丝机处于行走模式，卷扬机牵引机架前移，缠丝齿圈相对主缆静止不动(行走齿条向后拨动)，就位后固定机架。

(4)储丝轮剩余钢丝6圈左右并焊钢丝，剪断剩余钢丝，卸去空储丝轮。利用前行走架挂梁更换储丝轮。

(5)夹持架前行同(3)。

(6)储丝轮由前缠丝轮出丝，钢丝接头与前段钢丝并焊后，继续缠丝。

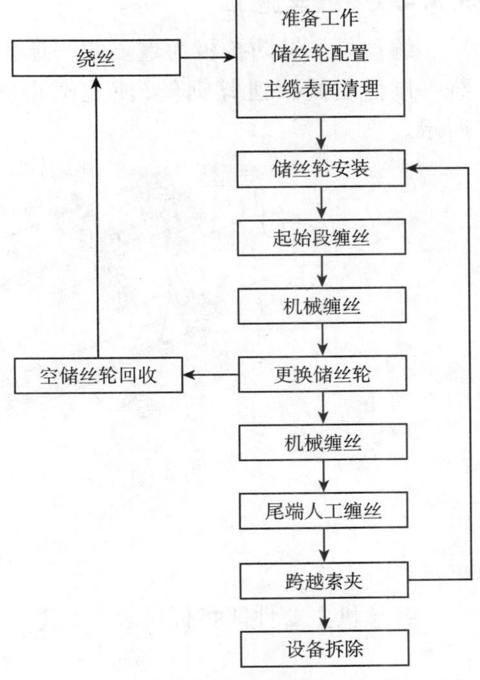

图5.8-3　缠丝施工流程

(7)松开夹持架与主缆加紧机构，夹持架前行到上一索夹端部(缠丝齿圈相对主缆静止)；前行走机构向下移动到夹持架中部，前机架顶升机构千斤顶回缩，夹持架前行跨越索夹；前机架顶升机构千斤顶顶升与主缆支撑，前行走机构顶升千斤顶回缩，前行走机构行走跨越索夹后千斤顶顶升与主缆支撑。

(8)缠丝机工作进行索夹区间尾端主缆缠丝、焊接。

5.8.3.4　缠绕钢丝表面处理

缠丝后清除挤出表面的防护腻子，涂刷磷化底漆一道，干膜厚度10μm；然后涂刷环氧云铁底漆，干膜厚度80μm。

5.8.3.5　涂刷密封剂

在环氧云铁底漆上刮涂密封剂，平均厚度2000μm，并用密封剂对索夹端口进行嵌缝。

5.8.3.6　主缆表面处理

为了加强景观效果，主缆面漆按照业主统一规定采用海灰色(色卡采用全国涂料和颜料标准化技术委员会标准色卡/GSB 05-1426—2001，色号为75B05海灰)，涂刷材料为聚氨酯面漆，干膜厚度60μm；并在主缆顶面30cm范围内复涂聚氨酯面漆防滑涂层，以保证维护人员在主缆上行走安全。

5.8.4 重难点工艺

5.8.4.1 缠丝施工

缠丝是主缆防护极为重要的一道工序。其作业内容是沿主缆长度方向均匀、密匝地缠绕一层优质低碳镀锌钢丝，使主缆得到保护并保持美观的外形。缠丝机组成如图5.8-4所示。

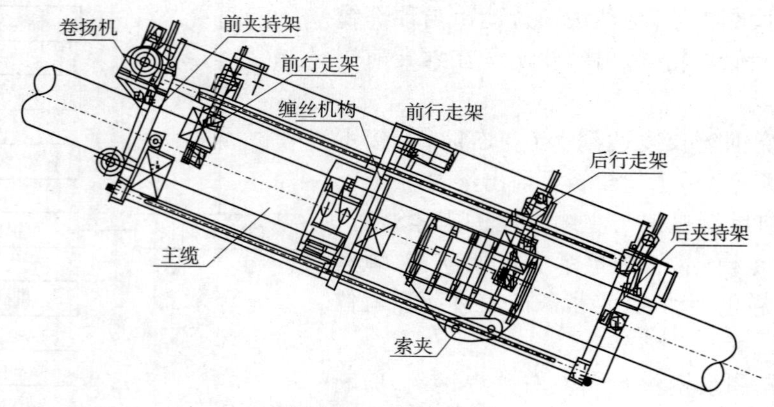

图5.8-4 缠丝机组成

缠丝机主要性能指标见表5.8-2。

缠丝机机械性能表 表5.8-2

序号	项目	参数
1	缠丝用钢丝	低碳镀锌钢丝 $\phi4$
2	适用缆径	$\phi400 \sim \phi590$mm
3	跨越索夹长度范围	2000mm
4	同时缠丝头数	2
5	缠丝张力	2.0～2.8kN
6	缠绕速度	5～29.5r/min
7	缠丝机行走速度	3～14.5m/h
8	调速方式	机械无级
9	贮丝轮容丝重量	120～125kg
10	缠丝作业容许倾角	0°～30°
11	储丝轮能力	300kg×2个储丝轮
12	外型尺寸	10.6×3.2×2.5(m)
13	整机重量	12t

5.8.4.2 缠丝机现场安装

主缆缠丝机现场安装工作在塔侧无吊索索夹位置进行，缠丝机整体重量12t，拆分为前、后定位架机构、缠丝机构、动力机构及附属配件机构五部分，单块最大重量4t，现场安装采用150型主塔塔吊吊装，首先安装前、后定位架机构，由塔吊吊装至主缆上并按照设计间距抱紧主缆固定，而后安装缠丝机构与定位架机构螺栓固定，最后安装动力机构及附属配件，完成紧缆机现场安装。

5.8.4.3 缠丝机现场调试

将缠丝机安装在主缆上后，进行安装保养调试工作。在各减速机、变速箱中加足润滑油，其他各运动副间均按要求加注润滑油或润增脂。按要求进行空机试运转，做好缠丝试验前的一切准备工作。调整缠丝机齿圈转动及前移电机变频器，使齿圈每转动一圈（即缠丝1圈）的同时沿机架行走4mm。

缠丝前先进行缠丝试验，主要检验缠丝机性能及焊接强度，并确认达到以下标准：缠绕钢丝相互之间无间隙；无重叠缠绕，交叉缠绕（乱丝）；缠丝表面光滑；焊点焊接强度要确保剪切强度在缠绕钢丝的张力之上。

5.8.4.4 索夹节段起始段缠丝

（1）储丝轮安装完毕，穿绕钢丝，使缠丝出丝轮端部距索夹端面间距为20mm。

（2）将缠丝机转速调整为最慢速。

（3）用钢丝钳将缠丝丝头扭挂在索夹螺杆上。

（4）缠丝机点动缠丝3圈后停机，按图5.8-5所示端部缠丝焊点布置焊接并打磨。

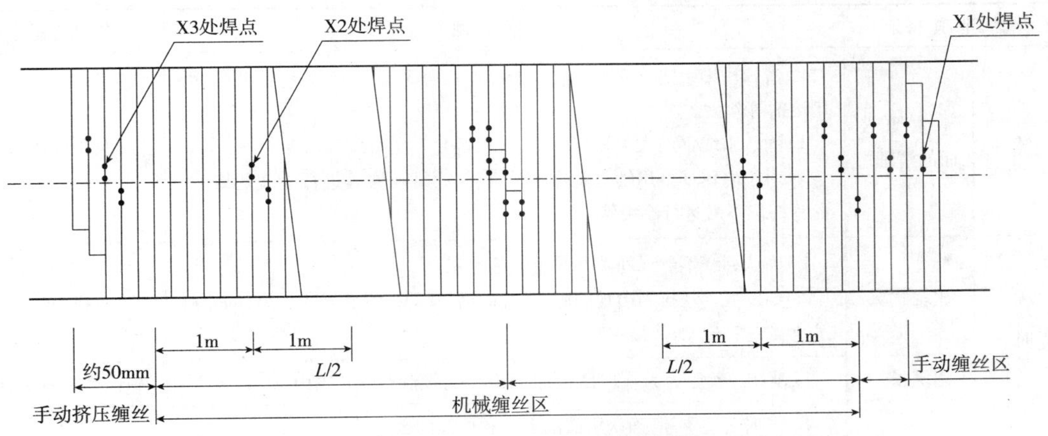

图5.8-5 索夹间一个节段缠丝焊点布置

（5）接着点动进行端部缠丝3~4圈后停机，切除多余钢丝，人工用木锤、尼龙棒将钢丝推入索夹端部（钢丝嵌入索夹鞍槽隙至少3圈），钢丝与索夹用尼龙楔固定。

回退缠丝齿圈至出丝轮与缠绕钢丝平行，即可进行正常节段间机械缠丝。

5.8.4.5 索夹节段尾端手动缠丝

在索夹间缠丝节段的尾端部位，缠丝机的回转系统如与索夹干涉，在靠近索夹端面的位置，停止机械缠丝，剩余部分以手动缠丝。使用紧线器和夹具等专用工具按以下步骤施工：用铝热焊剂焊接机械缠丝端部和手动缠丝节段的起始点；焊接后，用缠绕钢丝在主缆上缠绕一周，用紧线器收紧后焊接；多次重复以上作业，使钢丝紧密地缠绕至索夹端面。

5.8.4.6 缠绕钢丝焊接工艺

相邻的缠绕钢丝以铝热焊剂焊接的方式进行连接接头处理。焊点布置及数量见图5.8-5,一个索夹区间焊点分为三种:起始段并焊三圈(X3处两点),中间段间隔1m并焊两圈(X2处两点),尾端手动缠丝每圈均并焊(X1处两点),接头处焊点如图5.8-5所示。因作业需要,临时停止缠丝时,迅速地进行2点X3处焊接。如临时停止部位的焊接在1m间距附近时,该处的1m间距的焊接可省略。铝热焊点外观呈小丘形,用砂轮机打磨保留1mm以上的焊高。

5.8.4.7 缠绕钢丝连接部位的处理

在储丝轮钢丝剩余6圈左右时,钢丝并焊后切除多余钢丝。更换储丝轮,并焊接头。钢丝接头部位,应使端面相互接触,尽可能无间隙地施工。再次缠丝后在接头处注入粘缝材料,填埋间隙。

5.8.4.8 缠丝质量管理

由于润扬大桥主缆涂装后缆内采用通干燥空气法进行除湿,对缠绕钢丝相互整齐咬合排列的密封性能以及钢箱梁吊装期间提前缠丝,对缠丝张力控制、焊接强度等要求均比较高,因此现场施工时各工序均按照详细的质量控制内容进行施工及检查验收,使施工质量得到了有效的控制,并优于设计要求。质量管理项目见表5.8-3。

质量管理项目 表5.8-3

管理项目		管理要领	管理方法
缠丝前	主缆表面的清理	1. 清扫主缆表面。此时,确认无垃圾、油分附着其上,若有油分的话,用溶剂等除去。 2. 确认主缆钢丝表面没有生锈(或白锈)。 3. 对于生锈部位用钢丝刷除去锈斑后,用富锌漆等进行涂装的修补。白锈部位不需进行涂装修补	目视确认
缠丝时	缠绕状况	1. 确认缠绕钢丝无间隙并与主缆钢丝密贴。 2. 如发现钢丝排列出现间隙、重叠的话,立即停机并修正。另外,停机迅速实施2点X3焊接	目视确认
	缠绕张力	以设计缠丝张力为管理目标,将缠丝张力控制在该范围内施工	确认显示的张力
缠丝后	焊接	1. 根据上述要领,确认所需的点数和位置的数量。 机械缠丝起始端部:2点X3处 临时停机部:2点X3处 节段内1m节间距部:2点X2处 手动缠丝每根每1圈:2点X1处 2. 焊点修磨加工后的焊高在1mm以上。 3. 表面平整	目视确认

5.8.5 涂装

5.8.5.1 涂装工艺

1)涂漆施工前须对前涂层表面进行清理,除去污物,修理缺陷。并在合理的施工时间间隔内进行涂漆施工。表面处理检验合格后 4 小时内进行底漆涂装,涂装前应保护涂装表面,防止二次污染。后道涂层的涂装施工应在前道涂层完成后的重涂间隔期内进行施工。

2)油漆的调配

(1)油漆使用前,应仔细核对油漆使用说明书及标签,涂漆施工前,须待油漆熟化期后方可使用,超过使用期的油漆禁止使用。

(2)双组份或多组份油漆须配制后方可使用。对于双组份或多组份油漆的配制应设立专职配漆工进行油漆配制工作,并由油漆作业班长监督配漆工作并记录,以防配漆出现差错。

(3)油漆配制。配漆前应准备好需用的动力搅拌器、衡器、料桶等工具。打开油漆桶后首先检查桶内油漆外观质量,确认油漆质量无问题后用动力搅拌器将桶内油漆充分搅拌均匀。整套配漆时,将乙组份桶内溶液平稳倒入甲组份桶中,用少量稀释剂清洗盛装乙组份溶液的桶,然后充分搅拌均匀;零星配漆时,根据事先的计算准确称取(或量取)甲组份的量,再称取(或量取)乙组份的量,把甲乙两组份混合后再充分搅拌均匀,使其充分反应。不需要熟化的油漆经上述操作即可投入使用;需要熟化的油漆则需按其规定的熟化时间(一般为30min)进行放置熟化,熟化后才可使用。

配制后的油漆应在规定的时间内用完。如果是长时间涂装作业需要大量配制油漆时,不能一次配制,而要多次配制,原则是配合每把喷枪每次配制的油漆量不能超过三套。

(4)油漆的稀释。熟化后的油漆超过混合期时,可用专用稀释剂来调整油漆粘度,稀释剂添加量要符合油漆说明书要求,不能过多,稀释剂的加入量一般为体积比不超过 5%。同时依据 ISO 9001 版质量体系的要求,做好施工过程中的操作记录。

3)操作要求

依据涂料供应商提供的资料及产品说明书的要求严格执行涂料重涂间隔的要求进行施工。超过最大重涂间隔期时严格按规定进行拉毛处理并经监理工程师和涂料供应商认可后再进行下道涂装工序。

涂装作业的膜厚最终以干膜厚度为准。涂装时施工人员使用湿膜卡连续自测湿膜厚度,以获得要求的干膜厚度。湿膜厚度根据下式估算:

$$湿膜厚度 = \frac{工艺干膜厚度 \times (1 + 稀释化)}{涂料固体含量百分数(V)}$$

涂装作业必须使用经检验合格的优质滚筒(漆刷),刷涂均匀,不流挂、不堆积;下道涂层的滚(刷)涂方向垂直于上道涂层的滚(刷)涂方向。所有涂层均做到涂料分布均匀,不产生流挂、漏涂、龟裂等缺陷。

主缆最低处易出现浸入缆索内的雨水发生漏水,涂装时应用吹风机强制吹干后再涂装。

5.8.5.2　涂装施工质量管理

主缆的防护涂装是主缆工程的最后一道重要工序,有“三分油漆,七分工艺”之说,在主缆防护涂装施工中必须按表 5.8-4 所列项目的要求,严格管理。

涂装施工检验项目表 表5.8-4

项目及顺序		检验项目
主缆防护	1. 表面清洗	* 肉眼检查水分、油污、锈蚀、盐渍 * 使用清洁布擦拭,确认清洁布上无明显污迹为止
	2. 涂刷 XF06-2 磷化底漆 (一道10μm)	* 确认盛料桶和毛刷的清洁 * 确认混合比例 * 确认气候、气温、湿度 * 无漏涂/明显的流挂等 * 检查干膜厚度(10μm)
	3. 刮涂 9501B 不干性密封膏 (2500μm)	* 确认混合比例 * 确认气候、气温、湿度 * 确认主缆丝和缠丝间的缝隙 * 无漏刮等
	4. 缠丝后的表面清洗	* 肉眼检查缠丝后外部无多余的密封膏 * 清洗后使用清洁布擦拭,确认清洁布上无明显污迹
	5. 涂刷 XF06-2 磷化底漆 (一道,10μm)	* 确认盛料桶和毛刷的清洁 * 确认混合比例 * 确认气候、气温、湿度 * 无漏涂/明显的流挂等 * 检查干膜厚度(10μm)
主缆防护	6. 涂刷 881-D02 环氧云铁底漆 (二道,80μm)	* 确认盛料桶和毛刷的清洁 * 确认混合比例 * 确认气候、气温、湿度 * 无漏涂/明显的流挂等 * 检查干膜厚度(80μm)
	7. 刮涂 HM106 密封剂 (三道,2000μm)	* 确认混合比例 * 确认气候、气温、湿度 * 无漏刮等 * 待密封剂硫化期过后,用软质绘图橡皮摩擦密封剂边缘,应无剥离现象 * 切片检查干膜厚度
	8. 涂刷 881-Y01 丙烯酸聚氨酯面漆及顶部防滑走道 (两道,60μm)	* 确认盛料桶和毛刷的清洁 * 确认混合比例 * 确认气候、气温、湿度 * 无漏涂/明显的流挂等 * 检查干膜厚度(120μm)
索夹环缝	刮涂 HM106 密封剂 (填满缝隙处)	* 确认混合比例 * 确认气候、气温、湿度 * 无漏刮等 * 待密封剂硫化期过后,用软质绘图橡皮摩擦密封剂边缘,应无剥离现象 * 应填满缝隙处等

续上表

<table>
<tr><th colspan="2">项目及顺序</th><th>检 验 项 目</th></tr>
<tr><td>索夹直缝</td><td>刮涂 HM106 密封剂
（填满缝隙处）</td><td>* 确认混合比例
* 确认气候、气温、湿度
* 无漏刮等
* 待密封剂硫化期过后，用软质绘图橡皮摩擦密封剂边缘，应无剥离现象
* 应填满缝隙处等</td></tr>
<tr><td rowspan="2">检查走道，涂装</td><td>1. 涂刷 881-D02 环氧云铁底漆
（二道，80μm）</td><td>* 确认盛料桶和毛刷的清洁
* 确认混合比例
* 确认气候、气温、湿度
* 无漏涂/明显的流挂等
* 检查干膜厚度（80μm）</td></tr>
<tr><td>2. 涂刷 881-Y01 丙烯酸聚氨酯面漆及顶部防滑走道</td><td>* 确认盛料桶和毛刷的清洁
* 确认混合比例
* 确认气候、气温、湿度
* 无漏涂/明显的流挂等</td></tr>
</table>

5.9 附属设施

5.9.1 钢箱梁除湿系统

5.9.1.1 钢箱梁除湿系统特点

从跨海大桥建造历史上记载看，由于海面上大量水分蒸发，造成大桥，特别是钢结构大桥表面腐蚀、生锈，严重影响大桥使用寿命，大大增加维护、保养费用和工作量。自 1973 年以来，采用了转轮除湿设备对大桥钢结构进行干燥除湿防腐保护，通过先进、合理的设计，成功防止了钢梁的腐蚀，维护了大桥的正常运营及安全，根据对钢箱梁内部进行重防腐涂装和除湿方法进行比较，除湿具有以下显著特点：

(1) 与周期性油漆涂装相比，除湿系统可以大大降低桥梁运营期间的养护费用；

(2) 采用内部除湿方式防腐可以变被动防腐为主动防腐，提高防腐效果；

(3) 由于钢箱梁的结构特点，适合于运用内部除湿技术。梁体为顺直封闭型，箱内的 U 形加劲肋可以利用起来，作为干燥空气送风管；

(4) 内部除湿系统具有自动化程度较高的控制系统。

在桥梁防腐技术中采用转轮除湿机对大桥的钢箱梁、钢锚箱、钢塔、锚室、鞍室、钢箱拱、钢箱弦杆和主缆进行干燥防腐保护，是一项技术上先进、经济上合理的选择。目前，在世界上已有数百座以上钢结构桥应用了转轮除湿机作为防腐措施，成功地防止了钢梁和缆索的腐蚀，维护了大桥的安全与运行。

5.9.1.2 系统概况

青岛胶州湾大桥钢结构桥分为大沽河、沧口、红岛三个通航孔桥，其中大沽河航道桥为独柱塔自锚式悬索桥，塔高 160m，主孔跨径 260m；根据航道桥情况，大沽河航道桥设计采用五套蒙特品牌转轮除湿机组，分别位于钢箱梁和鞍室内。如图 5.9-1 所示。

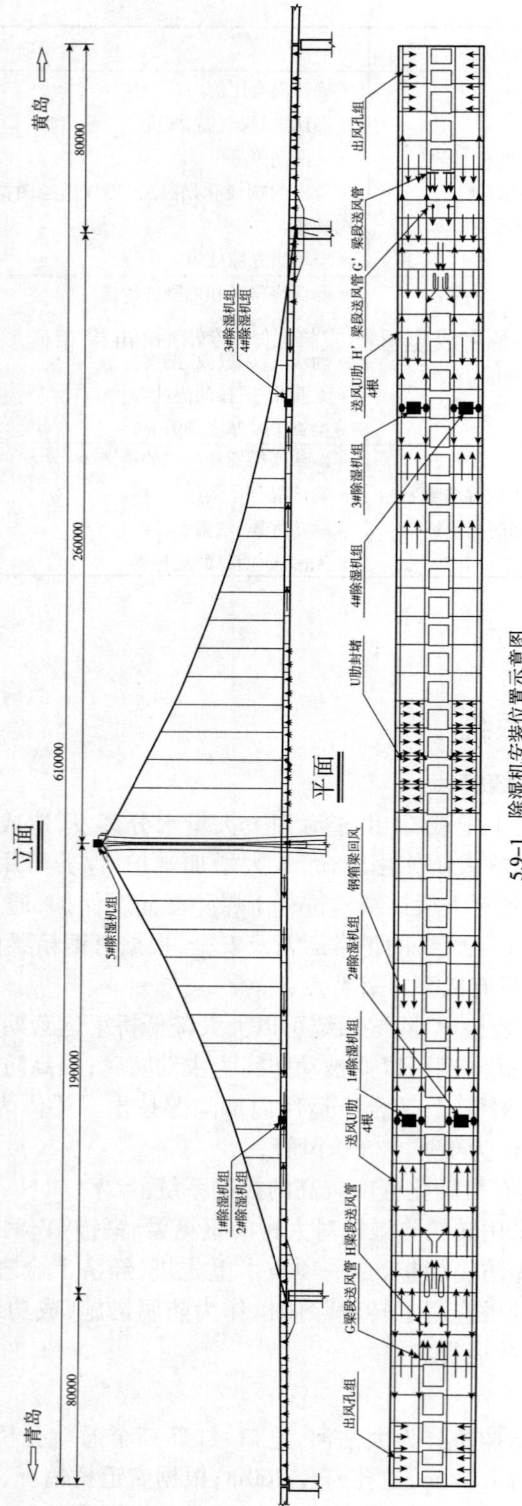

5.9-1 除湿机安装位置示意图

5.9.1.3 除湿原理

转轮除湿机，是由瑞典科学家卡尔·蒙特(Carl Munters)于1955年发明的，因此，转轮除湿机的最先进技术仍然掌握在瑞典蒙特公司手中。同时转轮的组成成分，也已经发展到第四代:硅胶。采用先进的专利固体吸附技术，可以连续稳定、大负荷地空气调湿运行。空气固体吸附分离采用国际通用的转轮式硅胶吸附体。在除湿过程中，吸附转轮在驱动装置带动下缓慢转动，当吸附转盘在处理空气区域吸附水分子达到饱和状态后，进入再生区域由高温空气进行脱附再生，这一过程不断周而复始，干燥空气连续地经温度调节后送入指定空间，达到高精度的温湿度控制。具有除湿量大，效率高等特点。除湿转轮的制造是以耐温500℃以上的陶瓷纤维纸，经由成型机制成蜂巢状转轮后，再涂布硅胶于陶瓷纤维之间而得，因此除湿转轮不会发生燃烧及潮解等问题。由于其除湿的功能是利用物理作用，而非化学作用，因此不会产生任何有害的化学物质。如图5.9-2所示。

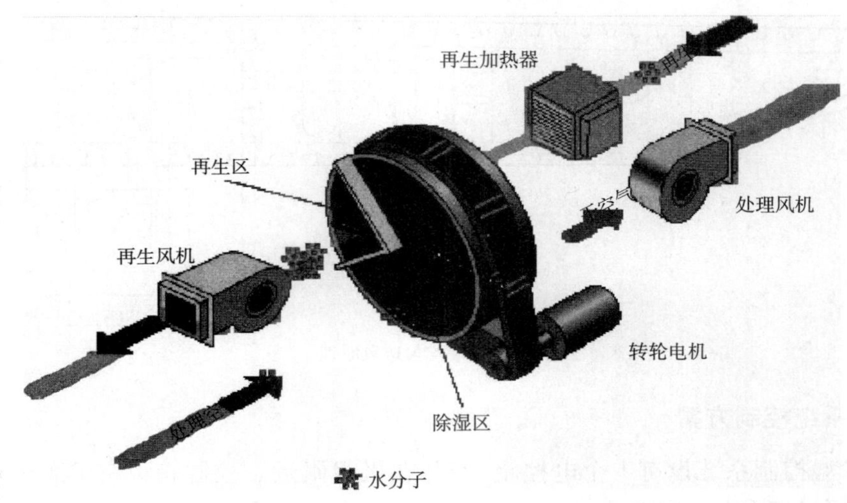

图5.9-2 除湿作用的原理

5.9.1.4 除湿系统的布置

大沽河航道桥除湿系统包含了钢箱梁、锚室和鞍室三部分，根据钢箱梁的结构特点，将钢箱梁除湿和锚室除湿合并为一个除湿系统，只需在锚室与钢箱梁的结构上做一些孔洞变更设计，就可以节约至少两套锚室除湿机组。

钢箱梁、锚室除湿系统大致布置为:四套除湿机组分别放置在钢箱梁两端约四分之一的梁段内，通过底板U肋作为送风管道，将干燥空气送至钢箱梁两端、中央和锚室处，在相应位置开若干U肋小孔，将干燥空气分别释放到以上部位，利用空间两端的压力差形成对流，使空气不断经过人孔、电缆孔、过焊孔等孔洞回流至除湿机组所在梁段，如此循环往复，如图5.9-3所示。在锚室部位，结构比较复杂，为了更好地保证干空气能够送入，锚室处的钢箱梁采用了增加独立管道送风方式，并且，为了避免空气输送的压力不平衡，独立管道送风的总长度与完全U肋送风的总长度基本一致，并且，管道的截面积与U肋断面基本相同，从设计上确保了送风的均匀性，如图5.9-4所示。

鞍室为独立空间,且空间较小,设计一套除湿机组直接放置在鞍室的平台上,干燥空气直接针对鞍座送风,再自然回流至除湿机处,如此循环往复。

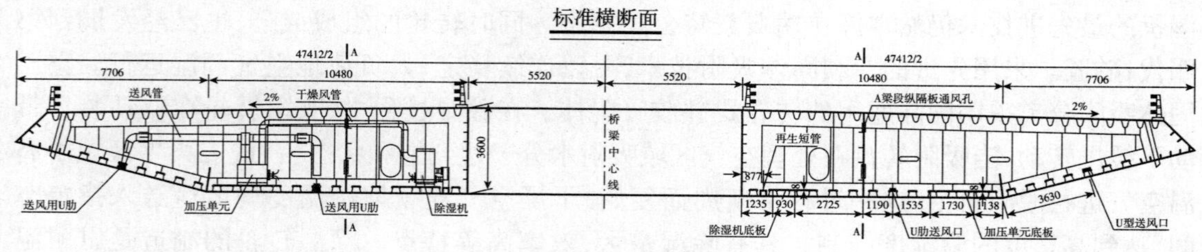

图 5.9-3　空气对流原理

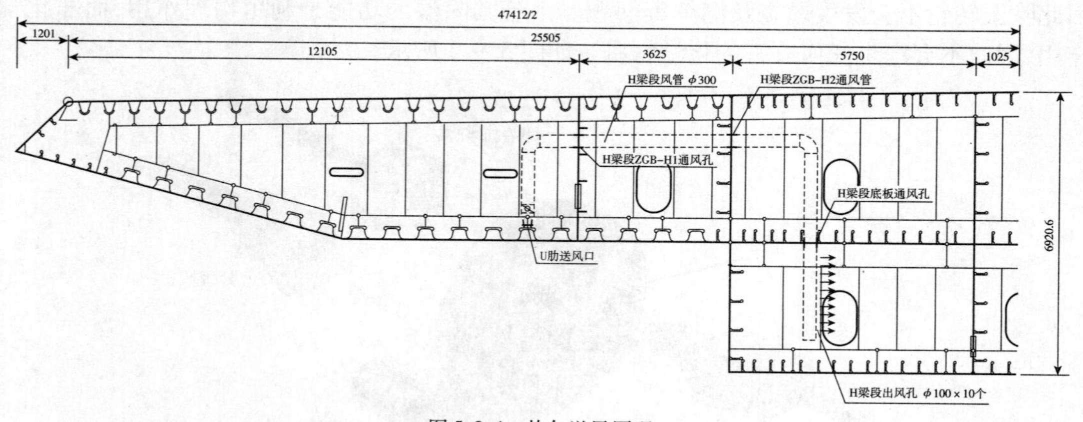

图 5.9-4　均匀送风原理

5.9.1.5　系统控制方案

每套除湿控制系统设有 1 个电控箱,安装在机组附近。控制箱设有 PLC 控制器和液晶显示屏,可设定和显示相对湿度、温度,还可显示除湿机手动/自动运行,循环风机运行,故障状态。同时,通过 PLC 的 485 通信口预留了除湿系统运行信号,预留将来采集到监控中心上位机上显示、控制。每套除湿控制系统配置一个温湿度传感器。温湿度传感器布置在距放置除湿机组的回风口侧 20m 范围内。除湿机组完整的湿度控制单元,分手动/自动两种模式。按除湿系统的划分区域,依据温湿度传感器检测的湿度信号,自动控制除湿机组的运行。通过控制除湿机再生能力的大小和机组的开/停,调节和控制区域内的空气相对湿度。这种调节,还能达到经济运行的目的。手动控制可通过现场控制,使除湿机组全负荷运行。

为了更好地实现远程监控功能,专门为大沽河桥除湿系统设计了上位机监控软件,可以嵌入到全桥监控系统中,如图 5.9-5 所示。

国内的桥梁除湿发展已经十几年了,但仍然缺乏必要的生产、施工规范,对比国内已经完成的悬索桥、跨海大桥等相似桥梁情况,大沽河航道桥在实现除湿设计节约、节能理念方面有很大突破,并针对除湿系统远程监控做了未雨绸缪的准备,可以说,是一个比较完整的桥梁除湿系统。

图 5.9-5　大桥除湿系统终端

5.9.2　检修小车设计及制造安装

本桥在锚固区采用了双层节段结构，检修小车在双层节段区设计了一套活动桁架及其升降结构，制造时采用了预拼装模拟升降工艺。在门架上设计了轨距自调节滚轮装置以适应小车轨道的间距的变化，在轨道间距发生变化时使门架相对于主桁架移动，同时为保证安全，设置调节挡板限制桁架纵向最大位移，保证运行平衡，安全可靠。检修小车如图 5.9-6 所示，门架滚轮机构如图 5.9-7 所示。

图 5.9-6　检修小车的加工制造

a) 结构设计图；b) 现场加工

5.9.2.1　检修小车设计

1) 检查小车组成

青岛湾大沽航道大桥检查车主要由固定桁架、活动桁架、驱动机构、升降机构、操作室、轨道系统、夹轨锁紧装置及电气控制系统等组成。全桥共设 4 台检查车。

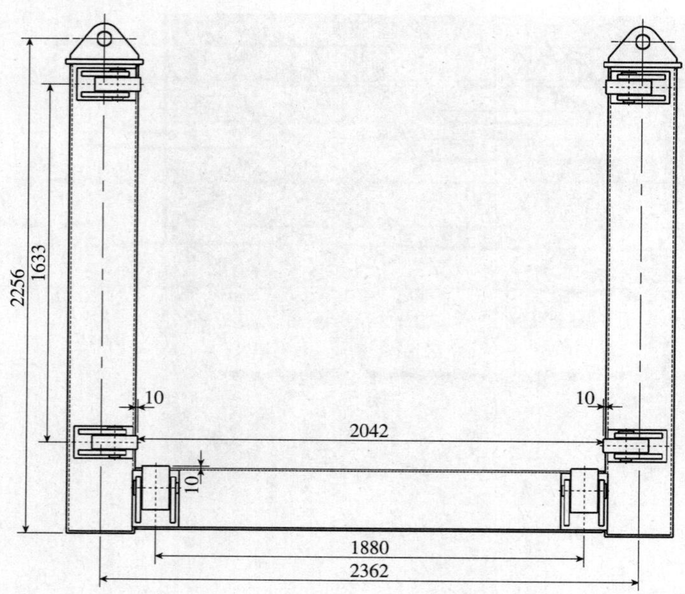

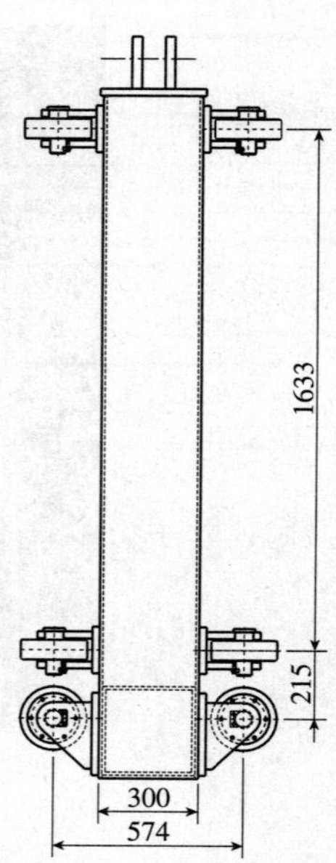

图 5.9-7　门架滚轮机构

2)设计制作规范及参考资料

公路桥涵设计通用规范(JTG D60—2004)

公路桥涵钢结构及木结构设计规范(JTJ 025—86)

钢结构设计规范(GB 50017—2003)

机械设计手册

机械制图(GB 4457 ~4460—84)

公差与配合(GB/T 1800 ~1804—92)

表面粗糙度及其注法(GB 1031—83)

焊缝符号表示法(GB 324—88)

3)设计要点

(1)检查车主要设计参数

设计荷载:均布恒载 3.0 kN/m;

均布活载 0.25 kN/m,集中活载 13.0 kN。

减速箱:速比 i_1: 11.98;

传动速比 i_2:49/10 = 4.9;

总速比:11.98 ×4.9 = 58.73。

行走驱动电机:型号:YEPEY800-4-1kW

数量:8;

总功率 N:1.0 ×8 = 8.0 kW;

总扭矩 M:9.55 ×8 = 76.4 N · m;

总静制动力矩:10 ×8 = 80 N · m;

电机转速 n:800r/min;

滚轮转速 $n_0 = n/i = 800/58.73 = 13.62$r/min；

工作速度：$V = n_0 \pi D = 6.58$ m/min；

活动桁架升降系统：电机型号：YHHP

数量：4；

总功率 N：$0.75 \times 4 = 3.0$ kW

工作速度：0.46 m/min。

移动式液压升降平台：要求平台升高幅度 4m，最低高度（非工作状态时）小于 1.2m，底座尺寸宽度不大于 1.0m，自重不大于 300kg，载重量 200kg。

（2）检查车桁架：

整车全长：49148 mm；宽：2000 mm，高：1800 mm；

最大横向轮距：25200 mm；

纵向轮距：3484 mm；

活动桁架长：21260mm，宽：1940 mm，高：1500 mm。

4）计算方法

（1）桁架采用平面杆系有限元方法并用计算机计算。

（2）其他构件、零件按总体受力分析的结果进行计算和验算。

5）结构方案

检查车主要由固定桁架、驱动机构、活动桁架及其升降机构、液压升降平台所组成。

检查车根据主梁结构形式，采用悬挂式吊车方案，即驱动机构通过钢轮倒置于工字钢轨道上。固定桁架通过门架与驱动机构相连，主要承受自重、活动桁架及升降机构，行人和维护检查器具物品等荷载。上下主弦杆采用 $120 \times 120 \times 6$ 的方钢管，腹杆及斜撑采用 $60 \times 60 \times 5$ 的方钢管，为提高桁架横向刚度，两侧下弦杆之间与两侧上下弦之间一样，采用人字形腹杆连接。在桁架 600mm 的高度上横向焊接 $50 \times 50 \times 4$ 方钢，以提高桁架整体稳定性。桁架底部铺设 5mm 厚的菱形花纹铝板，在安装花纹铝板前桁架应涂上油漆，铝板与桁架间采用 ST4.8 自攻螺钉连接。

6）检查车驱动方式

检查车采用电动和手动两种驱动机构方式运行。检查车正常工作情况下采用电动驱动机构进行驱动。

电动驱动机构主要由电动机、减速箱、钢轮、支架和杠杆所组成。选用 YZPE800 型或同级产品电动机，便于在支架上悬挂。该型锥形转子电动机的定子内孔与转子外圆均为圆锥面。电动机通电时，作用于转子上的磁拉力分解为径向和轴向的两个分力，由于轴向磁拉力的作用，使转子产生轴向移动，压缩制动弹簧使风扇制动与后盖刹车面脱开，电动机随即运转。此时检查车上的制动器通电，通过顶杆使刹车打开。当电动机断电时磁拉力随之消失，风扇制动轴在弹簧压力的作用下，紧贴后端刹车面，产生制动力矩，使电动机迅速制动。同时制动器断电，弹簧压力的作用下顶杆顶紧轨道达到机械制动目的。在检查车驱动机构设置减速箱，提高速比，降低运行速度，增加力矩和制动力矩，以提高整车的牵引性能。支架与杠杆、杠杆与门架均通过销轴相连，钢轮能分绕两支点转动，使钢轮与钢轨紧密贴合，保证所有电机不发生空转，以克服运行过程中各种阻力。

检查车紧急停电情况下采用手动驱动机构进行驱动,手动驱动机构主要由传动齿轮轴、钢轮、支架和扳手所组成。在遭遇紧急停电时,先关掉总开关,再将电控刹车制动器及电机制动打开,使驱动电机制动和刹车制动脱开,再将手动棘轮扳手安装在手动输入齿轮轴上,即可实现检查车手动驱动行驶,手动驱动工作结束后须采用手动复位驱动电动机和刹车机构。

活动桁架升降机构与检查车纵向行驶驱动机构电气互锁,检查车的使用必须遵循以下原则:

(1)检查车纵向行驶时,活动桁架禁止升降操作;

(2)升降活动桁架在升降动作之前检查车行走驱动机构停止工作,活动桁架上不允许站人,施工人员需到固定桁架上;

(3)操作电动葫芦控制按钮,使活动桁架升降到需要的工位,此时行走驱动机构和升降机构在电气上互锁;

(4)活动桁架升降完毕后,人工将活动桁架上的挂钩与固定桁架之间连接固定,检查车才能纵向行驶;

(5)检查工作结束后,检查车需行驶到停泊工位,活动桁架必须调整到最上端工位后与固定桁架连接。

7)活动桁架升降设计

在检查车行驶前需将活动桁架升降到指定工位上,通过活动桁架上的挂钩与固定桁架连成一整体。在固定桁架上、下方向各设置相应的限位开关,以保证活动桁架升降时的安全。中间指定工位在固定桁架相应位置设置行程开关,操作室设指示灯提示该工位。

升降机构由四个环链电动葫芦组成。每个升降电动葫芦可单独控制,也可整体控制,使得电动葫芦在提升和下降中以克服行进中不同步现象。活动桁架的工位分为上、中、下三个指定工位。活动桁架的指定工位调整必须按以下步骤进行操作:

(1)检查车停车,活动桁架不得站人,施工人员需到固定桁架上;

(2)脱开活动桁架与固定桁架之间的连接挂钩,开始活动桁架升降;

(3)操作员在操作室进行活动桁架的提升和下降操作:先将活动桁架提升50 mm,人工将四角挂钩脱开,活动桁架可自由升降;

(4)在活动桁架到达上、下指定工位时,将其再提升50 mm,人工将四角挂钩倒向挂耳座,下放活动桁架50 mm,四角挂钩挂到挂耳上。人工确认挂钩到位后完成升降工作;

(5)在活动桁架到达中间指定工位时,中位行程开关动作,操作室指示灯亮起,操作员按停止按钮。再将活动桁架再提升50 mm,人工将四角挂钩倒向挂耳座,下放活动桁架50 mm,四角挂钩挂到挂耳上。人工确认挂钩到位后完成升降工作。

8)移动液压升降平台的设置

支腿式移动(液压)升降平台设置在检查车的活动桁架上。移动升降平台工作期间,活动桁架上的四角挂钩应挂在固定桁架上的挂耳上。

工作时将移动升降平台的支腿打开,四脚调平,再将升降平台操作到需要的高度。非工作状态时将液压升降平台高度收回,支腿收回,靠滚轮行走移动。

为确保检查人员的安全,检查车与移动升降平台在电路上实施互锁控制,即液压升降平台升起后，检查车不能纵向行驶，确保检查车移动作业平台工作时，检查车不会运动。移动升降平台只作桥梁底部检查的使用，人员从桥墩处设置的专门梯道进出检查车。严禁利用移动升降平台进行人员上、下桥面操作。

5.9.2.2 检修小车制作

检查车驱动机构中的电机、机电设施、减速箱及标准件等为外购件，桁架、门架及驱动机构中的其他部分在内场制作。桁架结构采用内卡方式在平台上分片制作，再装焊成型，门架先制作成杆件，经矫正后拼焊而成，销轴、齿轮、钢轮加工后进行热处理，整个检查车在内场组装成整体在台架上进行试验。检查车制作保证措施见表 5.9-1。

检查车制作保证措施 表 5.9-1

	关键点	保证措施
桁架	构件直线度	桁架组装前，对所有构件检查直线度，不合格者采用油压机进行矫正后方可投入使用
	线 型	a. 胎架采用内卡式胎架，即在钢质平台上设置内卡模板保证桁架弦杆线型。 b. 焊接变形控制：采用 ϕ3.2 E5015 焊条，焊工由中间向两侧同时对称施焊，焊接冷却后方可解除约束
	构件位置	腹杆、竖杆位置：在片装、总装胎架上设置构件中和轴位置线定位板，各构件严格按中和轴定位线定位
驱动机构	整体质量	a. 外购成品件，严格采购程序，保证采购质量。 b. 机加工件按图纸要求加工到位，保证各加工件的加工精度。 c. 销、轴、齿轮等零件进行热处理
移动平台	整体质量	a. 外购成品件，严格采购程序，保证采购质量。 b. 机加工件按图纸要求加工到位，保证各加工件的加工精度。 c. 销、轴、车轮等零件进行热处理
总装	门架和主桁架的垂直度	采用激光测量技术，门架与桁架焊接时要保证相对位置准确，不得有歪扭现象，否则要按图纸要求进行整形
	驱动机构	a. 驱动机构组装时保证钢轮与轨道的紧密贴合，保证电机不空转。 b. 在门架与主桁架总装时，采用激光测量技术确保门架与驱动机构的横向距离。 c. 检查车总装完后，复测两行走机构的横向轮距和纵向轮距。 d. 减速箱装配后，要进行跑合运转
	轨道	要求位置准确，其误差在 5mm 以内，轨道接头平顺，不得有错位现象
	动力	对 ZDY121-4 锥形转子电动机，每台须经检验，转速要求相同，并且要有起动力矩大，运转平稳，制动可靠等性能

5.9.2.3 小车的吊装

(1)吊装前提

检修小车的吊装应将梁段轨道端头挡块安装完，其桁架及驱动系统零、部件制作完工并检验合格(合格证书)、组装合格。将驱动系统、4 个 10t 的手动葫芦、4 根 ϕ22 琵琶钢丝绳、8t 卸扣及安装工具装箱准备好，待小车装船到位后放置在小车桁架上，并用麻绳捆扎好。小车吊装前小车活动桁架应上升到最高工作位置，并用连接板和螺栓固定牢固后才允许吊装。如图 5.9-8 所示。

a)

b)

5.9-8　检修小车安装

a）将驱动系统；b）手动葫芦

(2)吊装方式

梁段和小车用运输船运到桥址，运输船停靠在安装梁段的正下方即吊机的正下放，吊机正确捆扎并吊起梁段5m后，运输船离开。吊机起升将小车吊装到安装梁段的底部，再将小车挂在梁段轨道上。

(3)使用的设备及装置

卷扬机	10t	2台
定滑轮	A28×710-90 JB/T9005.3-1999	2个
钩头	$\phi28$	2个
手动葫芦	10t	4个
钢丝绳	$\phi22\times1500$mm	8根
	$\phi28\times20000$mm	2根
钢丝绳夹	22-8KTH GB/T5976-1986	32个
	28-8KTH GB/T5976-1986	10个
麻绳	$\phi16\times5000$mm	1根
卸扣	M-DW6.3JB8112-1999	4个
	M-DW12.5JB8112-1999	4个

5.9.2.4　小车装船

(1)小车装船前的准备

小车吊装前应将小车进行加固和支撑(图5.9-9)。首先将小车活动桁架上升到最高工作位置，用8块16mm×150mm×150mm的三角连接板在活动桁架端头与固定桁架焊接固定，待小车吊装、安装到位后再拆除，并打磨光顺。同时在活动桁架的下方用4根8mm×150mm×3610mm的方钢管与固定桁架进行加固支撑，待支撑和加固安装完后方可吊装。

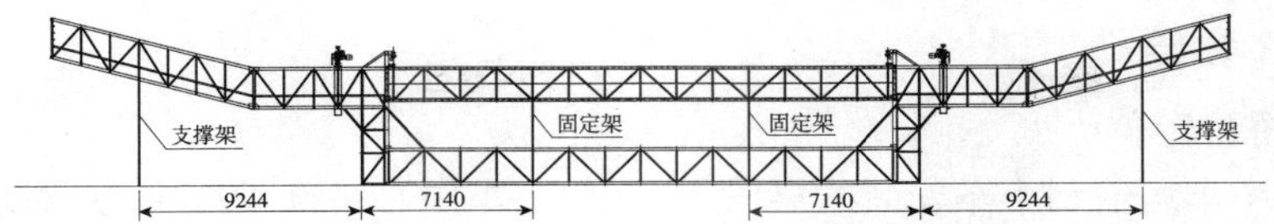

图 5.9-9　小车结构支撑示意图

(2)小车吊装装船

准备工作就绪后可进行装船,小车装船采用两台不低于 50t 的汽车吊吊装上船。吊装时将小车转运到装船码头,尽量靠近岸边,减少吊装距离。两台吊车分别布置在小车的两端吊装点位置,吊装点应在小车门架位置且钢丝绳挂在主弦管上,运输船应平行小车停靠在码头边。由于小车自重较重,待小车吊装到运输船上后,再将附件及安装工具等吊到小车上,捆扎固定好。如图 5.9-10 和图 5.9-11 所示。

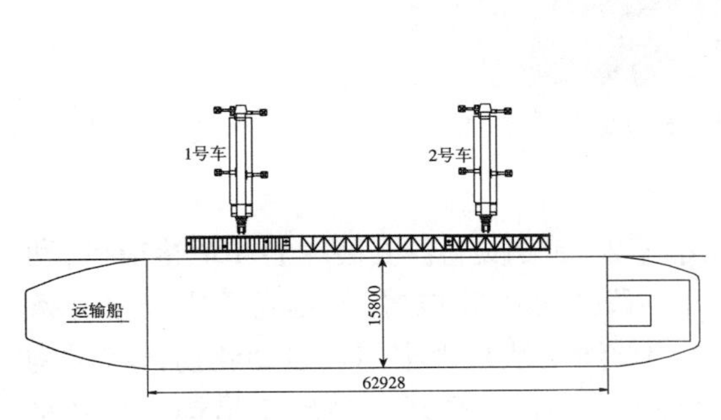

图 5.9-10　小车吊装布置图

图 5.9-11　检修小车装船

(3)小车捆扎固定

运输船每次可装运两台小车,小车尽量安装放置在运输船的中心。吊装完后,在两台小车之间,上、下各用两个 8mm × 150mm 的方钢管固定,然后在其两侧用 $\phi16$ 的钢丝绳和 5t 花篮螺丝张拉固定。如图 5.9-12 所示。

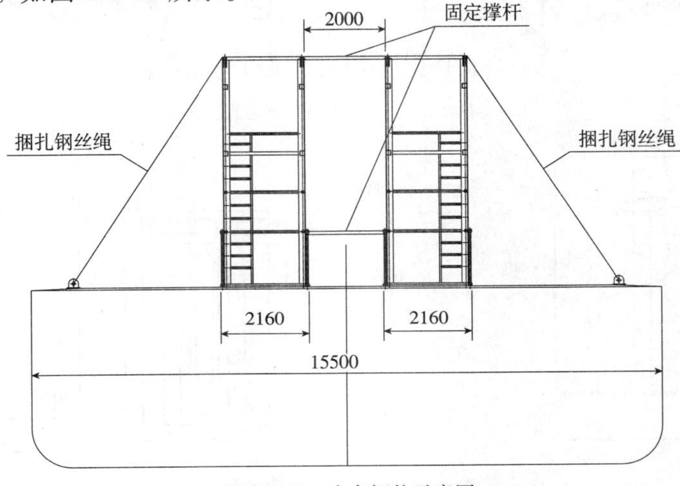

图 5.9-12　小车捆扎示意图

5.9.2.5 小车安装

(1)小车桥位定位

运输船将小车运输到小车安装的梁段下方,使小车中心对准梁段中心,对位调整好后抛锚定位。如图5.9-13所示。

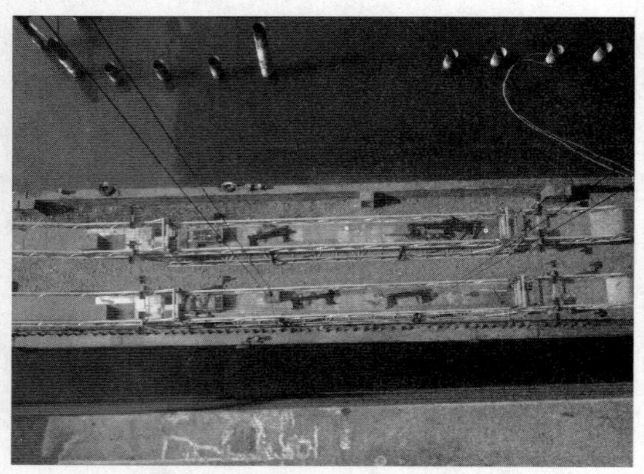

图5.9-13 检修小车桥位定位

(2)吊机安装

小车吊装采用两台10t卷扬机抬吊吊装,即在小车安装梁段上各安装一台10t卷扬机,利用卡板将卷扬机固定在梁段上。将定滑轮座安装在梁段边缘吊装位置,与延卷筒中心呈一条直线,焊接固定。再将钢丝绳和吊钩安装到位,检查钢丝绳安装是否牢固。启动卷扬机将吊钩下放、起升,检查吊钩是否灵活无阻碍,钢丝绳长度是否满足吊装要求。最后将吊钩下放到吊装高度,在小车相应垂直的吊装点上挂好钢丝绳,准备吊装。吊装前应检查钢丝绳以及吊点位置等是否符合吊装要求,试吊,检查卷扬机制动器是否正常。如图5.9-14~图5.9-16所示。

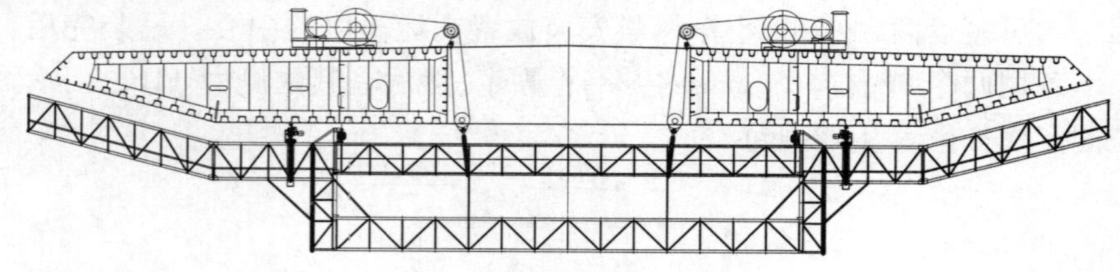

图5.9-14 小车吊装示意图

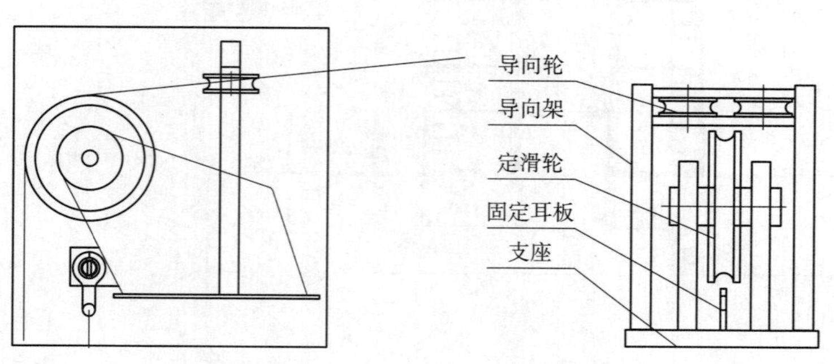

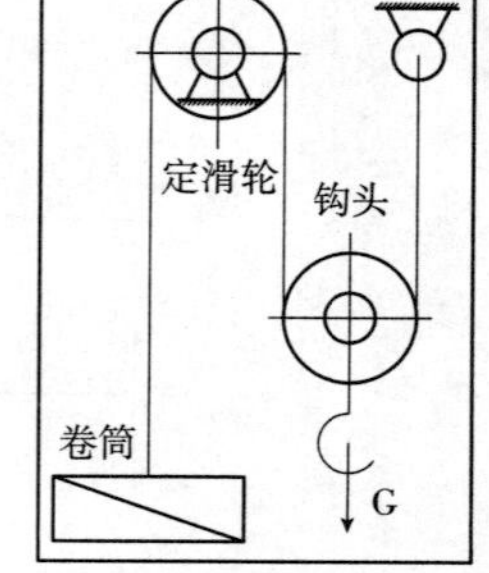

图5.9-15 定滑轮座结构示意图

图 5.9-16 检修小车桥位吊装及定位

5.9.2.6 小车安装步骤

(1)小车起吊到一定高度后,运输船离开。

(2)小车吊装到位后,利用桥中间空挡位置安放爬梯,安装人员从爬梯进入到小车上,用麻绳将小车固定在轨道上,防止小车晃动。

(3)测量门架上耳板孔纵向中心距尺寸是否符合设计要求。

(4)将四台 10t 的手动葫芦分别用钢丝绳一端挂在轨道上,另一端挂在小车主弦杆上,小车两端各挂两个葫芦(注意锁紧机构在小车内侧,电机向小车中心)。

(5)将驱动系统安装在梁段的轨道上,先安装小车门架固定端,后安装门架活动端。

(6)一端同时拉动两个葫芦,提升小车到适当的安装高度后停止,小车应与轨道垂直。

(7)安装时先安装一侧,即用手动葫芦调整小车高度(杠杆孔中心离驱动机构安装板高度差为 121mm),使门架耳板杠杆上的孔对准驱动系统安装板的孔,然后穿上销轴,用垫片调整好间隙,上紧挡圈将销轴安装到位。

(8)依次安装四套驱动系统,检查门架垂直度和轮缘与轨道的间隙,如有偏差则通过垫片来调整。

(9)安装完后拆除手动葫芦和钢丝绳,最后将小车制动器安装到小车上,与轨道锁紧。

(10)将安装完后的小车与轨道捆扎固定好,准备后续工作的使用。

5.9.2.7 安全注意事项

(1)小车安装前所有参加人员必须参加吊装方案及安全措施交底。

(2)在整个转运、装船工作过程中,严格按技术方案的要求进行,相关单位负责人必须到场。

(3)施工时,安全员应巡回检查,对危险部位或环节重点监护,对违反安全轨道和不遵守操作规程行为要立即制止或停止其作业。

(4)工作人员必须穿戴好劳动防护用品,高空作业采取防护措施。

(5)明确指挥人,统一指挥调度。工作中不得随意改变安装工艺,如在安装过程中出现特殊情况时,必须向有关部门反应。

(6)施工时不得违章作业,不得随意操作相关设备。

(7)所用设备在工作前必须进行检查,保证设备的完好性。对使用的机索具等在吊装前必须进行安全质量检查,并符合规定。

(8)钢丝绳在使用过程中,栓接牢固,对接触有拐角或锐口的地方应采取保护措施,以免将钢丝绳损坏或断裂。

(9)在5级以上强风和下雨的天气情况下不得进行作业。

(10)在工作区域内,应禁止非工作人员入内。

5.10 主缆检修道设计与安装

5.10.1 工程概况

大沽河航道桥主缆主跨矢跨比为1/12.53,边跨矢跨比为1/18.04。主缆横桥向中心间距在塔顶为2.5m,在主跨侧后锚面为6.5m,在边跨侧后锚面为7.8m。吊索设置于主跨及边跨,桥塔侧吊索距 中心线名义水平距离为12m,其余吊索名义水平间距为12m。

5.10.2 检修道施工组织

5.10.2.1 施工人员安排

为优质高效地完成大沽河航道桥检修道的施工任务,项目设立构件加工部、现场安装部、技术部、物资部及后勤保障部为核心的管控部门,并在现场施工设立一名现场施工总负责人具体安排现场的各项工作。

另外,为确保现场的顺利施工,现场设置检修道安装施工队。施工作业队将根据总体施工计划安排投入现场的施工,以确保项目总体计划的顺利实施。

检修道安装施工配备的劳动力使用计划见表5.10-1。

劳动力使用计划表 表5.10-1

人 员	数量(人)	人 员	数量(人)
管理技术人员	1	电焊工	4
吊装工	2	机械操作工	2
测量工	2	普工	8
电工	1	总计	20

5.10.2.2 物资准备

经过统计,检修道施工所需的各种材料已加工完毕并自检合格,各种材料的进场计划满足现场的施工要求,确保项目总体计划的顺利实施。

5.10.2.3 施工设备的配备

根据检修道施工计划进度安排,主要机械设备安排见表5.10-2。

检修道施工主要机械配备表 表5.10-2

序 号	名 称	规 格	数 量	备 注
1	汽车吊	25t	2台	材料设备转运
2	手拉葫芦	5t	4个	调整检修道线形
3	卸扣	2t	满足工程需要	检修道临时锚固

设备进场之后,安排专职人员管理,负责统一调配协调使用,对机驾人员进行统一的培训。

5.10.3 检修道安装施工

检修道安装施工主要由检修道空缆线形计算、检修道空缆线形调整、检修道立柱安装、检修道横梁焊接、检修道扶手绳导入轴力调整几个步骤组成。

5.10.3.1 检修道空缆线形计算

检修道扶手绳及栏杆绳安装主要分为两个状态,第一个状态为设计状态,即扶手绳线形满足设计要求状态,此时扶手绳的张力主跨为17kN,边跨为20kN,栏杆绳的张力主跨为6kN边跨为6kN;第二个状态为扶手绳空缆状态,此时扶手绳两端已分别锚固在索鞍及散索罩上,跨中位置略微飘起。第二个状态是根据第一个状态的反算得来,主要根据缆索吊设计原理,当立柱逐根安装完成后,检修道线形及张力到达设计状态。

选用计算公式主要有:

$$\left.\begin{aligned} H &= H_A = H_B \\ V_A &= \frac{qL}{2\cos\beta} + \frac{Q(L-x)}{L} - H\tan\beta \\ V_B &= \frac{qL}{2\cos\beta} + \frac{Q_x}{L} + H\tan\beta \\ T &= \sqrt{H^2 + V^2} \end{aligned}\right\} \tag{5.10-1}$$

$$f_x = \frac{M_x}{H} = \frac{q_x(L-x)}{2H\cos\beta} + \frac{Q_x(L-x)}{HL} \tag{5.10-2}$$

经计算主跨侧扶手绳跨中位置较对应主缆中心预抛高1.45m,护栏绳跨中较对应主缆中心预抛高0.55m,边跨侧扶手绳跨中位置较对应主缆中心预抛高1.42m,护栏绳跨中较对应主缆中心预抛高0.55m,当立柱安装到位后检修道各种参数可满足设计要求。

5.10.3.2 检修道空缆线形调整

考虑到检修道扶手绳及栏杆绳张力较小,确定采用2t手拉葫芦进行空缆线形的调整,具体操作步骤为:首先将检修道塔侧锚固螺栓上到螺杆中间位置,另一侧锚固螺栓在手拉葫芦的拖带下徐徐收紧并与螺帽连接,测量人员在跨中位置量测检修道与主缆中心的抛高值,在无风状态下连续观测一昼夜,确定抛高值无误后,锁紧两侧锚固螺母。

5.10.3.3 检修道立柱安装

检修道立柱安装,按照主缆跨中、四分之一、八分之一的顺序依次推进安装,以减小安装难度。由于此时已无吊装设备,立柱全部采用人工经猫道搬运至安装位置,立柱安装先拧紧与索夹的链接螺栓,而后采用人工下压扶手绳至立柱顶部锁紧装置处,拧紧顶部螺栓,完成一个立柱的安装。

5.10.3.4 检修道横梁焊接

立柱安装完成后还需进行索夹两侧立柱与横梁的焊接工作,按照施工图要求,检修道焊接工作一律采用E4303焊条焊接,焊接时需特别注意对主缆及索夹防护面的保护工作,现场采用帆布防护。

5.10.3.5　检修道扶手绳导入拉力调整

检修道在安装过程中及现行计算时不可避免会出现误差现象,为保证检修道安装质量,在安装完毕后需对检修道张力进行一次全面的调整,具体方法为在拉杆后链接测力计及链条葫芦反拉扶手绳,通过测力计读数调整扶手绳张力到达设计位置。

5.10.4　检修道施工安全、质量保证措施

5.10.4.1　安全保证措施

(1)施工中必须坚持"安全第一,预防为主"的原则,重视安全生产、文明施工的重要性。

(2)施工属于超高空作业,开工前一定要做好交底工作,使每个参加施工的人员明确职责各司其职,确保不出现任何安全事故。做到工前交底,工中检查,工后总结。

(3)施工时严格按指令进行,集中指挥,发现问题及时反映并解决后方可进行下一工序的施工。

(4)所有进入施工现场的人员必须按规定配戴劳保用品,作业人员不得穿拖鞋、高跟鞋、硬底易滑鞋等进入施工现场。

(5)施工作业搭设的扶梯、工作台、安全网等,必须牢固可靠,并挂醒目的安全警示牌。人员要由斜道或扶梯上下通行,不准攀登脚手架、模板或绳索上下。

(6)脚手架拆除时,应经技术部门和安全员检查同意后方可拆除,并按自上而下,逐步下降进行;严禁将架杆、扣件、模板等向下抛掷。

(7)夜间施工必须有充足的灯火照明。

(8)施工过程中要经常掌握天气预报,密切注意天气的变化,大风或雷雨时,停止作业。

(9)严格遵守安全用电操作规程。钢结构是良好的导电体,四周应接地良好,拆接设备和电源应有专业电工操作。

(10)吊装索具,使用前必须认真检查规格及完好状况。

(11)施工过程中应由专人对桥梁的坐标进行监测,发现偏移及时进行调整。

5.10.4.2　质量保证措施

建立项目总工程师及各级技术员的技术责任制,实行技术质量的统一领导和分级管理,明确各级技术人员的职责和权限。建立健全各种行之有效的技术管理制度,使技术组织管理工作制度化和标准化。加强机械设备的管理,强化机械保养和维修制,提高机械设备的完好率和利用率。

在缆索系统及索鞍的施工过程中,除了应保证各部位的尺寸及线形正确之外,更重要的应该进行缆吊系统各部位测量控制与全桥总体测量系统接轨。悬索桥主缆的施工质量主要取决于成缆线形的误差大小及成缆后各索的排列顺序、挤紧程度,因此,主缆施工中对于标准索的线形一定要多次观测、精确调整、科学预测,为其他索的架设奠定坚实的基础。主缆的梳理挤压成型一定要严格按工艺操作步序进行,把好每道质量关。

悬索桥吊索的安装主要应控制好索夹的空间位置、横向偏心及螺栓预紧力,索夹的型号与位置要对应无差错。

索鞍的安装主要应控制好索鞍的横向和纵向偏位以及索鞍底板顶面标高和四角高差，使其满足设计和规范要求。

5.10.5 文明生产与环境保护措施

5.10.5.1 文明生产

(1)脚手架周边及通道一律设安全网围蔽，各种安全设施齐全，爬梯、通道、脚手板规则整齐。

(2)高空作业所覆盖的地面必须围蔽。

(3)各种安全警示标志齐全，并悬挂于合理醒目的位置。

(4)高空作业面的各种材料应堆放整齐，严禁超载。

(5)严格按照规范、施工工艺、操作规程施工，避免野蛮施工。

(6)现场施工人员戴好安全帽，高空作业时系好安全带，并穿着整齐，并严禁穿拖鞋。

(7)施工人员在工作时，团结协作，听从指挥，严禁打架斗殴。

5.10.5.2 环境保护措施

1)施工期水环境保护

(1)施工期水环境保护管理措施

在桥梁上部结构施工时，加强施工管理和工程监理工作，防止发生水上交通安全事故，严格检查施工机械和船舶，防止油料发生泄漏，污染水体。

(2)废油处理

吊船、驳船等所有施工船舶和交通船舶以及水上混凝土厂和输送泵等所有机械设备的各类废油料及润滑油，均应回收并在指定的位置进行统一存放和处理。

(3)生活废水处理措施

根据施工的要求，工程污水的处理必须满足一级排放标准的要求。

2)施工期废弃物处理

(1)清理场地的废料处理时，不能直接清理入河海，应按业主要求或监理工程师的指示在适当地点设置海上排放场或运至其他指定的地点排放。

(2)施工过程中的废弃物应在工程完工时即时清除干净，以免影响施工现场整洁。

(3)施工物料如油料、化学品等应堆放管理严格，防止在雨季或暴雨期间物料随雨水流下河海，造成污染。

(4)施工船舶和其他施工机械应防止漏油，禁止机械在运转中产生的油污水未经处理就直接排放或维修施工机械时，油污水直接排放。

第6章

施工控制

6.1 大桥施工控制目的与意义

自锚式钢加劲梁悬索桥传力路径特殊,技术复杂,设计与施工难度大。在自锚式悬索桥的设计文件中,仅给定了桥梁竣工后的理想状态下结构线形和相应的结构应力状态,而桥梁施工过程中则是一个复杂的多输入多输出的高阶时变系统。由于系统内外各种因素对系统的直接或间接的影响,使得施工的实际状态与设计理论状态不可能完全一致。为了能够使理论计算与实桥完全吻合,通过实际检测各施工阶段的主要控制参数,并进行结构计算分析,运用科学的预测方法指导控制施工,使各施工阶段的实际状态最大限度地接近理想状态,确保成桥后的内力状态和几何线形符合设计要求。

本项目以青岛胶州湾大桥大沽河航道桥施工监控为主要研究对象,对大沽河航道桥主塔及上部结构施工全过程实施监控,以确保大桥在施工过程中结构受力和变形始终处于安全范围内,且成桥后的最终状态线形符合设计要求,结构恒载受力状态接近设计期望。通过所依托工程,探求自锚式钢加劲梁悬索桥施工过程中的监测与控制方法以及施工全过程的仿真方法和理论分析方法,以便在同类桥梁中进行推广应用。

6.2 施工控制的原则、方法和系统运行过程

6.2.1 施工控制的原则

在整个施工过程中,由于结构的部分实际参数与理论值的差异,结构反应也有所不同,为了使全桥竣工后达到设计要求的结构线形和受力状态,需要根据每一阶段的实测数据修正计算模型,使模型的参数和受力状况与实桥完全一致,从而才能科学地指导施工。简而言之,就是“从实桥中来,到实桥中去”。在整个施工控制过程中,需遵循以下原则:

(1)计算模型与实桥完全一致,包括计算参数、边界约束条件,施工过程等,其受力状态完全按照施工状态进行模拟;

(2)经过修正后的模型,不仅要符合实桥的情况,而且按照正常施工工序,一一模拟整个过程,使成桥达到设计成桥目标。

6.2.2 施工控制的方法

与地锚式悬索桥相类似，要确保自锚式悬索桥的最终线形、最终内力与设计一致，不能单靠施工阶段的跟踪调整来实现设计的主缆线形，必须依靠事先提供可靠的计算参数、采用精确的计算方法计算出各种施工状态线形，再通过严格的制造和施工质量的控制，使架设的线形与设计相符，才能达到控制线形的目的。所以在上部结构开始安装之前监控工作主要是注意收集各种资料，初步建立计算机施工控制仿真分析系统数据库；与设计人员交流，完全领会设计意图；确定设计目标状态；确定安全施工的指标；与监督、监理等单位联系，获取各项目的检验评定标准及控制标准。

经过对施工全过程结构线形监控，施工全过程主缆与吊杆力监控，施工全过程主塔、钢梁控制截面应力监控以及主塔、钢梁、主缆温度测试等，对计算模型进行修正计算，得到主塔施工过程、主梁架设过程、猫道施工过程、主缆架设过程以及吊索张拉过程的计算数据，提供给施工单位，从而精确地指导施工。

6.2.3 施工控制的系统运行过程

施工监控是个高难度施工技术问题，但不是孤立的施工技术问题，它涉及设计、施工、监理单位的实际工作内容，为做好本项工作，在组织形式上分两个层次开展施工监控工作，即设立施工监控协调小组与施工监控工作小组。

施工监控协调小组由业主、设计、监理、施工和施工监控等单位参加，包括业主、设计、监理、施工和施工监控等单位的领导同志或技术负责人，其中业主单位同志任组长。施工监控协调小组不定期开会，由组长召集，讨论施工监控中出现的重大问题，并提出修改方案。

施工监控工作小组由施工监控、监理、设计、施工等单位参加，包括施工监控单位的现场负责人、监理单位的现场代表及测量人员、施工单位的现场施工负责人和测量人员、设计单位的设计代表和业主单位的配合人员，其中施工监控单位的现场负责人任组长。施工监控工作小组定期开会，由组长召集。讨论施工控制中存在的问题，并提出修正方案。如遇到重大施工问题，或需要修改设计的，提交施工监控协调小组讨论。

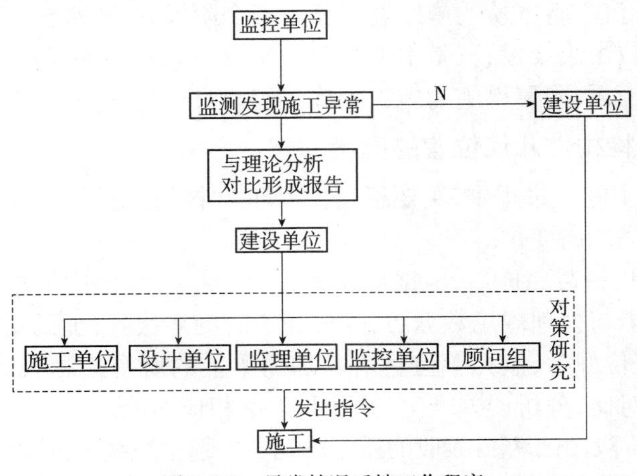

图6.2-1 异常情况反馈工作程序

在施工监控过程中，如发现异常情况，应通过施工控制领导小组及时与业主、设计单位和施工单位商讨分析问题并提出对策。异常情况反馈工作程序如图6.2-1所示。

6.3 施工控制工作程序和各阶段测量内容

6.3.1 施工控制工作程序

施工监控工作流程示意图如图6.3-1所示。

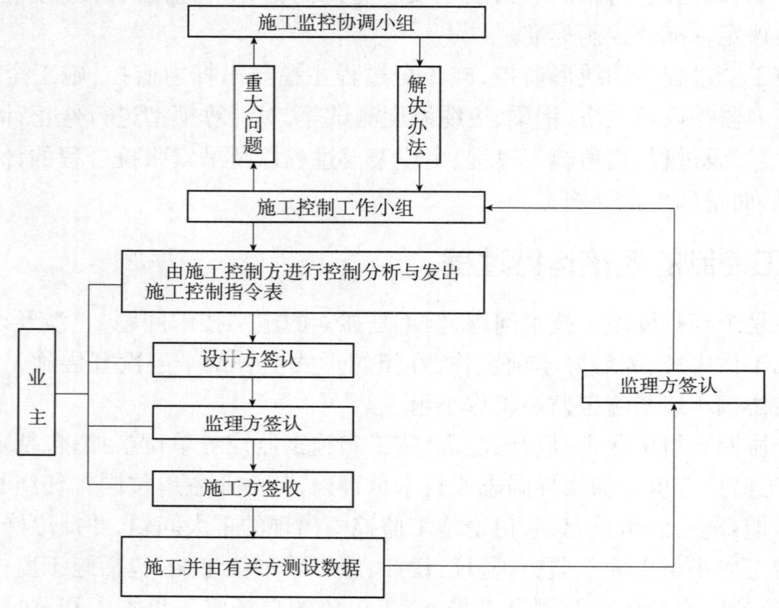

图6.3-1 施工监控工作流程示意图

6.3.2 施工控制各阶段测量内容

根据本桥的施工流程将本桥的施工过程分为五个阶段：一是混凝土主塔的施工；二是加劲梁在工厂拼装、桥位吊装架设；三是主缆索股的架设；四是索夹的放样与安装，五是吊索安装张拉阶段；五是桥面系、附属设施的施工。施工控制目标与任务随施工阶段的不同而异。

6.3.2.1 各阶段结构构件几何位置的测量

(1)在主塔的整个施工过程中，主要根据混凝土材料的力学特点及结构特征，控制主塔控制截面预抛高、主塔侧向变位。

(2)加劲梁在工厂拼装完成后，根据加劲梁无应力拼装线形的要求，检测所有检测点的相对里程与高程，分析与处理现场数据后，完成相应的测量报告；加劲梁架设时，施工单位按照加劲梁架设高程定位好后，监控单位将对其加劲梁上的所有检测点的里程与高程进行测量，并与理论值进行对比，分析误差产生的原因，采取相应对策。

(3)在主缆架设阶段，由于基准索股的质量决定了主缆空缆线形的架设质量，在架设基准索股期间，应进行为期一周的不间断观测，直至基准索股线形稳定为准。在后期索股架设过程中，主要还是参照基准索股线形，使索股与索股之间满足"若即若离"的原则，并长期观测基准索股线形的变化情况。这阶段监控的主要目标是确保主缆线形最大限度地逼近设计空缆状态。

(4)在主缆架设完毕进行索夹放样时，应选择在温度稳定的午夜进行，放样完成后，应进行索夹标记位置的反复测量，直至标记位置相对稳定为止。

(5)吊索安装张拉阶段，按设计顺序，分批逐步张拉吊索至梁上锚固位置，直至吊索安装就位。此阶段体系转换较为复杂，在每步张拉时需要测量主缆线形，主梁线形，索塔偏位等。

(6)桥面系及附属设施施工阶段，主梁线形和主缆线形都会发生变化，需要进行定期观测。

6.3.2.2 各阶段结构构件应力的测量

(1)定期采集布置在控制截面的应力与温度传感器，分析混凝土的收缩徐变和主塔标准断面的温度场。

(2)加劲梁架设时，主梁从拼装时的无应力状态转化为简支受力状态，特征断面的应力发生变化，除了对线形进行观测外，还需进行主梁受力的变化情况观测，并与线形变化进行对比，从而可检测无应力拼装线形的质量。

(3)主缆架设期间，除了线形可作为索股调整的质量的依据外，锚跨张力也能有效地反应索股线形情况，监控单位根据布置的传感器测量锚跨索力，并与理论值做分析比较。

(4)吊索张拉阶段，加劲梁，主塔，主缆，吊索及支座反力(永久支座与临时支座)都会发生很大改变，在此期间应该密切关注应力变化情况，保证在各阶段所有结构都处于安全状态。

(5)二期铺装是全桥施工的最后一个主要步骤，结构受力状况也会发生比较大的变化，仍应对全桥的主缆、主梁、索塔的应力状况进行监测。

6.4 施工控制精度

按照《公路桥涵施工技术规程》，根据目前的施工技术水平，及测量控制精度，结构控制的主要目标如下：

塔柱：塔顶偏位误差在 ±20mm 之内；

加劲梁：里程绝对偏差小于 20mm，标高绝对偏差小于 20mm；

基准索股：绝对垂度精度 ±20mm。上下游主缆索控制在 ±10mm 误差范围内；

索力：吊索索力容许误差为 ±5% 以内。

6.5 索塔的施工控制

由于大沽河航道桥为独柱塔自锚式悬索桥这一特殊结构，其索塔在架设猫道、安装主缆、张拉吊索和桥面铺装等各施工阶段中应力、温度和位移都发生多次变化，索塔的安全性，受力的合理性在施工中需要得到有效控制。为此，应对大桥的整个施工过程按照实桥的受力状态进行模拟，分析各阶段中索塔各断面的应力与位移变化情况，并选取施工过程中最不利断面，布置相应的温度传感器和应力传感器，测试断面的实际情况，判断索塔的安全性与稳定性。

6.5.1 主塔应力和温度测试断面的确定与测点布置

索塔为钢筋混凝土结构，根据以前测试经验和对国内元件及仪器综合分析比较，决定对索塔的应力测试选用埋入式混凝土应变计，将其埋入测试断面的混凝土内。应变数值的读取采用配套的巡检仪。通过应变—频率标定曲线，换算出混凝土的实际应变，然后再根据混凝土弹性模量推算混凝土应力。

根据索塔的受力特性和结构分析计算结果，同时考虑精度需要和便于测试的原则，在塔柱上布置4个应力测试断面。混凝土应力测点均采用埋入式应变计，元件用细铁丝固定于主钢筋上，共计埋入式应变计32个，测点布置如图6.5-1所示。

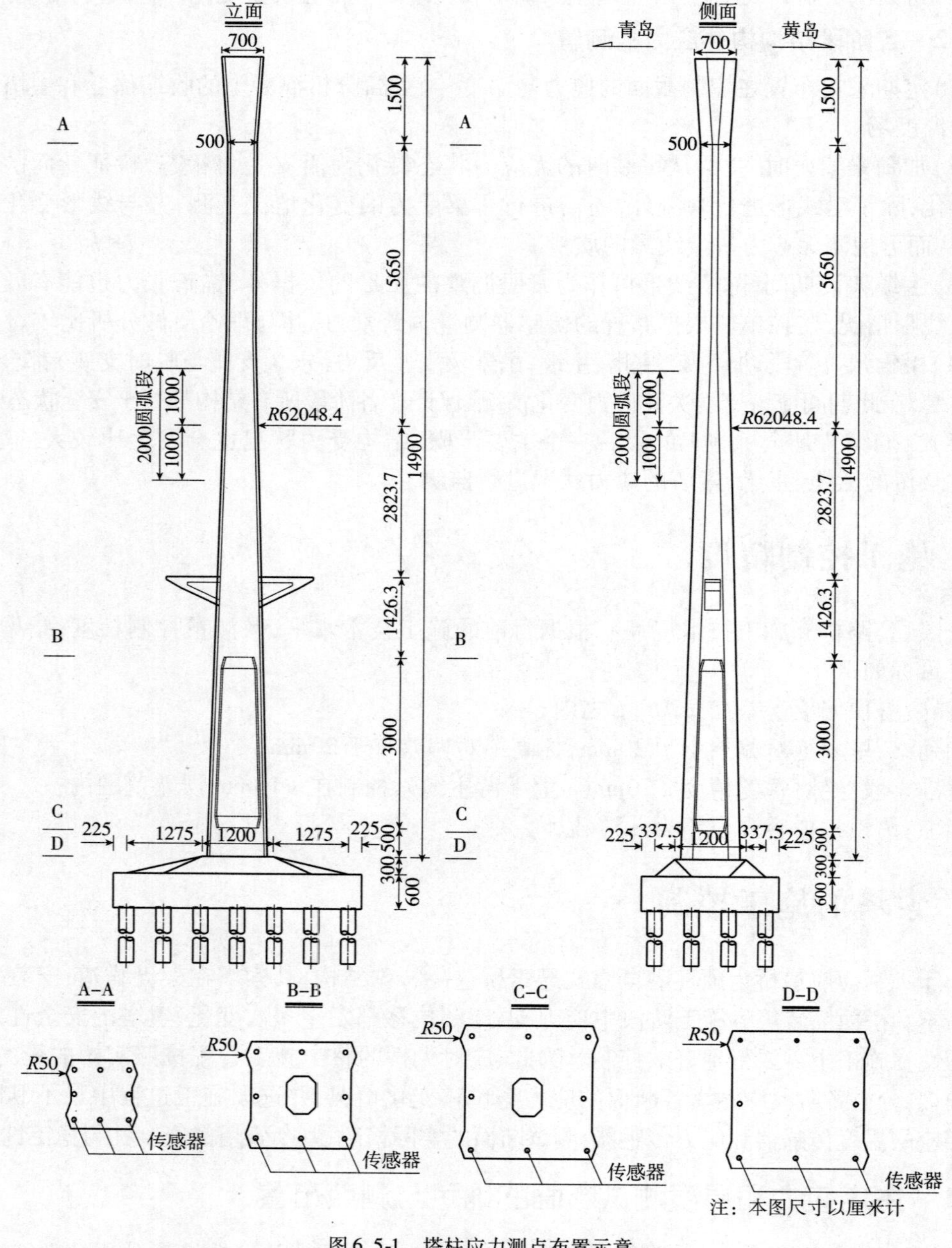

图6.5-1　塔柱应力测点布置示意

塔柱的温度测试断面一般与应力测量断面相同，以资对应，也便于计算分析。

选择C截面作为温度场测试的重点，沿壁厚方向各布置5个测点，其余均布置5个测点，本次监控采用的应变传感器内嵌温度模块，因此，部分测点位置温度传感器可与应变传感器共用。按照以上测点布置原则，主塔四个控制截面共布置独立温度传感器42个。测点布置如图6.5-2所示。

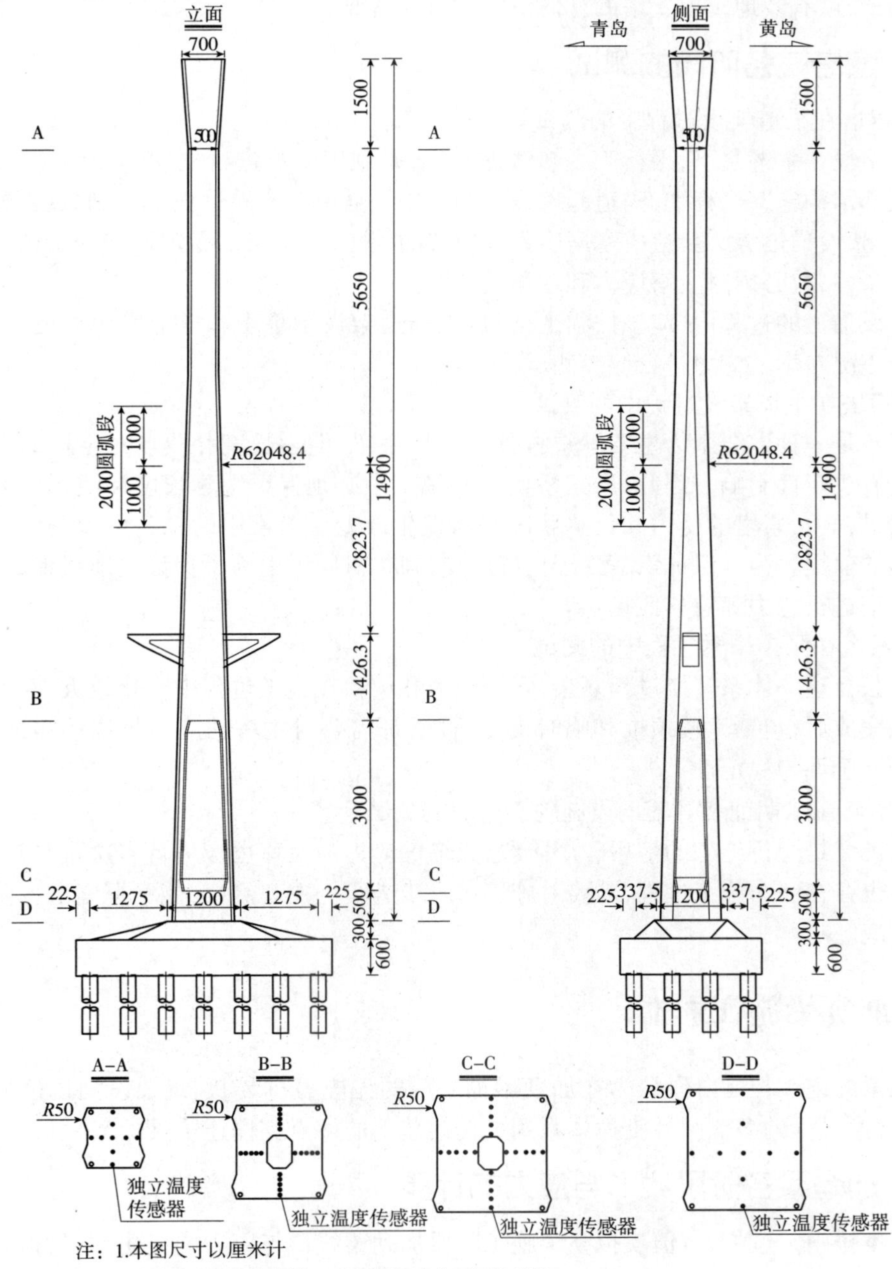

注：1.本图尺寸以厘米计

2. ●为独立温度传感器，○为温度、应变两用传感器。

图6.5-2　主塔温度测点布置

6.5.2 索塔塔顶位移测点的布置

考虑到索塔在整个施工过程中都会发生偏位，尤其是在吊索张拉过程中，主塔最大位移达10cm以上，为了有效地控制索塔安全，防止主塔塔顶水平变位过大导致底部截面产生过大的拉应力，在塔顶青黄岛侧各布置一个永久的检测点，施工阶段中不间断地对其进行三维坐标的测量，可有效地掌握主塔的三向位移与扭转情况。

6.5.3 索塔在各阶段的测试

(1)索塔在猫道架设过程中的测试

猫道架设在主缆之下，平行于主缆线形布置，是施工人员进行主缆作业的高空脚手架。在整个上部结构施工过程中，猫道起着重要的作用。猫道在架设过程中，是通过索鞍和主塔连在一起，架设猫道势必会造成索塔应力和位移的变化，而主塔的稳定性与安全性是架设猫道的前提条件，故必须对主塔应力和位移进行监控。

在架设猫道的过程中，应该按猫道架设前、猫道架设承重索和猫道横向通道、猫道面层完成三个工况对索塔应力进行监控测试。

(2)索塔在主缆架设过程中的测试

悬索桥是一种以缆索为主要承重构件的柔性桥梁，缆索长度和线形对全桥的几何形状和受力具有决定性影响。因此，悬索桥监控和施工中必须保证缆索长度和线形的准确。在架设缆索过程中，索塔的受力和位移状况必将发生改变。而索塔的稳定性和安全性是保证主缆线形的前提。为了保证索塔处于良好的受力状态，同时也为了保证主缆线形的准确性，必须对索塔进行应力和位移监控。

(3)索塔在张拉吊索过程中的测试

吊索张拉这一体系转换过程复杂，索塔应力和位移在施工过程中变化较大，在每步吊索张拉步骤完成后，包括索鞍顶推和临时支点拆除，都需要对主塔的应力与位移实施监测，确保索塔的安全性与稳定性。

(4)索塔在二期铺装等辅助设施施工过程的测试

二期铺装是全桥施工的最后一个阶段，索塔的应力与位移也应进行多次重复观测，由于二期铺装也存在一个施工过程，需要对施工每一步进行一次观测，才能掌握索塔各阶段的实际受力情况。

6.6 加劲梁施工控制

加劲梁的施工控制阶段分为在加劲梁加工厂的无应力拼装状态、架设到桥位的简支状态、体系转换过程的多点弹性支撑体系到二期铺装下的多点支撑连续梁状态。

6.6.1 加劲梁各阶段线形与应力的计算

按照本桥施工过程，数值模拟整个施工阶段加劲梁线形与应力的变化情况，指导施工单位进行加劲梁的拼装和架设，保证加劲梁在体系转换过程中的安全性，最终在二期铺装完成后达到设计成桥线形与受力要求。

6.6.2 加劲梁施工过程控制

(1)加劲梁在工厂拼装阶段

施工单位拼装完成后,按照监控单位提出的《加劲梁无应力拼装线形指令》,对所有检测点进行检测,并完成相应的测量报告。为了实测加劲梁在施工过程应力的变化情况,选取了全桥具有代表性的7个断面(图6.6-1),布置应力传感器和温度传感器,以较好地掌握加劲梁的应力情况。加劲梁的应力测试断面布置图如图6.6-2所示。

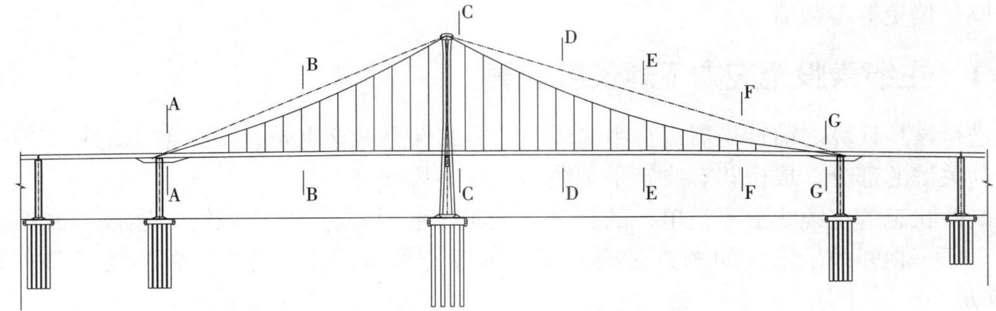

图6.6-1 加劲梁应力测试断面示意

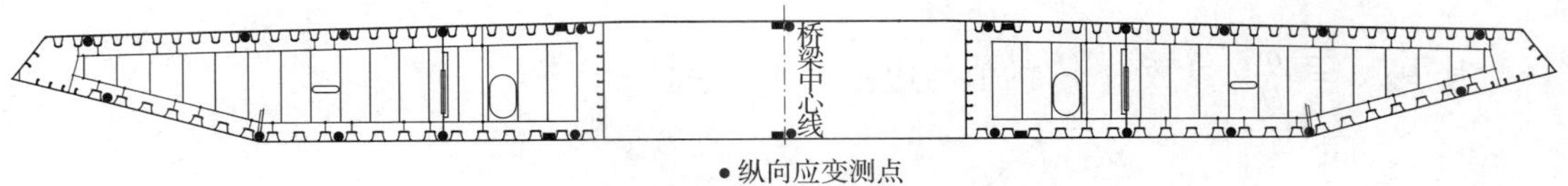

图6.6-2 钢加劲梁应力测点布置

由于应变测点数量众多,现场采集工作量很大。本次应力测量中拟采用WD系列无线静态数据采集系统进行数据采集、无线传输和记录。该系统改现场巡检仪单点测试为无线自动采集方式,大大减轻了监控工作强度,提高了工作效率。使得应力数据的24小时不间断采集成为可能。

(2)加劲梁在架设过程中的线形与应力监测

加劲梁架设到桥位后,由拼装时的无应力状态转变为简支状态,加劲梁的线形和应力都发生变化。根据监控单位提供的《主梁架设线形指令》对各梁段检测点进行检测,分析偏差及其原因,完成相应的测量报告。加劲梁应力监测也同时进行,不定期地对所有传感器进行采集。

(3)加劲梁在张拉吊索过程的线形与应力监测

悬索架设完毕,吊索是分批进行张拉的。在吊索张拉前,由于二期恒载未安装,加劲梁外观呈连续状态,实际受力为简支状态。在吊索张拉过程中,加劲梁应力状态开始发生改变。由于此时加劲梁已成为连续结构,吊索张拉在连续高次超静定加劲梁中产生了复杂的次内力,导致结构应力状态发生较大的改变,并对加劲梁线形产生影响。因此,在张拉吊索过程中,每完成一个张拉步骤就应对加劲梁应力和线形进行测试,保证桥面线形符合设计要求。

(4)加劲梁在桥面铺装过程中及成桥后的应力监测

桥面铺装过程中,加劲梁的应力状况必定会发生变化,而铺装完成后,结构受力状态基本就代表成桥受力状态。铺装完成后,需要根据加劲梁应力状态和变形状态决定是否需要进行吊杆索力的调整。因此,在桥面铺装过程中也需要对加劲梁应力和线形的变化情况进行监控。

6.7 悬索施工控制

悬索施工控制的重点是结构无应力构形的计算与控制。根据施工控制与仿真分析系统,可以求得主缆成桥状态、空缆状态的几何线形、索股无应力长度、主缆空挂时各吊点坐标和鞍座预偏量等参数值。

6.7.1 主缆索股无应力下料长度计算

进行该步计算之前首先需进行主缆成桥线形的计算。这也是整个悬索桥施工监控计算中最为关键的部分。成桥状态决定了主缆的无应力长度值。

成桥状态的主缆线形不是单一的悬链线或抛物线,而是由多段悬链线连接而成的复合线形。任一相邻的吊索之间的索段则是单一的悬链线。对于图 6.7-1 中的任意单一的索段,满足

$$y = \frac{1}{c} \cdot \cosh(c \cdot x + c_1) + c_2 \tag{6.7-1}$$

其中:$c = \frac{q}{H}$(参数 c_1、c_2 的值与边界条件有关)。

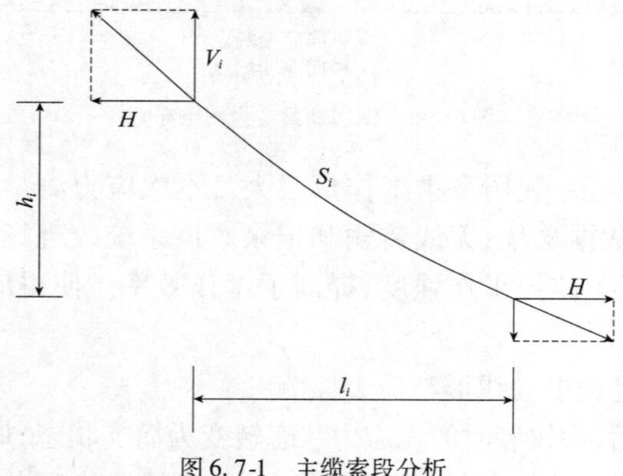

图 6.7-1 主缆索段分析

对于每一索段,若已知其一端的水平力和竖向力,其几何线形就确定下来,其几何曲线长度就是该索段的有应力长度。根据虎克定理,就可求得索段的弹性伸长,索段的无应力长度就等于两者之差。

主缆中各索股的无应力长度也不一样。计算中跨、边跨处的索股时,可依据各索股与主缆中线的关系,分别求得各索股的有应力长度和无应力长度。在主缆锚固处,索股呈现离散状的空间曲线,须分别加以计算。各跨索股无应力长度之和,就是主缆索股无应力下料长度。

6.7.2 索鞍预偏量及基准索股线形计算与控制

吊索安装之前也即主缆空挂时,若鞍座中心线与桥塔中心重合时,中、边跨各自产生的

水平力将会有很大差值。这对鞍座,甚至主塔的安全都不利。为使主塔受到的弯矩尽量小,鞍座应向外移动一定的距离,以使主缆无应力索长空挂于索鞍上后,左、右边空索水平拉力相等。空缆状态的计算主要是为了解决这个问题。鞍座相对于主塔中心线向外移动的距离就是鞍座预偏量。主缆空缆状态的计算还需计算主缆在空缆状态下的线形、缆力、索夹安装位置和吊点到索夹两端的距离等。

空缆状态下主缆线形计算的依据是:

(1)主索鞍、散索鞍的受力平衡,也即是边跨、中跨水平力相等。

(2)中跨主缆无应力索长度与成桥状态下中跨主缆无应力索长度相同。

为了使架设后主缆线形与目标值一致,在施工中对主缆的线形进行控制。主缆由基准索股和非基准索股组成。索股线形控制就是指索股架设时,对基准索股跨中绝对高程和非基准索股的跨中相对高程及锚跨张力进行控制。基准索股是非基准索股调整的基础,因此,控制好了基准索股就控制好了空缆线形。基准索股的选定应遵循以下原则:索股要处于相对自由状态,周围索股对其干扰性最小;便于测量其他索股;每根基准索股管理一定数量的非基准索股。

基准索股线形受温度、散索套位置,索塔位移等因素的影响,因此,参数的修正成为控制一大重点和难点。为了能在现场快速地计算出控制点的垂度调整量和放索量等架设控制参数,节省大量的人力物力,监控单位通过参数分析,分别计算基准索股在基准温度附近变化±1℃,±3℃,±5℃,±8℃,±12℃,跨度(索两端点的水平距离)在基准跨度附近变化±0.01m,±0.05m,±0.1m,高差(索两端点的铅直投影长度)在基准高差附近变化±0.005m,±0.02m,±0.05m,无应力索长在基准无应力索长附近变化±0.005m,±0.025m,±0.05m等的垂度变化量。将计算结果用直线进行拟合。然后在现场根据公式即可得出该时刻的索股垂度值。

6.7.3 空缆状态索夹安装位置计算与控制

按照施工过程的正装分析,主缆在空缆时各索夹的对应位置即为索夹安装位置,为了能够准确地定位索夹,需要在空缆时对各索夹位置进行标记,所有位置标记完成后方能进行索夹的安装。同样受温度、散索套和索塔位置的影响,索夹位置也随之发生改变。为了能够更好地控制索夹的位置,需现场实测散索套、塔顶位置,并考虑主缆温度进行理论分析,计算各索夹空间坐标,供施工单位放样采用。

6.7.4 吊索下料长度的计算

吊索下料长度的计算分为理论吊索长度的计算和实用吊索长度的计算。理论吊索长度计算是根据理论设计成桥状态下吊索的有应力长度扣除伸长量,即为吊索的无应力索长值。然而,由于加劲梁的加工误差,架设误差和人为布置锚索计等的影响,吊索的无应力长度需要完成修正,这种考虑施工偏差的计算称为吊索长度的实用计算。

为了能更准确地确定吊索地无应力长度值,需要实测钢箱梁顶面吊索吊点的坐标以及主缆架设线形,统计了钢箱梁实测重量,确认二期铺装集度,并按实测数据修正计算模型,同时考虑锚索计构造尺寸对索长的影响,完成了吊索在设计温度下的无应力下料值的计算。

6.7.5 吊索张拉过程中的计算与控制

自锚式悬索桥体系转换复杂,施工难度较大。在整个施工工序中,吊索的张拉工艺是桥梁控制的难点和关键,其实施方法不仅关系着桥梁施工过程的安全性,而且影响到施工的工期、人员和设备投入量以及控制的难度和精度。主缆在此阶段非线性效应显著,张拉过程中主缆变形大,受各种外在因素影响多,需将主缆的控制与吊索索力、加劲梁位移控制相结合,使计算模型不断与实桥相互磨合,不断根据现场实测数据修正计算模型,从而使计算模型能够逼近实桥情况。

6.8 施工控制的实施结果

在各相关单位的共同努力下,全桥施工控制程序严格、计划周密,各项监控工作进展顺利。施工控制现场数据采集准确、快速,能够很好掌握结构的实际状态,并应用于施工控制的理论计算。同时施工控制仿真计算精确,能够反映结构的实际受力情况,预测可能出现的问题,提出相应的应急措施和修正方案。实践结果表明,在整个施工控制过程中,既保证了结构施工过程的安全,也很好地达到了设计成桥状态,全桥各构件受力合理。下面给出施工控制过程中的主要成果。

6.8.1 加劲梁工厂无应力拼装

施工单位按照监控单位提出的加劲梁无应力拼装线形完成大节段拼装后,经各方现场实际测量,拼装线形与理论值十分吻合,施工精度高。全桥 610m 加劲梁线形实测值与理论值最大偏差仅 2cm,实施效果较好。为了能更加直观地反映线形实际偏差情况,将理论线形与实测线形进行对比,其具体偏差情况如图 6.8-1 所示。

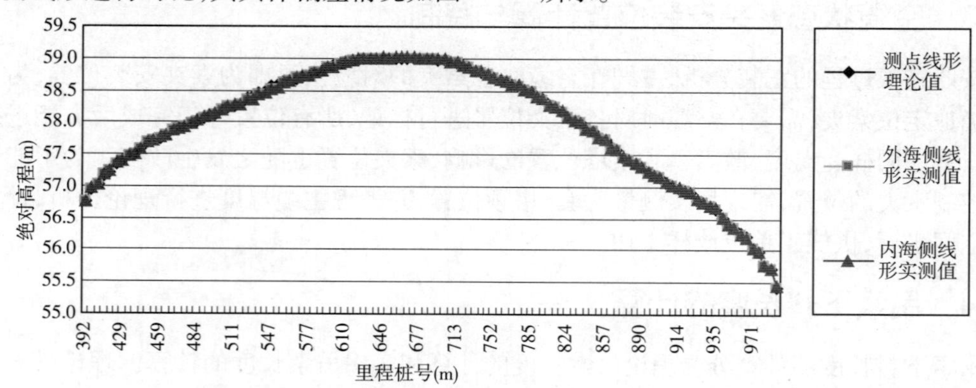

图 6.8-1 加劲梁无应力拼装线形

6.8.2 加劲梁架设

完成加劲梁大节段内拼装后,利用大型浮吊将其吊装至临时墩上,加劲梁受力体系由满堂支架的无应力状态转化为简支状态,此时跨中将发生下挠,支点两端上翘,加劲梁的线形发生改变。为了验证参数取值的准确性和更好地完成后续施工控制,将实测架设后线形与理论计算线形进行对比,其结果如图 6.8-2 所示。

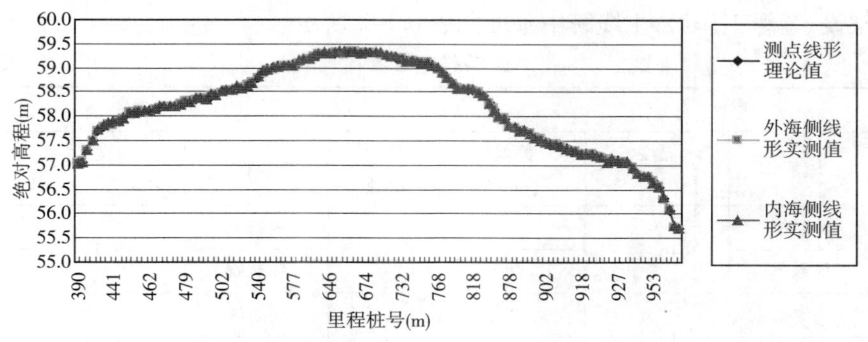

图 6.8-2 加劲梁架设后线形

6.8.3 主缆基准索股与一般索股的架设

由于主缆的架设精度在很大程度上取决于基准索股的架设精度,而基准索股的架设精度主要取决于架设条件下基准索股垂度的修正。基准索股受温度影响较为显著,因此通过在不同温度下对已架设完成的基准索股长时间多次反复观测,找到相应规律,调整基准索股使其满足施工精度要求。表 6.8-1 列出了不同温度下基准索股跨中垂度的实测情况。

基准索股跨中垂度 表 6.8-1

主跨				边跨			
观测次数	索股	温度(℃)	偏差(mm)	观测次数	索股	温度(℃)	偏差(mm)
1	内海侧	17.2	8	1	内海侧	17.3	12
	外海侧		-10		外海侧		-2
2	内海侧	15.0	1	2	内海侧	14.7	-6
	外海侧		7		外海侧		-3
3	内海侧	12.5	-5	3	内海侧	16.0	7
	外海侧		-4		外海侧		-6
4	内海侧	13.1	8	4	内海侧	13.0	7
	外海侧		2		外海侧		4
5	内海侧	16.0	0	5	内海侧	13.3	-3
	外海侧		-7		外海侧		-6
6	内海侧	15.0	-9	6	内海侧	15.4	1
	外海侧		6		外海侧		5
7	内海侧	14.3	-2	7	内海侧	13.5	-2
	外海侧		5		外海侧		3

注:表中偏差为考虑温度修正后的实测值减去理论值。

基准索股调整完成后，主缆其他索股的架设均以基准索股为准，并满足若即若离的原则，同时不定期对基准索股的绝对线形进行观测，间接地反映其他索股的架设质量。当完成主缆索股架设、紧缆工作后，主缆跨中垂度如表 6. 8-2 所示

主缆跨中垂度　表 6. 8-2

主　跨				边　跨			
观测次数	索股	温度（℃）	偏差（mm）	观测次数	索股	温度（℃）	偏差（mm）
1	内海侧	16.4	-2	1	内海侧	16.7	8
	外海侧		7		外海侧		-6
2	内海侧	13.2	0	2	内海侧	11.4	1
	外海侧		3		外海侧		4
3	内海侧	14.8	-5	3	内海侧	15.0	5
	外海侧		4		外海侧		2

6. 8. 4　索夹安装

索夹的安装精度决定成桥状态的合理与否，是施工过程中最重要的步骤之一，为了能够高质量地完成索夹的安装工作，在紧缆工作结束后，首先在温度稳定的午夜对索夹位置进行标记，然后再进行索夹的安装。在设计温度 12. 3℃ 时，索夹位置参数如表 6. 8-3 所示。

索夹安装位置　表 6. 8-3

索夹编号	纵坐标	横坐标	竖坐标
后锚面中心	K26 +465. 466	-3. 900	54. 011
散索套	480. 828	-3. 753	59. 832
B00	487. 931	-3. 654	62. 483
B0	501. 849	-3. 459	67. 966
B1	515. 662	-3. 266	73. 787
B2	527. 503	-3. 100	79. 081
B3	539. 369	-2. 934	84. 671
B4	551. 262	-2. 767	90. 561
B5	563. 184	-2. 600	96. 758
B6	575. 135	-2. 433	103. 267
B7	587. 116	-2. 265	110. 094
B8	599. 126	-2. 097	117. 244
B9	611. 168	-1. 928	124. 723
B10	623. 239	-1. 759	132. 537
B11	635. 339	-1. 590	140. 692
B12	647. 466	-1. 420	149. 193

续上表

索夹编号	纵坐标	横坐标	竖坐标
B13	653.561	-1.335	153.590
索鞍中心	659.620	-1.288	156.720
Z0	665.768	-1.301	153.991
Z1	671.950	-1.351	149.998
Z2	684.244	-1.452	142.304
Z3	696.501	-1.553	134.957
Z4	708.720	-1.653	127.950
Z5	720.900	-1.754	121.278
Z6	733.040	-1.853	114.935
Z7	745.144	-1.953	108.913
Z8	757.209	-2.052	103.208
Z9	769.239	-2.151	97.812
Z10	781.234	-2.249	92.719
Z11	793.195	-2.348	87.925
Z12	805.127	-2.446	83.424
Z13	817.032	-2.544	79.210
Z14	828.913	-2.641	75.278
Z15	840.774	-2.739	71.624
Z16	852.620	-2.836	68.243
Z17	864.466	-2.933	65.129
Z18	876.302	-3.031	62.283
Z19	888.185	-3.128	59.690
Z20	900.115	-3.226	57.353
散索套	907.094	-3.284	56.110
后锚面中心	923.269	-3.250	53.350

在索夹现场安装时，考虑受到各种施工误差与温度的影响，散索套，主塔等可能都不在理论位置，为了最大程度的减小安装误差，实际操作时将根据现场情况对原理论值进行修正。索夹放样完成后，再对每一索夹放样点进行复核，保证放样误差控制在5mm之内。索夹放样精度统计结果如表6.8-4所示。

索夹放样精度统计表 表6.8-4

点位	坐标偏差统计				统计精度
	±5	±3	±1	0	
边跨	4	12	10	4	±2.3
主跨	7	19	11	5	±2.5

6.8.5 吊索张拉

全桥吊索张拉过程共分 55 步进行，每次使用千斤顶同时对 1 种编号的吊索进行张拉（图 6.8-3），吊索张拉步骤如表 6.8-5 所示。在张拉过程中还穿插着索鞍顶推、压重、临时支架拆除等多种施工工序，体系不断发生多次变化，结构受力状况也随之改变。结构在各步骤的位移、应力与索力变化趋势如图 6.8-4 ~ 图 6.8-18 所示。

吊索张拉步骤表

表 6.8-5

施工阶段	施工步骤	施工内容	青岛侧锚固区压重最多(t)	青岛侧锚固区压重最少(t)	塔区压重最多(t)	塔区压重最少(t)
吊索张拉前	0	索塔施工完毕，加劲梁安装完毕，索塔鞍座安装并设置预偏，主缆架设完毕，索夹、吊索安装完毕				
吊索张拉过程	0-1	拆除临时支点 0、14、15、31				
	0-2	索鞍顶推 14cm				
	1	张拉 Z1 到位（第一次张拉）				
	2	张拉 Z2 到位（第一次张拉）				
	3	张拉 B12 到位（第一次张拉）				
	4	张拉 Z3 到位（第一次张拉）				
	5	张拉 Z4 到位（第一次张拉）				
	6	张拉 Z5 到位（第一次张拉）				
	6-1	索鞍顶推到位				
	6-2	拆除临时支点 1-5，7-9，22-30				
	7	张拉 Z6 到位（第一次张拉）				
	8	张拉 Z7 到位（第一次张拉）				
	9	张拉 Z8 到位（第一次张拉）				
	10	张拉 B11 到位（第一次张拉）				
	10-1	拆除临时支点 13、16				
	11	张拉 B10 到位（第一次张拉）			544	0
	11-1	拆除临时支点 6				
	12	张拉 B5 到 1000kN（第一次张拉）	112	0	544	0
	13	张拉 Z14 到 2500kN（第一次张拉）	804	0	544	0

续上表

施工阶段	施工步骤	施工内容	青岛侧锚固区压重最多(t)	青岛侧锚固区压重最少(t)	塔区压重最多(t)	塔区压重最少(t)
吊索张拉过程	14	张拉Z9到位(第一次张拉)	1054	0	544	0
	14-1	拆除临时支点18				
	15	张拉Z10到1500kN(第一次张拉)	1115	0	544	0
	16	张拉B8到3000kN(第一次张拉)	1269	0	544	0
	16-1	拆除临时支点12				
	17	张拉B9到位(第一次张拉)	1475	0	544	0
	18	张拉B7到3500kN(第一次张拉)	1541	0	544	0
	19	张拉B8到位(第二次张拉)	1541	0	544	0
	20	张拉Z12到3500kN(第一次张拉)	1541	0	544	0
	20-1	拆除临时支点19				
	21	张拉Z11到3500kN(第一次张拉)	1541	0	544	0
	22	张拉Z10到位(第二次张拉)	1541	0	544	0
	22-1	拆除临时支点21				
	23	张拉B5到3500kN(第二次张拉)	1541	0	544	0
	24	张拉B6到3500kN(第一次张拉)	1541	56	544	0
	25	张拉B7到位(第二次张拉)	1541	211	544	0
	26	张拉Z14到3500kN(第二次张拉)	1541	297	544	0
	27	张拉Z13到3500kN(第一次张拉)	1541	346	544	0
	28	张拉Z12到3500kN(第二次张拉)	1541	384	544	0
	29	张拉Z11到位(第二次张拉)	1541	495	544	85
	29-1	拆除临时支点17				
	30	张拉Z15到3500kN(第一次张拉)	1541	538	544	135
	30-1	拆除临时支点11				
	31	张拉Z14到3500kN(第三次张拉)	1541	570	544	172
	32	张拉Z13到3500kN(第二次张拉)	1541	589	544	194
	33	张拉Z12到位(第三次张拉)	1541	629	544	241
	34	张拉Z15到3500kN(第二次张拉)	1541	648	544	264

续上表

施工阶段	施工步骤	施工内容	青岛侧锚固区压重最多(t)	青岛侧锚固区压重最少(t)	塔区压重最多(t)	塔区压重最少(t)
吊索张拉过程	35	张拉 Z14 到 3500kN(第四次张拉)	1541	671	544	289
	36	张拉 Z13 到位(第三次张拉)	1541	733	544	362
	37	张拉 Z16 到 3500kN(第一次张拉)	1541	744	544	377
	37-1	拆除临时支点 20				
	38	张拉 Z15 到 3000kN(第三次张拉)	1541	751	544	386
	39	张拉 Z14 到位(第五次张拉)	1541	758	544	396
	40	张拉 Z15 到位(第四次张拉)	1541	778	544	421
	41	张拉 Z16 到位(第二次张拉)	1541	790	544	435
	42	张拉 Z17 到位(第一次张拉)	1541	790	544	448
	43	张拉 B3 到 3500kN(第一次张拉)	1541	790	544	470
	44	张拉 B4 到 3500kN(第一次张拉)	1541	790	544	491
	45	张拉 B5 到 3500kN(第三次张拉)	1541	790	544	514
	46	张拉 B6 到位(第二次张拉)	1541	790	544	528
	47	张拉 B3 到 3500kN(第二次张拉)	1541	790	544	540
	47-1	拆除临时支点 10				
	48	张拉 B4 到 3500kN(第二次张拉)	1541	790	544	544
	49	张拉 B5 到位(第四次张拉)	1541	790		
	50	张拉 B3 到 3500kN(第三次张拉)	1541	790		
	51	张拉 B4 到位(第三次张拉)	1541	822		
	52	张拉 B2 到 2000kN(第一次张拉)	1541	859		
	53	张拉 B3 到位(第四次张拉)	1541	936		
	54	张拉 B2 到位(第二次张拉)	1541	976		
	55	张拉 B1 到位(第一次张拉)				
吊索张拉后	56	施工桥面系等附属工程				
	57	吊索微调				

注:表中压重数据均为下一步张拉前要求范围。

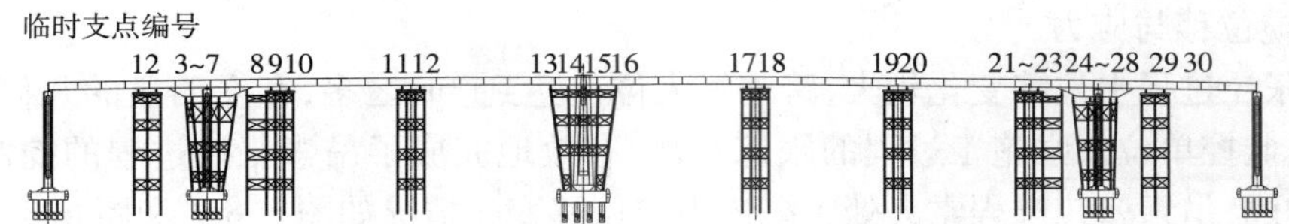

图 6.8-3 临时支点编号示意

1)加劲梁位移与应力

体系转化过程中,随着吊索的张拉加劲梁逐渐脱离支架,最终加劲梁自重全由吊索和永久支座承担,此过程主跨跨中变位达 30cm。与此同时,主缆对加劲梁的水平力也逐渐增大,加劲梁受力从受弯为主转化为受压为主,其最大压应力和最大拉应力均接近 90MPa,位移与应力变化趋势如图 6.8-4 ~ 图 6.8-6 所示。

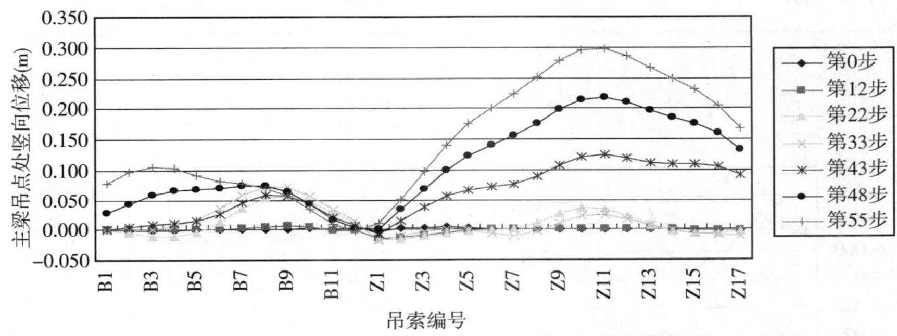

图 6.8-4 吊索吊点处主梁位移

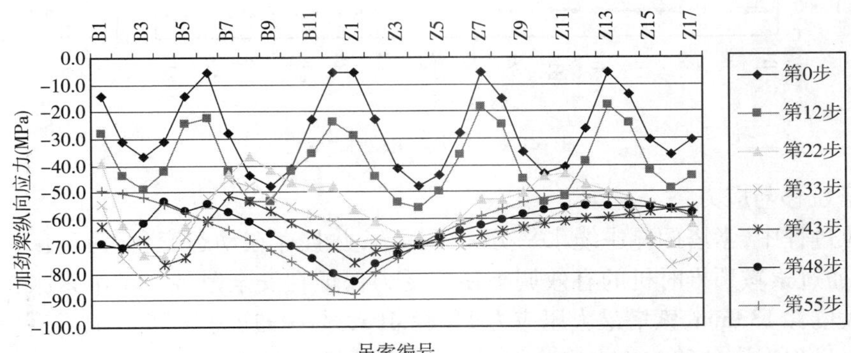

图 6.8-5 吊索吊点处主梁上缘应力

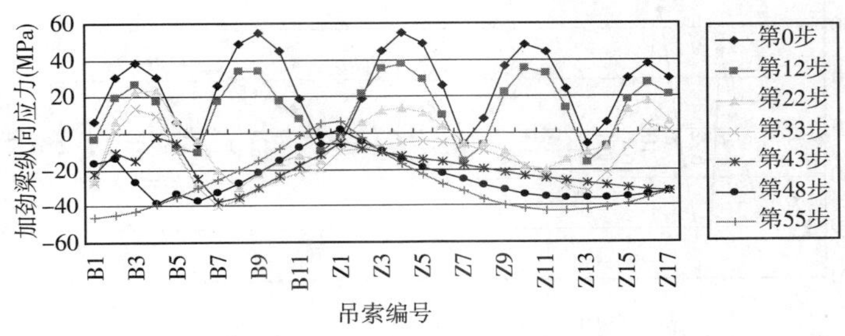

图 6.8-6 吊索吊点处主梁下缘应力

2）主缆位移与应力

主缆张拉过程中位移变化较大，跨中最大位移达到 3m 之多，存在明显的几何非线性特征。为此，监控单位加强施工过程的跟踪观测，有效地完成了吊索张拉过程的控制工作，实施效果较好。吊索张拉过程索夹处主缆内力与位移变化情况如图 6.8-7 和图 6.8-8 所示。

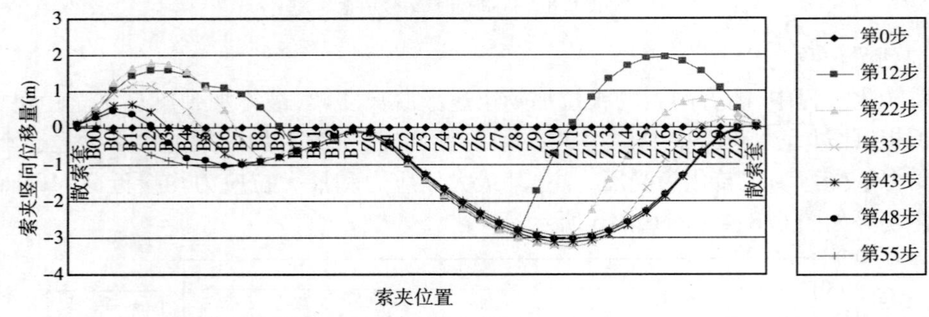

图 6.8-7　索夹处主缆位移

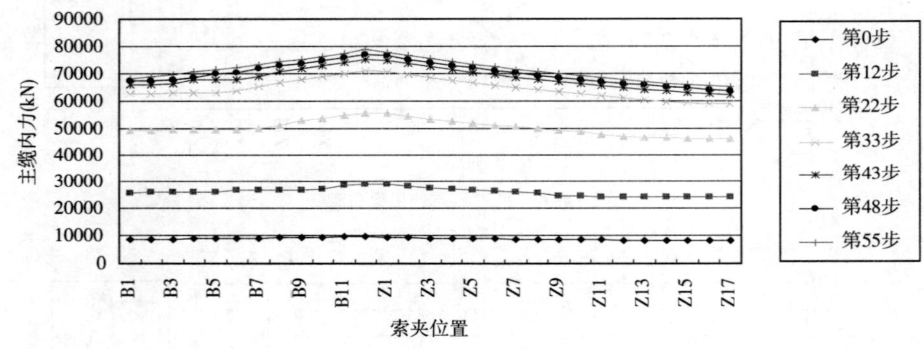

图 6.8-8　索夹处主缆内力变化

3）索塔位移与应力

在张拉过程中，索塔两侧主缆水平分力不平衡，并且存在动态变化，为确保索塔施工过程的安全，通过索鞍顶推时机的有效调整使之受力保证在安全范围。本吊索张拉过程索塔纵桥向最大位移 133mm，索塔最大压应力 11.82MPa，最小压应力 0.25MPa，具有一定的安全储备。施工过程索塔位移与应力变化如图 6.8-9 和图 6.8-10 所示。

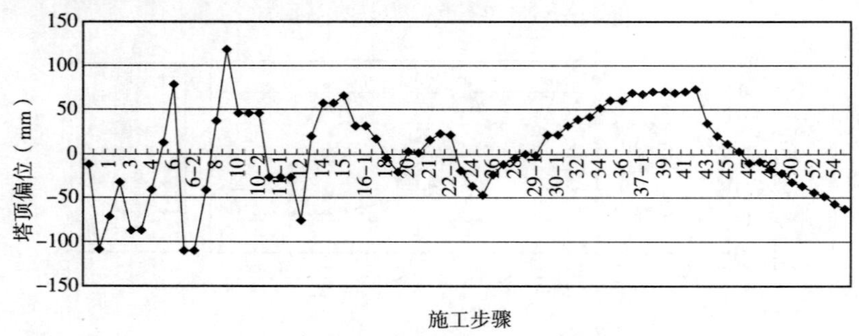

图 6.8-9　吊索张拉过程塔顶位移

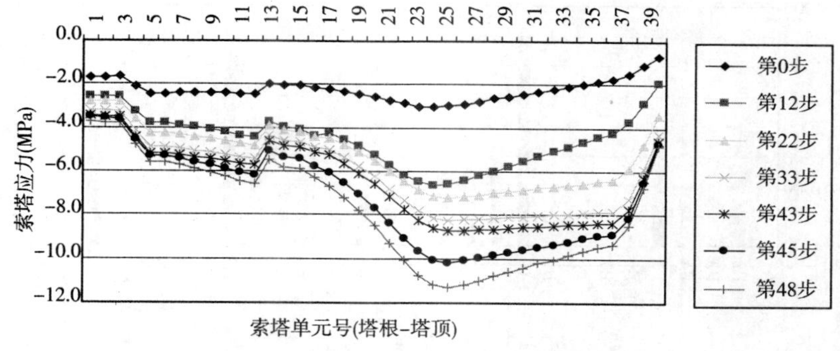

图 6.8-10 吊索张拉过程索塔应力

4)吊索索力变化

在施工过程中吊索索力变化情况亦十分复杂,每张拉一次吊索不仅自身索力发生改变,相邻吊索变化也较大,同时横桥向吊索张拉还存在同步问题。体系转化过程吊索的最大张拉力为3531kN,最大应力为743MPa,安全系数大于2.25。图6.8-11~图6.8-15为施工过程索力变化示意图。

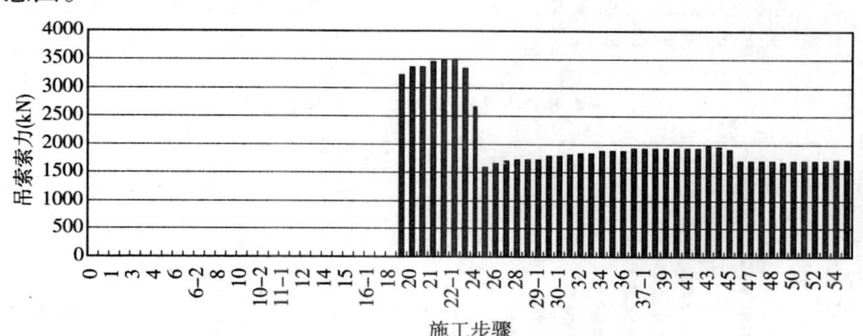

图 6.8-11 施工过程中吊索 B8 索力变化

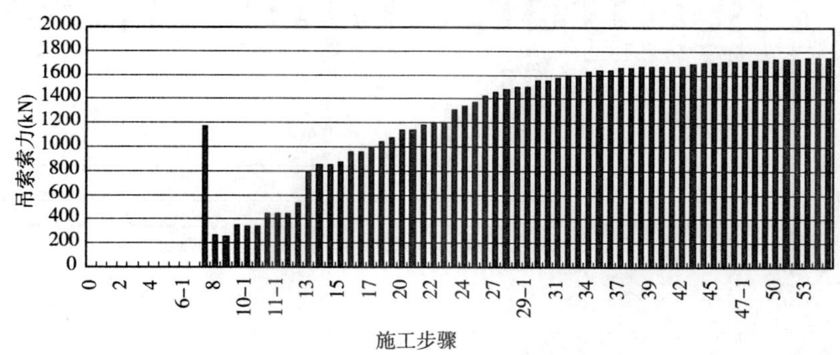

图 6.8-12 施工过程吊索 Z6 索力变化

5)吊索与钢导管接触情况

由于受到吊索张拉过程主缆大位移的影响,吊索的倾斜角度也存在较大变化,而吊索入梁处导管允许空间有限,因此,吊索与钢导管的接触情况成为吊索张拉的又一关键控制因素。按照上述张拉方案,吊索倾斜角度在吊索入梁钢导管允许的转角范围内,最小富余量13mm。各吊索张拉过程在导管处最大偏移量如图6.8-16所示。

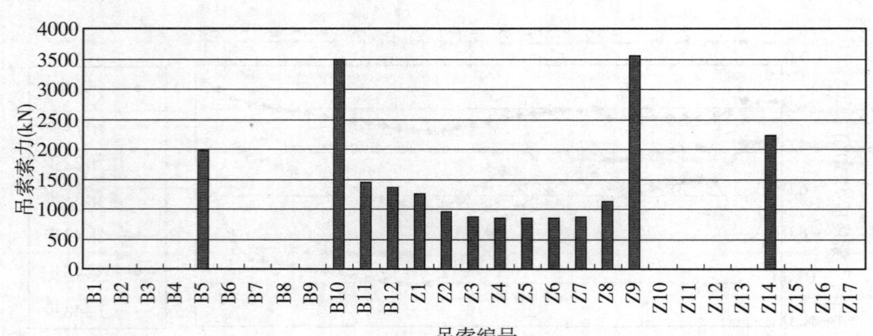

图 6. 8-13　施工步骤 14 各吊索索力

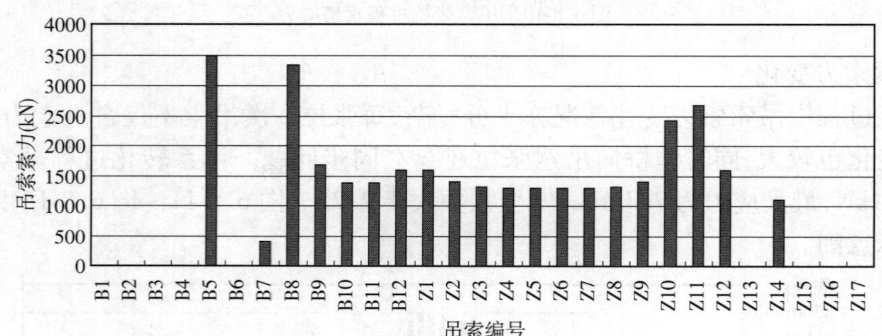

图 6. 8-14　施工步骤 23 各吊索索力

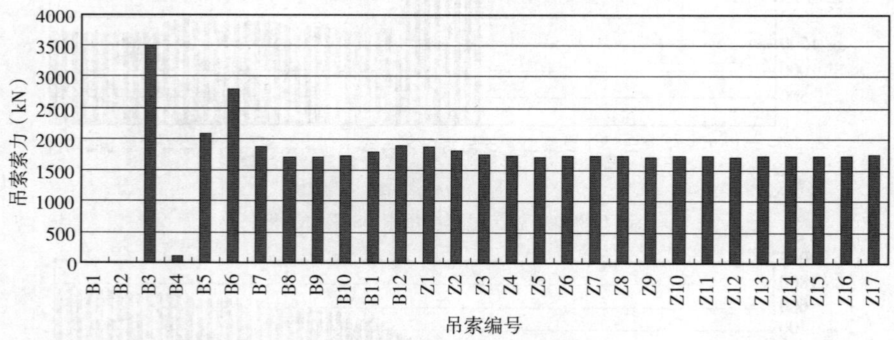

图 6. 8-15　施工步骤 47 各吊索索力

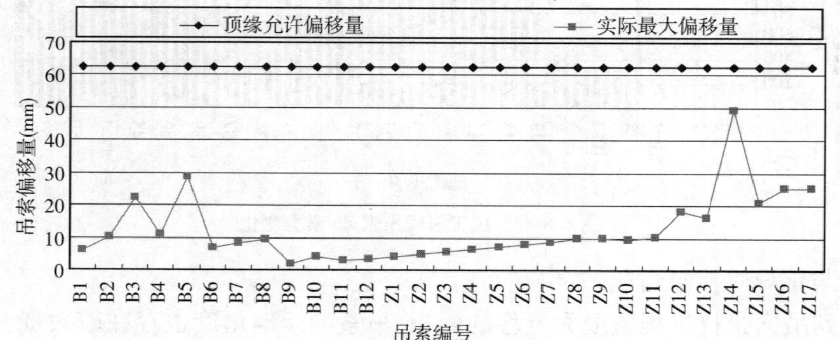

图 6. 8-16　各吊索张拉过程最大偏移量

6）吊索张拉过程临时支点反力

在张拉过程中，加劲梁线形的变化和部分临时支点的拆除使支点受力情况十分复杂。

施工过程中它不是单纯逐渐减小的过程,部分支点受力还会增大,施工控制需要合理确定吊索张拉步骤和支架拆除时机。本吊索张拉实施过程临时支点反力均不超过其容许承载力,且有一定安全储备,具体情况如图 6.8-17 所示。

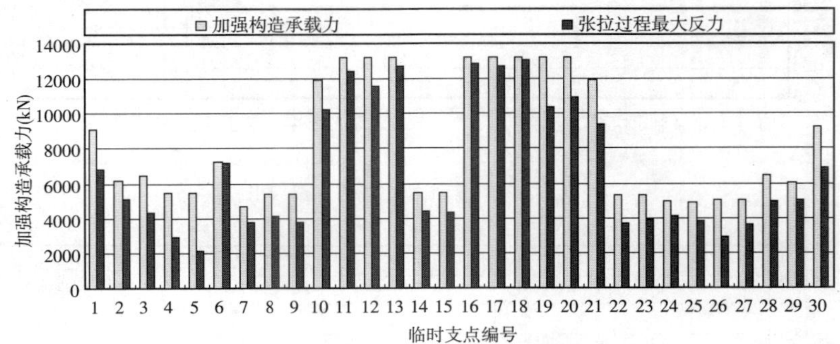

图 6.8-17 吊索张拉过程临时支点最大反力

7)吊索张拉过程最大接长量

主缆从空缆线形到成桥线形变化较大,吊索的下料长度有限,张拉过程若不通过吊索的张拉接长,吊索就无法进行张拉或者锚固。本实施方案吊索张拉过程单根接长杆最大接长量如图 6.8-18 所示。

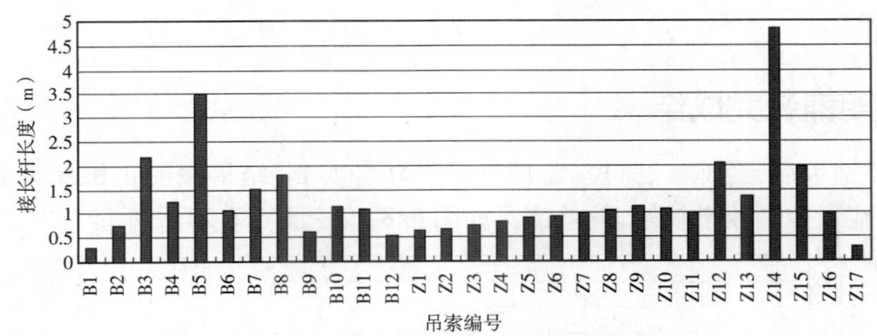

图 6.8-18 吊索张拉过程各吊索最大接长量

6.8.6 吊索张拉实施结果

吊索张拉完成后,结构受力与线形都十分逼近理想状态,其中主缆上索夹位置与目标值最大相差 2.5cm,加劲梁主跨跨中比目标值高 1.8cm,边跨比主跨线形误差更小,吊索索力与目标值相差均不超过 5%。其具体偏差情况如图 6.8-19 ~ 图 6.8-21 所示。

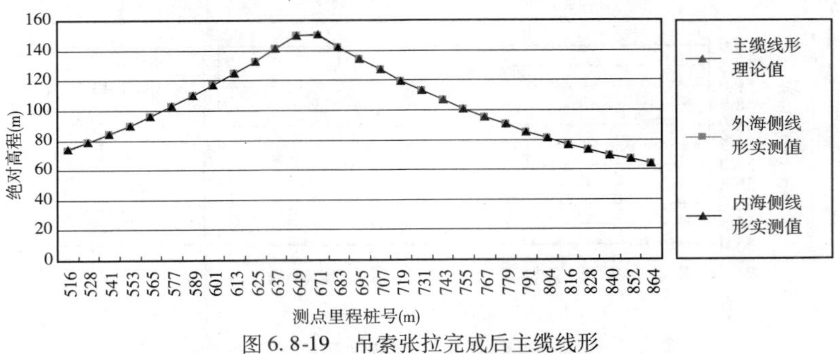

图 6.8-19 吊索张拉完成后主缆线形

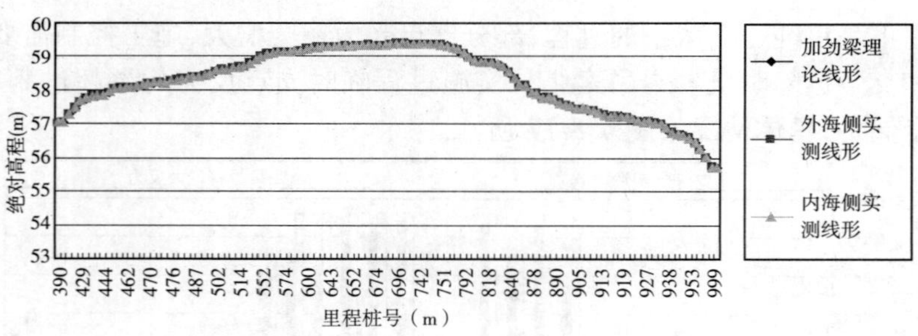

图 6.8-20　吊索张拉完成后主梁线形

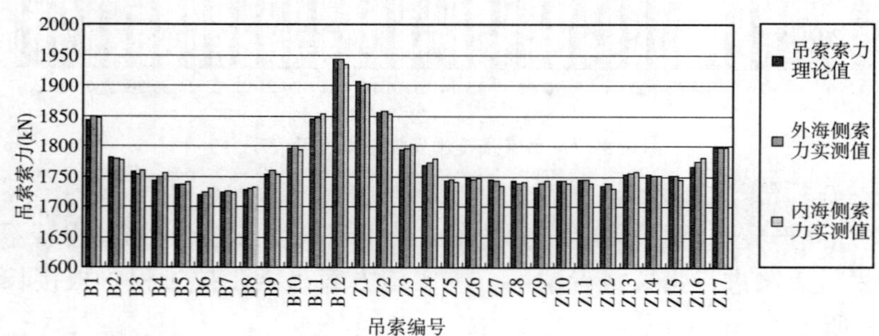

图 6.8-21　吊索张拉完成后吊索索力

6.8.7　二期铺装完成结果

二期铺装结束后，经施工、监控、监理等单位联合实测，结果表明全桥受力合理，满足设计成桥要求，施工控制效果较好，偏差情况如图 6.8-22 ~ 图 6.8-24 所示。

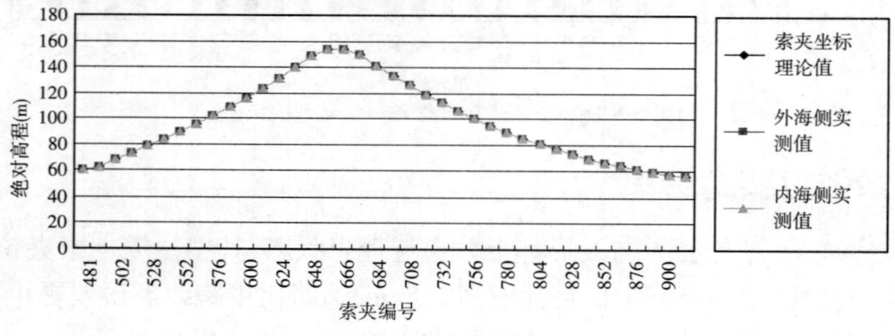

图 6.8-22　成桥主缆线形

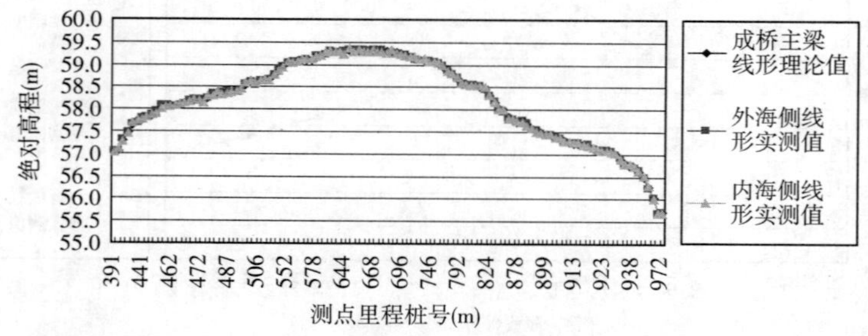

图 6.8-23　成桥主梁线形

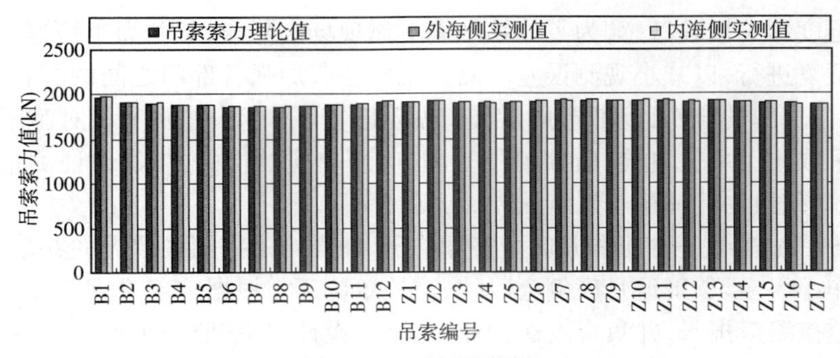

图6.8-24 成桥吊索索力

6.9 组织、分工和数据的采集与传递

6.9.1 施工控制组织与分工

施工监控是一个复杂的系统工程,涉及业主、设计、监理、施工和监控等多个单位,需要处理的问题多,因此在进行整个监控工作前,应首先建立比较完善的施工监控组织机构,在组织形式上分为施工监控工作小组与施工控制协调领导小组。施工监控工作小组定期开会,由组长召集。讨论施工控制中存在的问题,并提出修正方案。如遇到重大施工问题,或需要修改设计的,提交施工监控协调小组讨论。为明确各单位在监控工作中的工作职责,对相关部门进行明确分工,确定各自的监控重点及任务,各负其责。

业主单位:协调各单位的工作,及时召集施工监控协调会议。

设计单位:提供结构计算数据文件、图纸、结构最终内力状态、线形状态;参与讨论决定重大设计修改,负责变更后的各种计算;核实监控小组发布的监控指令表。

施工单位:完成相应材料特性实验,负责提供混凝土弹性模量、钢丝弹性模量、主缆弹性模量、材料容重等数据;进行所有结构几何参数的测量;提供现场观测及监测原件设置的工作条件,负责保护好现场元件、导线仪器设备;协调监控单位采集温度及应力等数据,按指令要求进行结构的安装与调整。

监理单位:认真履行监理职责,保证施工质量;协调好设计、施工、监控三方的现场配合;督促和检查监测单位按预先制定的细则实施,监督施工单位对监控单位的测试元件进行有效保护;由施工单位提交的监控所需基础数据由监理核签后交监控单位。

监控单位:制定施工监控方案;完成结构几何位置、应力、温度的测试工作,以书面形式出示各阶段施工监控测量报告;根据现场实际情况进行仿真模拟,根据施工需要发出监控指令;发现重大问题及时向领导小组汇报,会同设计单位提出调整方案并负责调控方案的发出;主桥竣工后三个月内提交施工控制与监测成果报告。

6.9.2 施工控制中数据的采集与传递

由于本桥为跨海结构,施工控制中现场数据的采集工作受天气状况影响较大,特别是遇到风、霜、雨、雪等恶劣天气时,测量效果更加不理想。同时本桥又为悬索桥这一特殊结构,缆索系统受温度影响极其敏感，为了能够准确掌握现场实际值，除了力争快速、准确以外，测量还须多次反复进行，以减小观测误差。测量工作还应加强各部门之间的配合，实现数据的共享，通过部门之间的合作，逐渐形成默契，现场工作变得越来越顺利。对施工控制中的关键步骤一直采取施工单位自检、监控单位复测、监理单位抽检的方式，保证测量数据的可靠性，以使现场基础数据能够用于后续误差调整的计算。

为了使各单位在第一时间掌握现场实际情况，加强施工控制中数据的共享，除定期召开施工控制工作小组会议、工地月度例会以外，监控单位还需根据施工进度情况对关键施工步骤完成施工监控测量报告，并负责发送到业主单位、设计单位、监理单位、施工单位等相关部门。针对出现的问题，要在最短时间内向施工监控工作小组汇报，一起商讨解决方案。

6.10 施工控制相关图表

与一般的常规桥型相比，大沽河航道桥体系转换过程复杂，影响因素多、精度要求高，施工控制难度相应增大，在整个监控过程中涉及图表也较多，下面仅列出施工控制中的主要相关部分。

6.10.1 施工控制仿真计算图表

大沽河航道桥有限元模型、主要截面参数及全桥施工过程的仿真模拟分别见图 6.10-1、表 6.10-1 和图 6.10-2 所示。

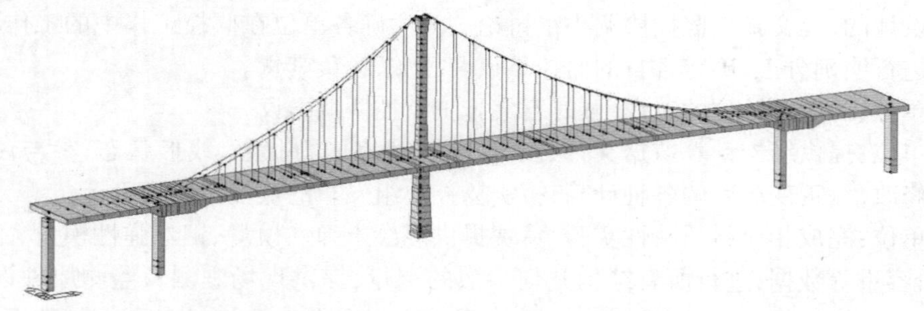

图 6.10-1 大沽河航道桥有限元模型

主要截面参数取值 表 6.10-1

截面特性	钢加劲梁							主塔		主缆	吊索
	A	BNO	CDEF	M	IJ	变截面（锚固区其他变截面相同）		由塔底向塔顶逐渐变小			
						G 左端	H 右端	最大处	最小处		
面积（m^2）	2.788	2.384	2.740	4.491	6.692	4.491	6.692	94.4	22.9	0.158	0.0048
抗弯惯矩（m^4）	5.707	4.864	5.674	10.780	48.059	10.780	48.059	798.0	48.2	0.000	0.000

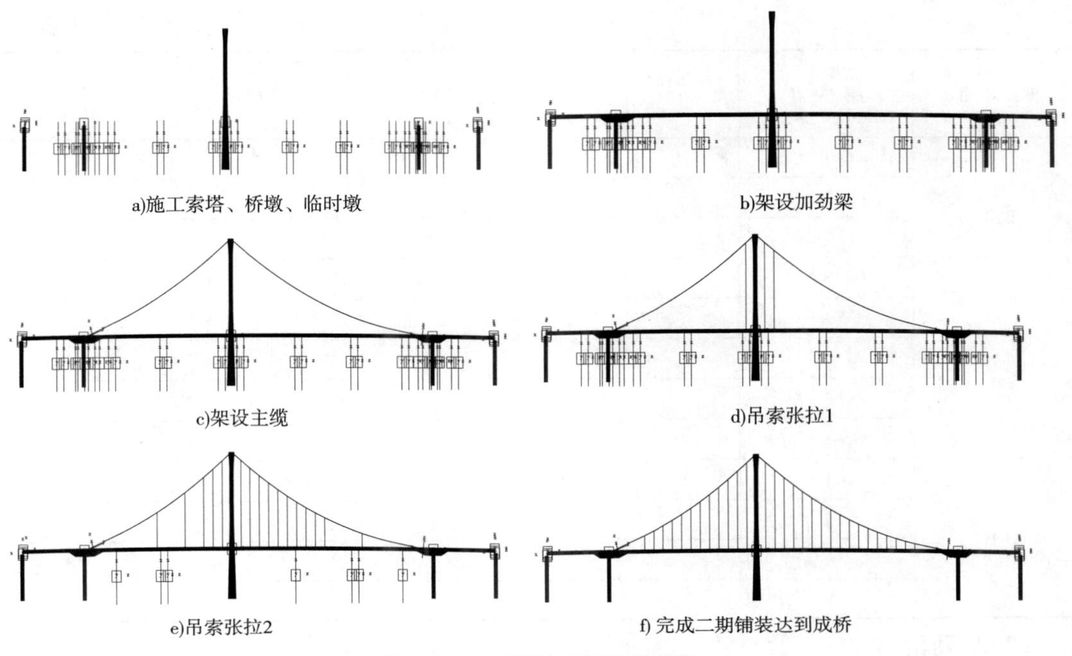
a)施工索塔、桥墩、临时墩
b)架设加劲梁
c)架设主缆
d)吊索张拉1
e)吊索张拉2
f)完成二期铺装达到成桥

图 6.10-2　全桥施工过程仿真模拟

6.10.2　施工控制中数据的采集与分析

(1)索塔

塔顶变位及截面应力分别见表 6.10-2 及表 6.10-3 所示。

索塔塔顶变位情况　　表 6.10-2

施工步骤	理论坐标值(m)			实测值(m)			偏差(m)		
	X	Y	Z	X	Y	Z	X	Y	Z
1									
2									
3									
…									

施工步骤____索塔截面应力情况　　表 6.10-3

测试断面	测 试 点	测点温度(℃)	理论值(MPa)	实测值(MPa)	偏差(MPa)
A-A	1				
	2				
	…				
	8				

续上表

测试断面	测 试 点	测点温度（℃）	理论值（MPa）	实测值（MPa）	偏差（MPa）
B-B	1				
	2				
	…				
	8				
C-C	1				
	2				
	…				
	8				
D-D	1				
	2				
	…				
	8				

（2）加劲梁

加劲梁线形情况及截面应力分别见表 6. 10-4 和表 6. 10-5。

施工步骤＿＿加劲梁线形情况（温度：　　℃） 表 6. 10-4

大节段编号	监 测 点	理论值（m）			实测值（m）			偏差值（m）		
		X	Y	Z	X	Y	Z	X	Y	Z
1#吊	1									
	2									
	…									
	12									
2#吊	1									
	2									
	…									
	12									
…	1									
	2									
	…									
	n									
24#吊	1									
	2									
	…									
	18									

施工步骤____加劲梁截面应力情况　　表6.10-5

测试断面	测试点	测点温度(℃)	理论值(MPa)	实测值(MPa)	偏差(MPa)
A-A	1				
	2				
	…				
	24				
B-B	1				
	2				
	…				
	24				
…	1				
	2				
	…				
	24				
G-G	1				
	2				
	…				
	24				

(3)主缆

外/内海侧主缆线形情况及锚跨张力分别见表6.10-6和表6.10-7。

施工步骤____外/内海侧主缆线形情况(温度:____℃)　　表6.10-6

索夹编号	理论值(m)			实测值(m)			偏差值(m)		
	X	Y	Z	X	Y	Z	X	Y	Z
青锚点									
散索套									
B00									
B0									
B1									
…									
B13									
Z0									
Z1									
…									
Z20									
散索套									
黄锚点									

施工步骤____外/内主缆锚跨张力(温度：____℃)　　表6.10-7

索股编号	青岛侧(kN)			黄岛侧(kN)		
	理论值	实测值	偏　差	理论值	实测值	偏　差
1						
2						
3						
…						
61						

(4)吊索

吊索索力情况见表6.10-8。

施工步骤____吊索索力情况(温度：____℃)　　表6.10-8

吊索编号	理论值	实测值(kN)		索力偏差(kN)		偏差(%)	
		外海侧	内海侧	外海侧	内海侧	外海侧	内海侧
B1							
B2							
…							
B12							
Z1							
Z2							
…							
Z17							